NDI 마스터 클래스

차세대 IP 비디오 전송 기술과 프로덕션 시스템

이광희 지음

DUNEST

NDI 마스터 클래스

차세대 IP 비디오 전송 기술과 프로덕션 시스템

초판 발행 · 2026년 1월 10일

지은이 · 이광희

펴낸곳 · ㈜디브이네스트 | **주소** · 서울시 금천구 가산디지털1로 205-27 626

전화 · 1544-5596 | **팩스** · 02-6085-5596

페이지 · www.dvnest.com

출판사 등록 · 2011년 6월 24일 제2011-000053호

ISBN · 979-11-85357-13-3

값 30,000원

PREFACE

방송 제작의 패러다임이 변화하고 있습니다.

오랫동안 방송 제작 현장은 두꺼운 동축 케이블(SDI)과 거대한 하드웨어 장비들이 지배해 왔습니다. 카메라 한 대를 연결하기 위해 비디오, 오디오, 제어, 전원 케이블을 각각 포설해야 했고, 소스를 분배하기 위해서는 고가의 라우터와 복잡한 배선 작업이 필수적이었습니다. 하지만 IT 기술의 비약적인 발전은 이 견고했던 하드웨어 중심의 제작 환경을 소프트웨어와 네트워크 중심의 IP(Internet Protocol) 환경으로 빠르게 변화시키고 있습니다.

글로벌 비디오 스트리밍 솔루션 기업인 Haivision사가 매년 발표하는 'Broadcast IP Transformation Report'에 따르면, 방송 전문가들이 직면한 가장 큰 과제로 'IP로의 전환'이 꼽히고 있습니다. 놀라운 점은 응답자의 상당수가 이미 가장 선호하는 제작 IP 전송 기술로 NDI를 지목하고 있다는 사실입니다. 이는 NDI가 단순한 실험적 기술을 넘어, 전 세계 미디어 산업의 표준으로 자리 잡았음을 시사합니다.

NDI는 기존의 고가 IP 방송 장비들이 요구하던 복잡한 설정과 높은 비용의 장벽을 허물었습니다. 우리가 흔히 사용하는 기가비트 이더넷(Gigabit Ethernet) 환경에서도 고화질 영상을 지연 없이 전송할 수 있는 '현실적인 IP 기술'을 제시했기 때문입니다. 이제 랜선 하나로 비디오와 오디오는 물론, 카메라 제어(PTZ)와 전원 공급(PoE), 인터컴 통신까지 해결하는 시대가 도래했습니다

NDI는 단순한 '전송 기술'이 아니라 '고품질 방송 제작의 보편'을 이끄는 철학이자 도구입니다. 불과 10년 전만 해도 방송국을 차리기 위해서는 수십억 원의 자본과 거대한 건물이 필요했습니다. 하지만 이제는 NDI 기술 덕분에 창의적인 아이디어만 있다면 누구나 자신만의 방송국을 만들 수 있게 되었습니다. 방송 기술의 장벽은 무너졌습니다. 복잡한 케이블링과 난해한 신호 규격 때문에 고민하던 시대는 지났습니다. 이제 중요한 것은 '어떤 콘텐츠를 만들 것인가'입니다.

이 책은 차세대 방송 기술인 NDI를 체계적으로 학습하고자 하는 방송 전공 학생들과 현업 엔지니어를 위해 집필되었습니다. NDI의 기본 개념과 탄생 배경에서부터, 기술적 작동 원리(압축, 전송, 대역폭), 그리고 실제 프로덕션 현장에서의 하드웨어 및 소프트웨어 구축 가이드까지 폭넓게 다루고 있습니다.

이 책이 미래의 방송 전문가들에게 IP 비디오 세상으로 나아가는 명확한 이정표가 되기를 바랍니다. 기술의 변화를 두려워하지 않고 적극적으로 수용할 때, 우리는 더 창의적이고 효율적인 영상 제작의 자유를 누리게 될 것입니다.

이광희

CONTENTS

8장. 산업별 NDI 시스템 설계 사례 213

9장. 트러블슈팅 및 네트워크 분석 223

10장. 실습 워크샵 235

부록 A. NDI 대역폭 (Bandwidth) 243

부록 B. 네트워크 스위치 설정 248

부록 C. NDI/SRT/Dante 기술비교 250

부록 D. NDI SDK 개발 입문 254

1장

NDI의 이해: 차세대 비디오 표준

NDI는 표준 이더넷 망을 통해 고화질 비디오와 오디오를 실시간으로 전송하는 소프트웨어 중심의 혁신적인 IP 프로토콜입니다. 랜선 하나로 영상, 음성, 제어 및 전원을 통합하여 전송함으로써 방송 제작 인프라의 구축 비용을 획기적으로 절감합니다. 기존의 일대일 연결 방식에서 벗어나 네트워크 내 모든 장치가 상호 연결되는 차세대 방송 제작의 핵심 표준 기술입니다.

01 Learning Objectives
학습 목표

본 단원을 학습한 후, 여러분은 다음과 같은 지식과 역량을 갖추게 될 것입니다.

1. NDI의 정의와 철학 이해:

NDI 프로토콜의 기술적 정의를 명확히 설명하고, 소프트웨어 중심의 비디오 전송 방식이 갖는 핵심 철학을 이해할 수 있습니다.

2. IP 기반 프로덕션의 장점 분석:

랜선 하나로 통합되는 단일 케이블 솔루션의 구성 요소(영상, 음성, 제어, 전원 등)를 파악하고, 이를 통해 얻을 수 있는 인프라 구축의 경제적·실무적 이점을 열거할 수 있습니다.

3. NDI의 기술적 진화 과정 파악:

뉴텍(NewTek)의 비디오 토스터에서 시작된 데스크톱 비디오 혁명과 iVGA 기술이 NDI라는 표준 규격으로 발전하게 된 역사적 흐름을 설명할 수 있습니다.

4. 네트워크 방식의 구조적 차이 비교:

기존의 1:1 연결 방식인 SDI와 네트워크 허브를 중심으로 한 NDI 방식의 구조적 차이를 비교 분석하고, 각각의 특성에 맞는 워크플로우를 제안할 수 있습니다.

1장

NDI의 이해: 차세대 비디오 표준

이번 장에서는 NDI에 대한 정의와 핵심 철학을 비롯해서 전반적인 NDI 프로토콜을 이해할 수 있는 기본 개념을 소개할 것입니다. NDI는 IT 네트워크 기술과 방송 코덱 기술이 결합한 형태의 차세대 IP 비디오 전송 규격이며, 시장에 소개된 이후 폭발적인 인기를 모으며 입지를 다져가고 있는 새로운 패러다임의 인터페이스 규격입니다.

1.1 NDI란 무엇인가?

NDI 정의 및 핵심 철학

'NDI(Network Device Interface)'는 2015년, 방송 장비 제조사인 뉴텍(NewTek, 현 Vizrt 그룹)에 의해 발표된 IP 비디오 전송 프로토콜 표준이며 LAN(Local Area Network)을 통해 비디오, 오디오 및 메타데이터를 공유할 수 있도록 하는 연결 기술입니다. 기술적으로 정의하자면, 『표준 이더넷(Ethernet) 네트워크상에서 고화질, 저지연, 프레임 정확도를 보장하고 비디오, 오디오 및 메타데이터를 실시간으로 전송하고 수신하기 위한 소프트웨어 기반의 규격』이라 할 수 있습니다.

NDI의 핵심 철학은 '소프트웨어 중심'과 '범용성(Universality)'입니다. 과거의 방송 기술이 FPGA나 ASIC과 같은 전용 하드웨어 칩셋에 의존했다면, NDI는 일반적인 CPU와 범용 네트워크 장비에서도 원활하게 작동하도록 설계된 것이 특징입니다. 이는 방송 장비가 IT 기술과 융합되는 'Video over IP' 트렌드를 가장 현실적으로 구현한 기술로 평가받습니다. NDI는 다른 어떤 IP 표준보다 많은 미디어 기관에서 채택하여 IP를 통해 비디오를 연결하는 업계 최대 제품 생태계를 조성하고 있습니다.

NDI는 방송 제작을 위한 시스템이 IP를 통해 서로 식별하고 연결될 수 있도록 하며 비디오와 오디오를 정확한 프레임으로 전송합니다. 또한 많은 수의 스트림을 실시간으로 인코딩하고 송수신함으로써 비디오 연결의 한계를 뛰어넘고 있습니다.

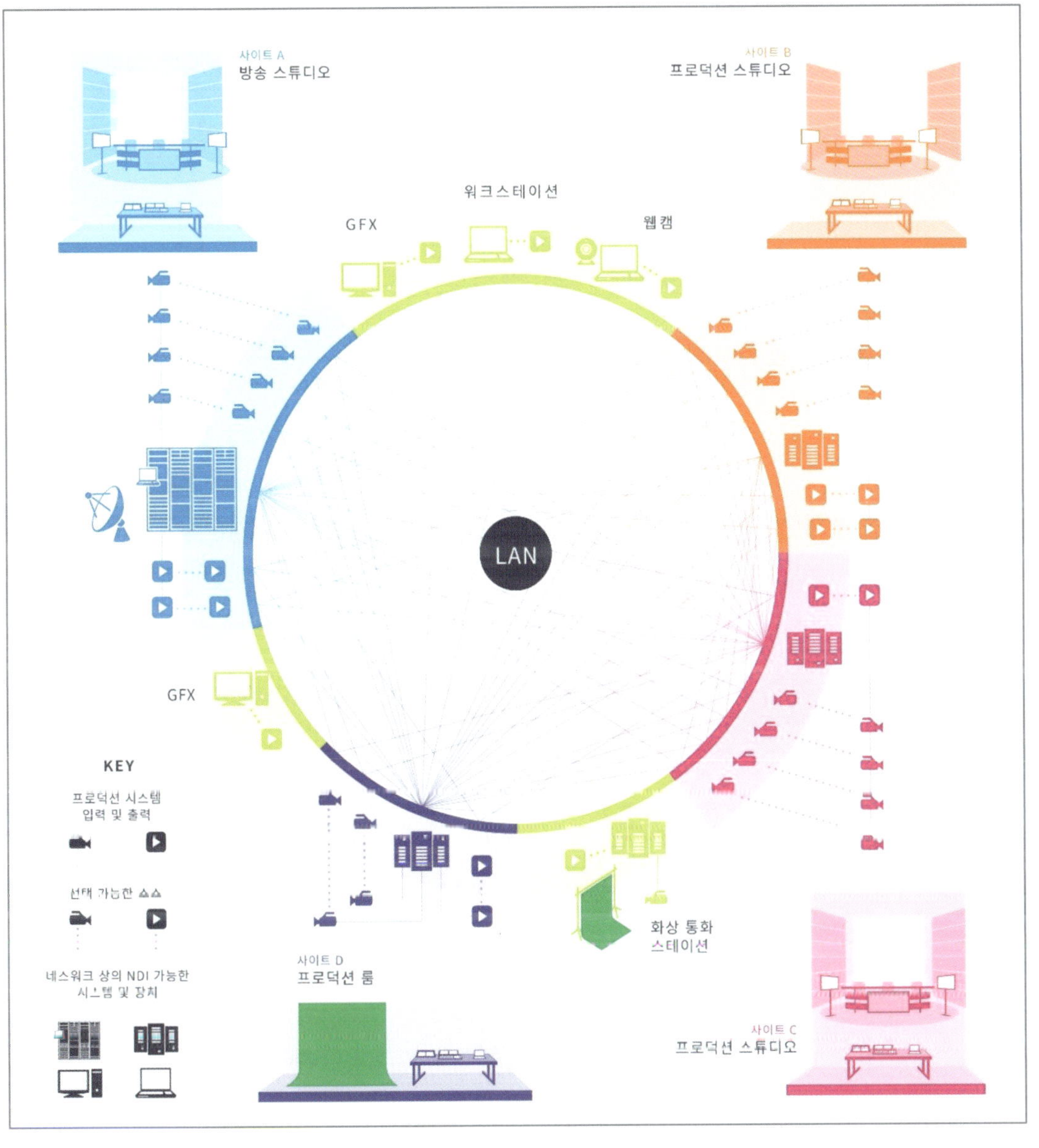

그림 1-1
NDI 생태계 개념도: 모든 장치들은 네트워크를 통해 N:N으로 연결되는 구조를 가지고 있습니다.

NDI는 기본적으로 중앙의 네트워크 스위치를 통해 모든 비디오 장치가 상호 연결되는 IP 기반의 워크플로우를 제공합니다.

또한, NDI는 로열티 프리(Royalty-Free) SDK(Software Development Kit) 정책을 채택하고 있습니다. 이는 누구나 무료로 NDI 기술을 이용하여 소프트웨어나 하드웨어를 개발할 수 있음을 의미합니다. 이러한 개방형 정책 덕분에 Sony, Panasonic, Canon, Adobe, Microsoft(Skype/Teams), Zoom 등 수천 개의 글로벌 기업들이 NDI를 지원하고 있으며, 방송 역사상 가장 빠르게 확산된 비디오 표준 프로토콜이 되었습니다.

기존 방식(SDI/HDMI)과의 차이점

방송 제작을 처음 배우는 학생들은 흔히 BNC 커넥터로 된 SDI 케이블이나 가정에서 흔히 보는 HDMI 케이블에 익숙할 것입니다. NDI를 제대로 이해하기 위해서는 이러한 전통적인 '베이스밴드(Baseband)' 방식과 'IP' 방식이 어떻게 다른지 명확히 구분할 수 있어야 합니다. *(이 책의 내용에서 '레거시 인터페이스', '베이스밴드 인터페이스'는 모두 전통적인 비디오 전송 방식인 SDI와 HDMI 인터페이스를 의미하는 것입니다.)*

1) 연결 구조의 변화: Point-to-Point에서 Network Mesh로

기존 SDI 방식은 신호를 보내는 장치(Source)와 받는 장치(Destination)가 케이블로 직접 1:1 연결되어야 합니다. 만약 하나의 카메라 영상을 스위처, 모니터, 녹화기에 동시에 보내려면 '분배기(Distributor)'라는 별도의 장비가 필요하며 배선이 매우 복잡해집니다.

반면, NDI는 모든 장비가 네트워크 스위치라는 하나의 허브에 연결됩니다. 일단 네트워크에 접속되면, 그 신호는 네트워크상에 존재하는 어떤 장비에서도 자유롭게 가져다 쓸 수 있습니다. 물리적인 재배선 없이 소프트웨어 설정만으로 신호의 경로를 바꿀 수 있는 것입니다.

- **SDI (전통적인 방식)**: 각 카메라마다 전용 케이블이 필요하며, 물리적 단자 수에 의해 확장이 제한됨. 입력 소스(카메라 등)를 늘릴 경우 SDI 라우터, 스위처의 채널이 동시에 증가되어야 하며, 복잡한 케이블 배선을 다시 추가해야 함.

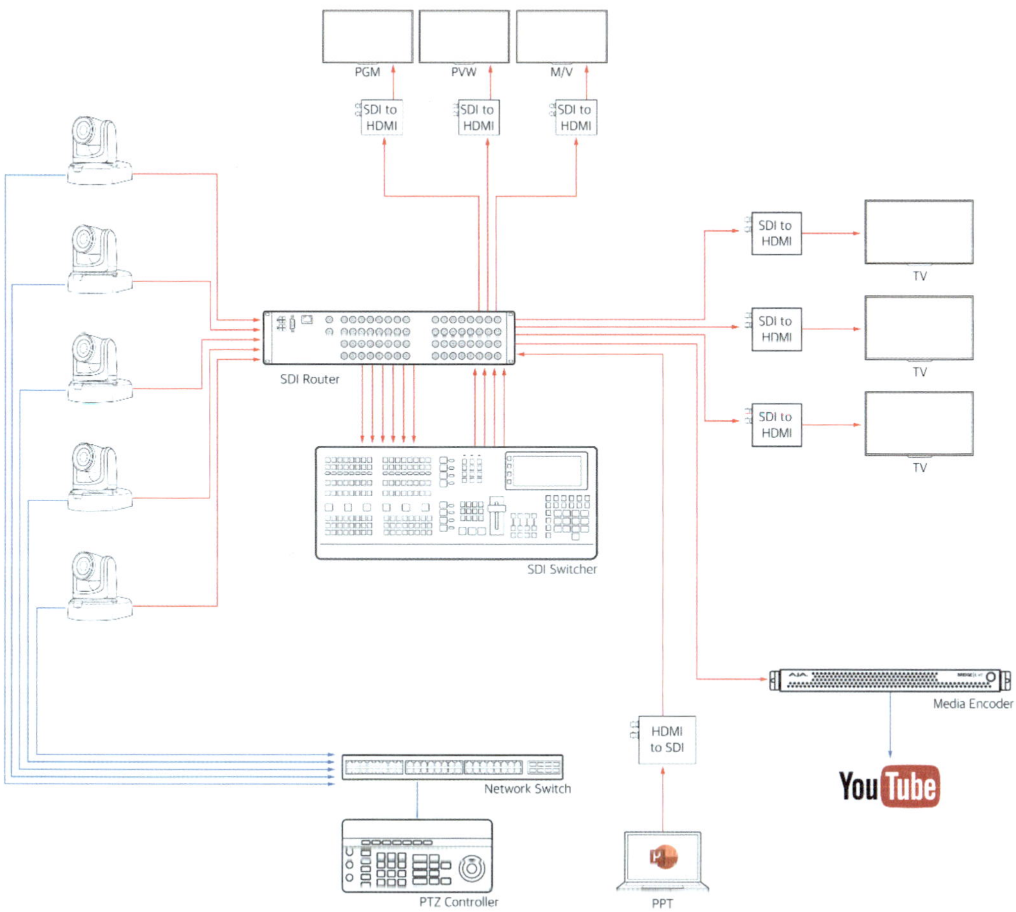

그림 1-2
SDI 제작 워크플로우 (출처: 디브이네스트 뉴스레터, www.dvnest.com)

- **NDI (IP 네트워크 방식):** 하나의 네트워크 허브를 통해 소스를 공유하며, 어떤 장치든 자유롭게 소스 접근이 가능. 입력 소스가 늘어나더라도 네트워크 스위치와 입력을 연결하는 케이블만 증가할 뿐 다른 케이블 연결이 별도로 필요하지 않기 때문에 규모를 확장이 편리함.

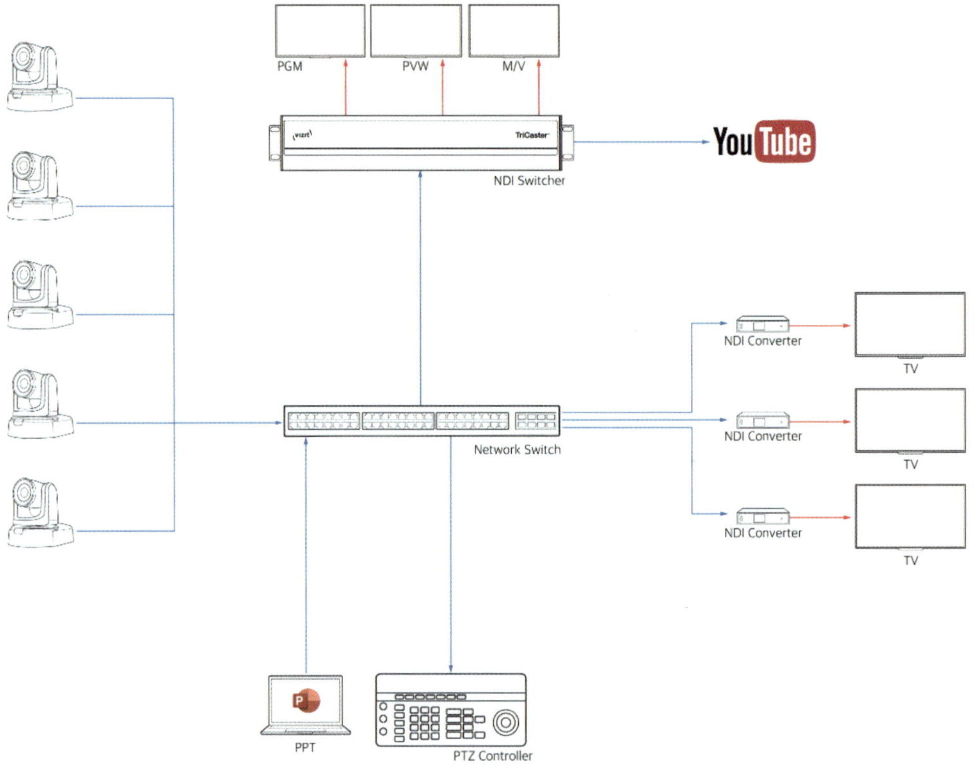

그림 1-3
NDI 제작 워크플로우 (출처: 디브이네스트 뉴스레터, www.dvnest.com)

물리적 연결이 복잡한 SDI 방식에 비해 네트워크 허브를 중심으로 통합된 NDI 방식은 단순한 케이블 연결과 효율적인 장비 운영이 가능합니다.

2) 전송 정보의 확장: 단방향에서 양방향으로

SDI 케이블은 기본적으로 단방향 통신입니다. 카메라에서 스위처로 영상만 보낼 뿐, 스위처가 카메라에게 "줌을 당겨라"라는 명령을 같은 케이블로 보낼 수는 없기 때문에 별도의 데이터 제어용 케이블을 연결해야 하는 불편함이 있습니다.

하지만 NDI는 양방향 통신(Bi-directional)을 지원합니다. 하나의 랜선으로 영상을 보내면서, 동시에 반대 방향으로 카메라 제어 신호(PTZ), 탈리 신호(Tally), 인터컴 오디오 등을 주고받을 수 있습니다.

비교 항목	SDI / HDMI (전통적 방식)	NDI (IP 방식)
전송 매체	동축 케이블(BNC), HDMI 케이블	이더넷 케이블 (Cat5e, Cat6 등)
신호 특성	비압축 베이스밴드 신호	압축된 IP 패킷 데이터
통신 방향	단방향 (One-way)	양방향 (Bi-directional)
다중 전송	비디오/오디오 위주	비디오, 오디오, 제어(PTZ), 탈리, 전원(PoE)
거리 제한	수십 미터 (증폭기 필요)	제한 없음 (네트워크가 연결된 곳이라면 어디든)
인프라 비용	높음 (진용 케이블, 리우디, 페치패널)	낮음 (범용 랜선, 스위칭 허브)

1.2. NDI가 가져온 변화와 이점

NDI 기술의 도입은 단순한 케이블의 교체를 넘어, 방송 제작 프로세스 전반을 혁신적으로 변화시키고 있습니다. 실무적인 관점에서 NDI가 제공하는 주요 이점을 다섯 가지 핵심 키워드로 정리해 보겠습니다.

단일 케이블 솔루션 (One Cable Solution)

라이브 프로덕션 현장에서 카메라 설치는 매우 고된 작업 중 하나입니다. 과거에는 카메라 한 대를 설치하기 위해 아래와 같이 최소 3~4가닥의 케이블을 포설해야 했습니다.

- 영상 전송을 위한 SDI 케이블
- 오디오 수음을 위한 XLR 케이블
- 카메라 제어를 위한 RS-422 시리얼 케이블
- 전원 공급을 위한 전원 어댑터 및 멀티탭

NDI 환경에서는 이 모든 것이 단 하나의 이더넷 케이블(LAN)로 통합됩니다. NDI 프로토콜은 비디오와 멀티채널 오디오뿐만 아니라, PTZ(Pan-Tilt-Zoom) 제어 신호, 탈리(Tally) 신호, 인터컴(Intercom) 음성 데이터를 메타데이터 형태로 패킷화하여 전송합니다. 여기에 더해 PoE(Power over Ethernet) 기술을 지원하는 스위칭 허브를 사용하면, 별도의 전원선 없이 랜선만으로 카메라를 구동할 수 있습니다. 이는 설치 시간을 획기적으로 단축하고, 케이블 불량으로 인한 사고 위험을 대폭 줄여줍니다.

또한 기존의 베이스밴드 인터페이스인 SDI 케이블은 장거리 전송이 가능하나 구축 비용이 많이 들어가는 문제가 있었고, HDMI는 장거리 전송이 어렵다는 문제가 있었습니다. 하지만 NDI는 UTP 또는 STP 랜선을 통해 연결되기 때문에 케이블 구축 비용이 저렴하고 장거리 전송에 유리하다는 장점을 가지고 있습니다.

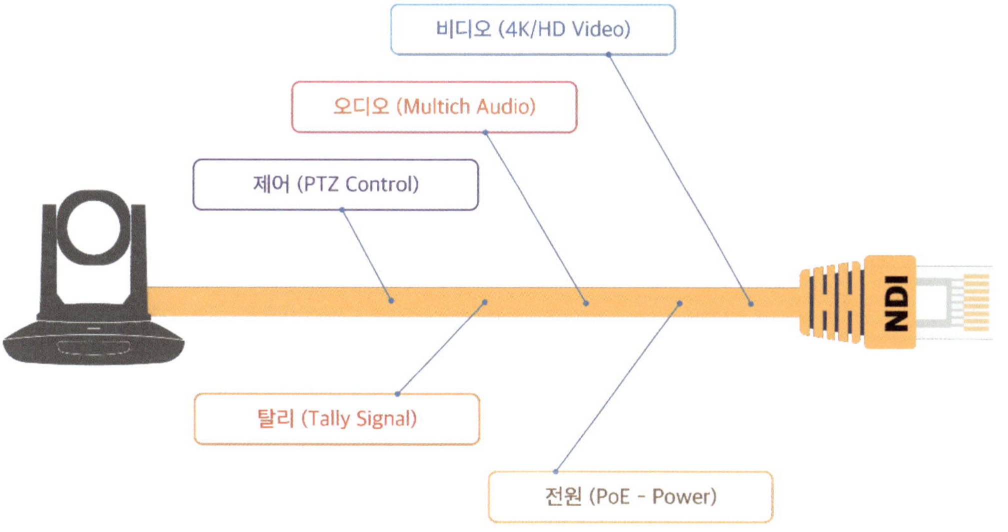

그림 1-4
NDI의 단일 케이블 전송 개념도 (The Pipe Analogy)

NDI는 비용이 저렴하고 장거리 전송이 가능한 단일 이더넷 케이블을 사용하기 때문에 방송 제작에 필요한 모든 신호와 전력을 동시에 전송할 수 있습니다.

인프라 비용 절감과 높은 접근성

방송용 IP 표준으로 알려진 SMPTE ST 2110은 영상을 압축하지 않고 전송하는 방식을 택하고 있습니다. 이 경우 HD 영상 1채널 전송에 약 1.5Gbps~3Gbps의 대역폭이 필요하기 때문에 HD 1채널을 보내기 위해서도 10Gbps의 광케이블 네트워크를 구축해야 합니다.

그리고4K 영상의 경우 12Gbps 이상이 요구되므로 이를 처리하기 위해서는 25G, 40G, 100G와 같은 고가의 광네트워크 스위치와 인프라 구축이 필수적입니다. 광네트워크는 일반적으로 UTP 기반의 이더넷 기반 네트워크에 비해 구축 비용과 세팅의 복잡성이 높아지기 때문에 일반적인 학교나 중소형 프로덕션에서는 비용과 구축 면에서 감당하기 어려운 부분이 있습니다.

그림 1-5
SDI / NDI / ST2110의 대역폭 비교 (출처: 디브이네스트 뉴스레터, www.dvnest.com)

반면, NDI는 독자적인 고효율 압축 기술을 사용합니다. 시각적 화질 손실을 최소화하면서도 HD 영상을 약 100Mbps 수준으로 압축하여 전송합니다. 덕분에 우리가 가정이나 사무실에서 흔히 사용하는 1Gbps(기가비트) 네트워크 장비와 Cat5e/Cat6 랜선 만으로도 다수의 HD/4K 채널을 안정적으로 전송할 수 있습니다. 이는 기존에 설치된 사내망이나 교내망을 그대로 방송용 인프라로 활용할 수 있다는 엄청난 경제적 이점을 제공합니다.

무제한에 가까운 소스 확장성

하드웨어 기반 스위처는 물리적인 입력 포트 수(예: 4채널, 8채널, 16채널)에 의해 확장성이 제한됩니다. 4채널 스위처를 쓰다가 카메라가 5대가 되면, 스위처 전체를 교체해야 하는 비용 문제가 발생합니다.

NDI 기반 시스템에서는 물리적 입력 단자의 개념이 사라집니다. 네트워크 대역폭이 허용하는 한, 수십 대에서 수백 대의 NDI 소스(카메라, PC 화면, 플레이어 등)를 네트워크에 연결할 수 있습니다. NDI 기술이 기존 방송 프로덕션 시스템에 초래한 가장 혁신적인 변화는 영상 소스의 수용 및 관리 방식이 물리적 인터페이스 기반에서 논리적 네트워크 대역폭 기반으로 전이되었다는 사실입니다. 이는 하드웨어적 제약 조건에 의한 소스 확장성의 병목 현상을 근본적으로 해결하는 기술적 토대를 제공합니다.

1) 물리적 포트 제약의 기술적 초월

전통적인 SDI(Serial Digital Interface) 기반 아키텍처에서 시스템의 확장성은 비디오 스위처 또는 라우터가 보유한 물리적 입력 포트(BNC 단자)의 수에 의해 직접적으로 규제됩니다. 고정된 포트 수는 소스 추가 시 고가의 하드웨어 교체 또는 상위 등급 장비로의 전면적인 인프라 쇄신을 강제하는 경직성을 노출합니다.

반면, NDI 아키텍처는 영상 신호를 IP 패킷으로 추상화함으로써 물리적 접점의 한계를 소멸시킵니다. 시스템의 확장성을 결정하는 유일한 제약 조건은 하드웨어의 포트 수가 아닌, 네트워크 스위칭 허브의 가용 대역폭(Bandwidth) 및 백플레인(Backplane) 용량으로 치환됩니다. 따라서 적절한 네트워크 설계 하에서는 단일 인프라 내에 수십, 수백 개의 소스를 논리적으로 병합하는 선형적 확장이 허용됩니다.

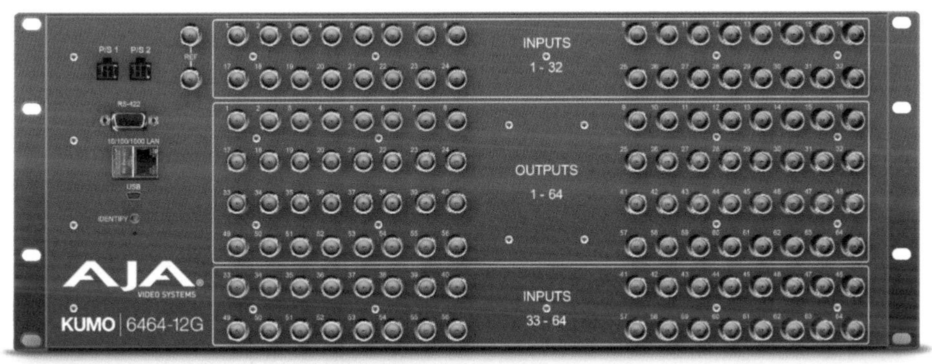

그림 1-6
물리적인 SDI 라우터인 AJA KUMO 6464-12G

2) mDNS 프로토콜을 통한 자원 식별의 지능적 자동화

NDI 시스템의 소스 확장성이 실무적 유연성을 확보할 수 있는 근거는 mDNS(multicast Domain Name System) 기반의 지능형 장치 검색 메커니즘에 기인합니다. 새로운 NDI 송신 장치가 네트워크 노드에 결합되는 즉시, 해당 장치는 멀티캐스트 공고를 통해 자신의 존재와 지원 규격을 네트워크 전체에 공표합니다.

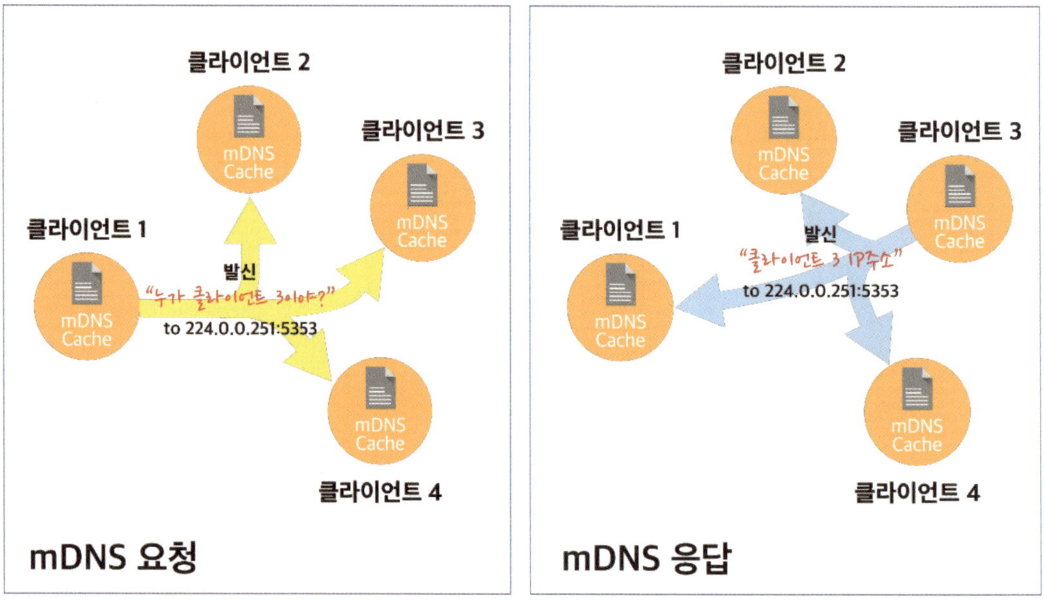

그림 1-7
mDNS 프로토콜 동작 원리

수신측 장치들은 별도의 수동 IP 입력이나 복잡한 라우팅 설정 절차 없이도 신규 가공된 소스를 실시간으로 인식하고 목록화 합니다. 이러한 'Zero-Configuration' 특성은 대규모 중계 환경이나 다발적인 소스 추가가 빈번한 라이브 현장에서 시스템 운영의 가공할 만한 기동성을 부여하며, 인적 오류에 의한 네트워크 설정 오류 가능성을 최소화하는 기제로 작용합니다.

그림 1-8
mDNS를 사용해서 NDI 소스 목록 검색

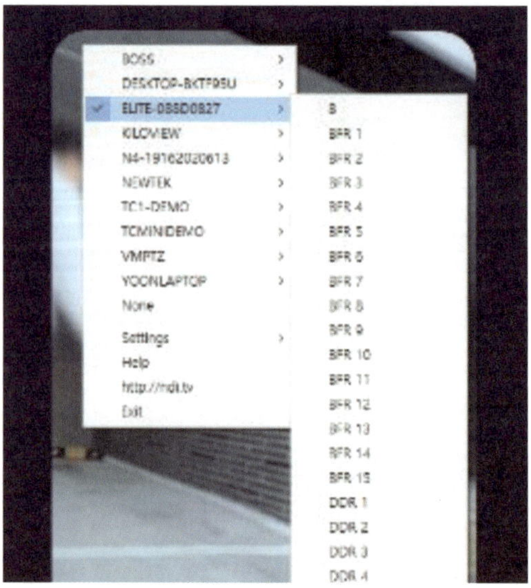

3) 다대다(Many-to-Many) 아키텍처와 소스 가용성의 극대화

SDI 방식이 송신단과 수신단 사이의 배타적 일대일(Point-to-Point) 연결 구조를 취함으로써 신호의 분배를 위해 별도의 분배기(Distribution Amplifier)나 라우터를 요구하는 것과 달리, NDI는 본질적으로 네트워크 메시(Mesh) 구조를 지향합니다.

네트워크상에 송출된 특정 카메라 소스는 단일 지점이 아닌, 권한이 부여된 네트워크 내의 모든 수신 노드(비디오 스위처, 멀티뷰어, 레코더, 모니터링 PC 등)에서 동시에 접근 및 구독이 가능합니다. 이러한 N:N 접속 환경은 소스의 가용성을 극대화하며, 복잡한 물리적 패치 워크 없이도 시스템의 각 부분에서 동일한 원천 데이터를 독립적으로 처리할 수 있는 구조적 효율성을 담보합니다.

4) COTS 기반 인프라를 통한 경제적 확장 모델

NDI의 확장성은 경제적 관점에서도 중대한 시사점을 보유합니다. 방송 전용 하드웨어 라우터의 증설은 막대한 자본 지출(CAPEX)을 요구하나, NDI는 범용적인 COTS(Commercial Off-The-Shelf) IT 장비, 즉 표준적인 L3 스위칭 허브와 네트워크 카드의 활용을 전제로 합니다.

기술적 요구 수준이 증대됨에 따라 인프라를 확장하고자 할 경우, 방송 특화 장비가 아닌 범용 IT 장비의 교체 및 증설만으로도 시스템 전체의 데이터 수용량을 확충할 수 있습니다. 이는 기술 발전에 따른 하드웨어 갱신 주기를 IT 산업의 선순환 구조와 동기화함으로써 유지보수 및 확장 비용의 획기적인 절감을 실현하는 결과를 초래합니다.

고화질 및 저지연 (High Quality & Low Latency)

IP 비디오 전송 기술을 논할 때 엔지니어들이 가장 우려하는 두 가지 요소는 바로 '화질 열화'와 '지연 시간(Latency)'입니다.

- **화질열화**: NDI는 'Visually Lossless(시각적 무손실)' 압축을 지향합니다. 압축된 신호지만, 전문가의 눈으로도 원본 베이스밴드 영상과 구별하기 힘들 정도

의 고화질을 유지합니다. 이는 방송 송출용으로 사용하기에 부족함이 없는 수준입니다. 최근 출시된 NDI v6에서는 4:2:2 10bit 처리와 HDR 지원이 추가되어 더 이상 IP 비디오의 화질 열화에 대해서는 논의할 필요가 없어진 상황입니다.

NDI와 같은 IP 비디오의 특징은 일단 인코딩이 완료된 비디오 신호는 수 백 번의 장치를 거치더라도 화질이 원본과 동일하게 유지된다는 점입니다. 기존의 레거시 미디어에서는 컨버터나 스위처를 거치면서 원본 신호의 화질이 점차 떨어지는 '화질 열화' 현상이 발생하지만 IP 데이터로 이동되는 NDI는 전송에 따른 화질 저화가 발생하지 않습니다.

- **지연 시간:** NDI의 가장 큰 기술적 성취 중 하나는 초저지연(Ultra Low Latency) 구현입니다. 로컬 네트워크 환경에서 NDI(Full NDI)의 전송 지연 시간은 약 1프레임(16ms~33ms) 미만입니다. 이는 현장의 카메라 영상을 대형 스크린에 띄웠을 때 말하는 사람의 입 모양과 소리가 어긋나는 이질감 없이 실시간 중계(IMAG: Image Magnification)가 가능함을 의미합니다.

	NDI|HX 2	NDI|HX 3	NDI High Bandwith
Quality	Good	Great	Great
Bandwidth	Low(~18 Mbps)	Medium(~80 Mbps)	High(~250 Mbps)
Latency	Medium	Very Low	Very Low
Requires FPGA	No	No	Yes
GOP	60	1 or 2	60

그림 1-9
NDI 레이턴시 비교 (출처: https://xchange.avixa.org/)

그림 1-10
NDI를 활용한 라이브 중계 현장 (Arirang TV)

NDI의 초저지연 기술은 현장의 생동감을 실시간으로 전달하는 라이브 이벤트 및 e 스포츠 중계에 최적화되어 있습니다.

1.3. NDI의 탄생과 역사

NDI는 어느 날 갑자기 하늘에서 떨어진 기술이 아닙니다. 이는 1980년대부터 시작된 '데스크톱 비디오 혁명(Desktop Video Revolution)'의 연장선에 있으며, 방송 제작의 민주화를 꿈꿨던 선구자들의 오랜 노력과 기술적 노하우가 집약된 결과물입니다.

혁신의 산실, NewTek과 데스크톱 비디오 혁명

NDI를 개발한 뉴텍(NewTek)은 1985년, 팀 제니슨(Tim Jenison)과 폴 몽고메리(Paul Montgomery)에 의해 미국 텍사스주 샌안토니오에서 설립되었습니다. 설립 초기부터 이 회사의 비전은 명확했습니다. 그들의 슬로건인 "Show the World"에서 볼 수 있듯이, 그들은 거대 자본을 가진 방송국만이 아니라, 누구나 자신의 이야기를 영상으로 만들어 세상에 보여줄 수 있는 시대를 꿈꿨습니다.

팀 제니슨(Tim Jenison)은 회사 설립 초기 인터뷰에서 "미래에 가장 인기 있는 TV 프로그램은 일반 사람들이 직접 만든 이야기가 될 것"이라고 예견했습니다. 유튜브와 스트리밍 플랫폼이 일상이 된 오늘날, 그의 예언은 완벽한 현실이 되었습니다.

그림 1-11
뉴텍의 설립자 팀 제니슨

뉴텍은 1990년, 전설적인 제품인 비디오 토스터(Video Toaster)를 세상에 내놓습니다. 당시 수억 원을 호가하던 방송용 스위처, CG(자막기), DVE(디지털 비디오 효과)

장비의 기능을 코모도어 아미가(Commodore Amiga)라는 개인용 컴퓨터 한 대에 집약시킨 혁명적인 제품이었습니다.

비디오 토스터의 등장은 방송 장비의 가격을 획기적으로 낮추며 소규모 스튜디오와 개인 창작자들에게 방송 제작의 문을 열어주었습니다. 이러한 '소프트웨어 중심의 하드웨어 통합'이라는 뉴텍의 DNA는 훗날 NDI 개발의 핵심적인 사상적 기반이 됩니다.

그림 1-12
NewTek Video Toaster와 Amiga 컴퓨터 시스템

1990년 출시된 비디오 토스터(Video Toaster)는 수억 원대의 방송 장비를 개인용 컴퓨터 안으로 통합하며 '데스크톱 비디오 혁명'을 이끌었습니다.

iVGA: 가능성의 시작 (NDI의 전신)

2005년, 뉴텍은 비디오 토스터의 기술을 집대성한 통합 방송 시스템 TriCaster(트라이캐스터)를 출시합니다. 그리고 이듬해인 2006년, NDI의 기술적 모태가 되는 iVGA 기술을 선보입니다.

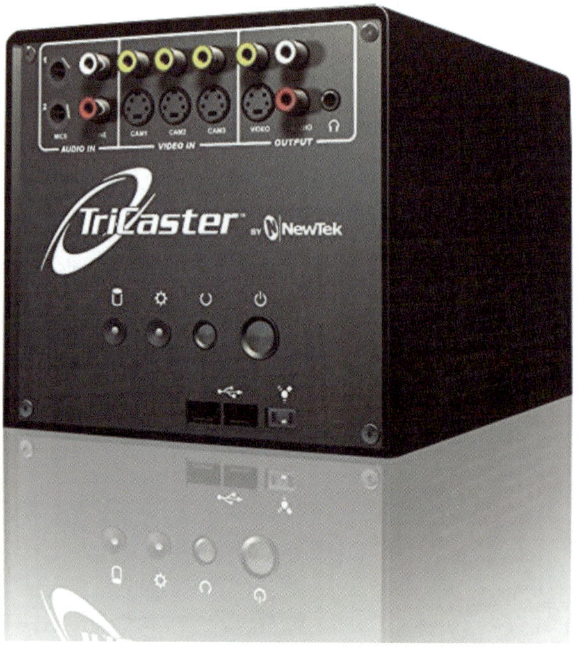

그림 1-13
2005년 출시된 TriCaster

당시 라이브 제작 환경에서 가장 큰 골칫거리는 '컴퓨터(PC) 화면을 어떻게 방송 스위처로 가져올 것인가'였습니다. PC의 VGA 신호와 방송용 비디오 신호(SD/HD)는 주사율과 해상도가 달랐기 때문에, 이를 변환하기 위해서는 '스캔 컨버터(Scan Converter)'라는 고가의 하드웨어 장비가 필수적이었습니다.

뉴텍은 이 문제를 소프트웨어로 해결했습니다. iVGA는 별도의 하드웨어 없이 랜선(네트워크)만 연결되어 있다면, PC의 화면을 실시간으로 캡처하여 TriCaster로 전송해 주는 기술이었습니다.

iVGA의 기술적 의의:

- **SpeedHQ 코덱의 적용:** iVGA는 PC 화면을 캡처하고 압축하기 위해 뉴텍이 자체 개발한 'SpeedHQ' 코덱을 사용했습니다. 이 코덱은 압축 효율이 높으면서도 CPU 점유율이 매우 낮아, 실시간 전송에 최적화되어 있었습니다.

- **'제로'에 가까운 지연 시간:** iVGA는 약 80ms(밀리초) 수준의 매우 낮은 지연 시간을 구현했습니다. 이는 타임코드가 바뀌지 않는 수준으로, 사실상 실시간

전송이나 다름없었습니다.

이때 엔지니어들은 중요한 사실을 깨닫게 됩니다. "기가비트 네트워크와 효율적인 코덱만 있다면, 굳이 비싼 비디오 케이블을 쓰지 않아도 고화질 영상을 실시간으로 주고받을 수 있다"는 가능성이었습니다.

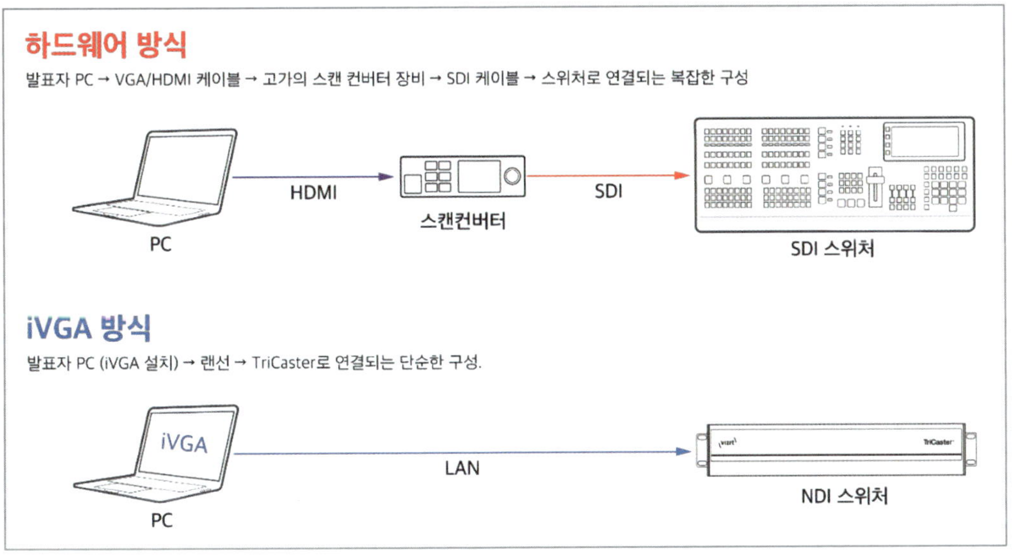

그림 1-14
하드웨어 스캔 컨버터 vs iVGA 연결 방식 비교 (출처: 디브이네스트 뉴스레터, www.dvnest.com)

iVGA는 고가의 하드웨어 스캔 컨버터를 소프트웨어 기술로 대체하며, 네트워크를 통한 비디오 전송의 효율성을 입증했습니다.

NDI의 등장: 모든 비디오를 네트워크로

뉴텍의 CTO(최고 기술 경영자)이자 'NDI의 아버지'로 불리는 앤드류 그로스(Andrew Cross) 박사는 iVGA의 성공을 보며 더 큰 그림을 그렸습니다.

"PC 화면만 보낼 것이 아니라, 카메라, 재생기, 그래픽 등 모든 비디오 소스를 네트워크로 전송하면 어떨까? 그렇게 된다면 우리는 더 이상 물리적인 입출력 포트의 개수에 얽매이지 않아도 될 것이다."

이 아이디어는 NDI(Network Device Interface)라는 이름으로 구체화되었습니다. 이름에서 알 수 있듯이, 방송 현장에서 가장 널리 쓰이는 표준인 SDI(Serial Digital Interface)를 네트워크(Network) 환경으로 옮겨오겠다는 야심 찬 의지가 담겨 있었습니다.

그림 1-15
뉴텍의 CTO였던 앤드류 크로스

뉴텍은 iVGA에 사용된 SpeedHQ 코덱을 기반으로, 4:2:2 / 10비트 컬러 샘플링, 알파 채널 지원, 오디오 및 메타데이터 동기화 기능을 추가하여 프로토콜을 완성했습니다. 그리고 2015년 9월, 네덜란드 암스테르담에서 열린 IBC(국제방송박람회)에서 NDI를 전 세계에 공식 발표했습니다.

발표 당시 업계의 반응은 충격 그 자체였습니다. 이미 소니, 시스코 등이 주도하는 고가의 IP 방송 표준(SMPTE ST 2110의 전신 등) 논의가 진행 중이었지만, 뉴텍은 복잡한 하드웨어 없이 소프트웨어만으로 작동하는, 그것도 SDK를 무료로 공개하는 파격적인 전략을 들고 나왔기 때문입니다.

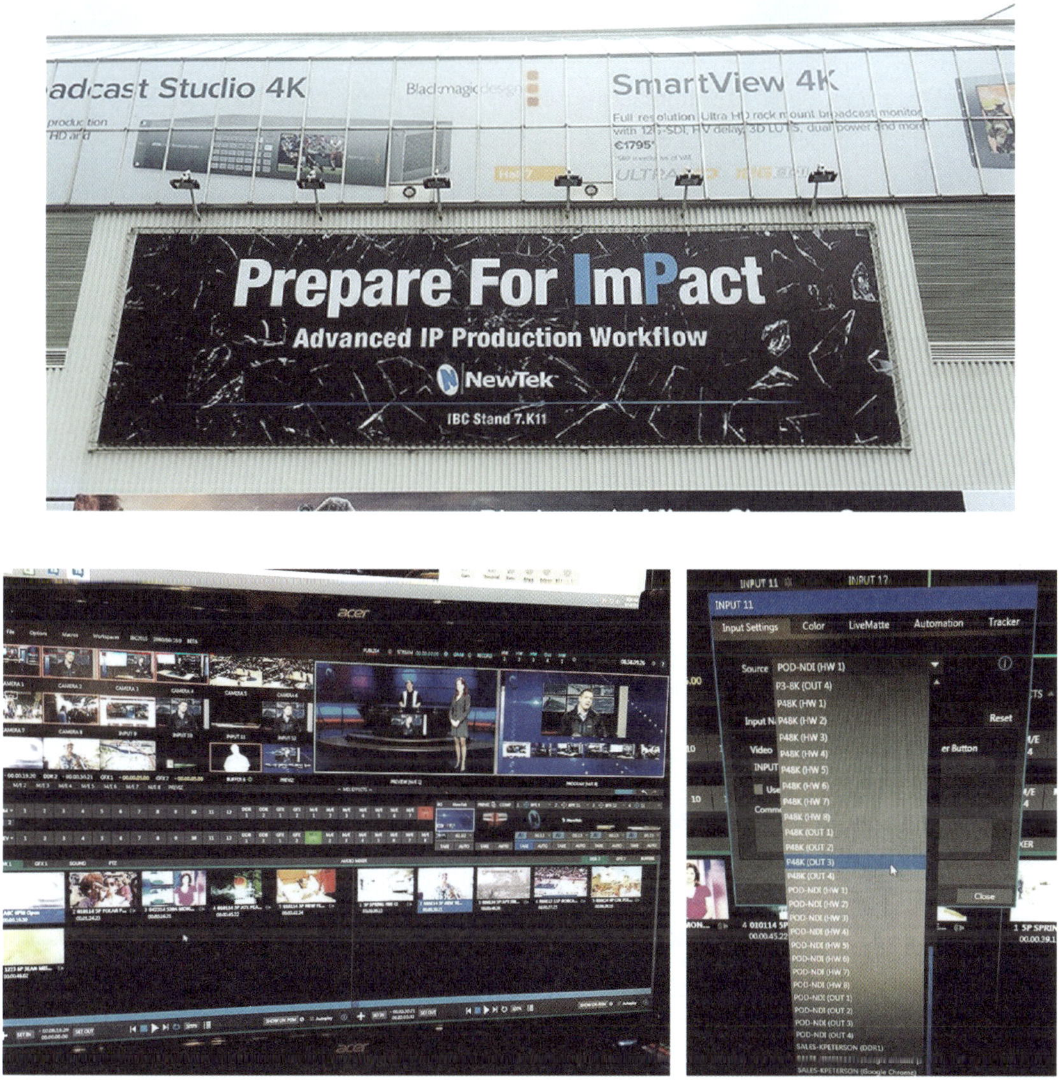

그림 1-16
IBC 2015에서 발표된 NDI 기술

'현실적인 IP 기술'로의 도약

NDI가 발표된 이후, 방송 시장은 빠르게 반응했습니다. 기존의 IP 솔루션들이 '방송국'이라는 거대한 인프라를 타깃으로 했다면, NDI는 '콘텐츠를 만드는 모든 사람'을 타깃으로 했기 때문입니다.

- **접근성(Accessibility):** 25Gbps, 40Gbps, 100Gbps 광케이블이 아닌, 누구나 가지고 있는 1Gbps 랜선을 사용합니다.
- **경제성(Affordability):** 로열티 무료 정책으로 인해 수많은 소프트웨어 개발사와 장비 제조사가 빠르게 NDI를 도입했습니다.
- **호환성(Compatibility):** 윈도우(Windows), 맥(Mac), 리눅스(Linux) 등 다양한 OS를 지원하며, OBS나 vMix 같은 보급형 소프트웨어에서도 즉시 사용할 수 있게 되었습니다.

결과적으로 NDI는 방송 전문가뿐만 아니라 교회, 학교, 기업, 유튜버 등 다양한 영역의 사용자들이 IP 비디오 기술의 혜택을 누릴 수 있게 만든 '현실적인 기술'로 자리 잡았습니다. Haivision의 리포트에서 언급된 것처럼 전 세계 방송 실무자의 40% 이상이 NDI를 사용하는 이유는, 이것이 가장 쉽고, 가장 저렴하며, 가장 강력하게 현재의 네트워크 환경을 활용할 수 있는 방법이기 때문입니다.

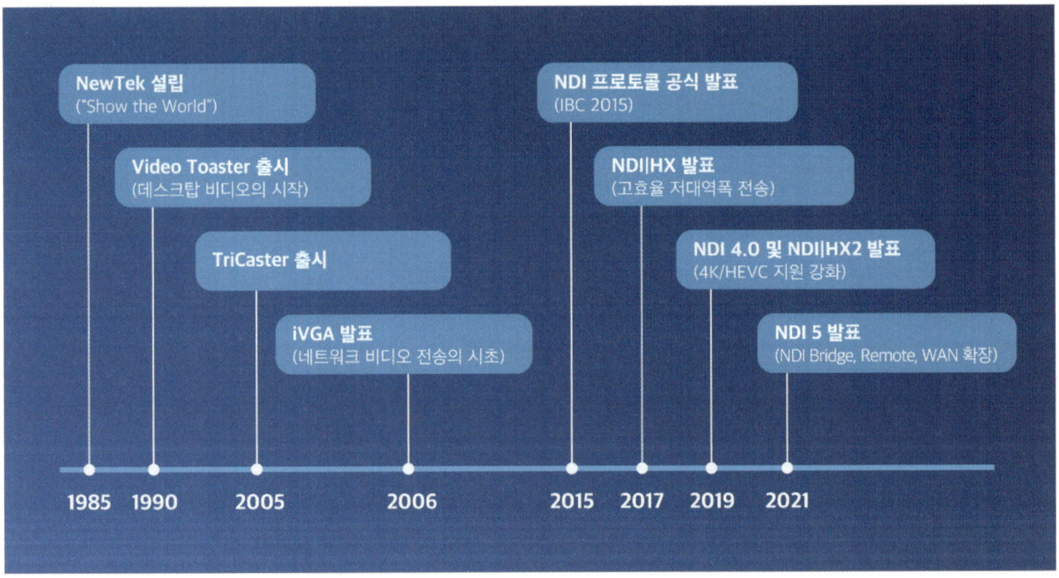

표 1-17
NDI 발전의 타임라인 (출처: 디브이네스트 뉴스레터, www.dvnest.com)

NDI는 PC 화면 전송 기술인 iVGA에서 시작하여, 로컬 네트워크를 넘어 인터넷(WAN)까지 연결하는 글로벌 비디오 표준으로 지속적으로 진화해 왔습니다.

01 Quiz

복습 퀴즈

1. 다음 설명에 알맞은 용어를 적으세요.

- (__________): 뉴텍에서 개발한 기술로, 표준 이더넷 네트워크를 통해 실시간 비디오/오디오를 전송하는 프로토콜 표준.

- (__________): 랜선 하나를 통해 데이터와 전력을 동시에 공급하여 카메라에 별도의 전원선이 필요 없게 만드는 기술

2. NDI가 기존 SDI 방식과 비교하여 갖는 가장 큰 구조적 특징은 무엇인가요?

3. NDI의 탄생 배경이 된, PC 화면을 네트워크로 전송하던 뉴텍의 초기 기술 이름은 무엇인가요?

2장

NDI의 작동 원리

NDI는 독자적인 SpeedHQ 코덱과 DCT 압축 방식을 통해 일반 기가비트 네트워크에서도 시각적 무손실 수준의 고화질 영상을 전송합니다. 초저지연 중심의 Full NDI와 대역폭 효율 중심의 NDI|HX 규격으로 나뉘어 제작 환경의 목적에 맞는 유연한 선택이 가능하며 TCP의 안정성과 UDP의 속도를 결합한 Reliable UDP(RUDP) 전송 기술을 도입하여 라이브 비디오의 실시간성과 신뢰성을 동시에 확보했습니다.

02 Learning Objectives 학습 목표

본 단원을 학습한 후, 여러분은 다음과 같은 지식과 역량을 갖추게 될 것입니다.

1. NDI 압축 알고리즘의 이해:

NDI가 채택한 SpeedHQ 코덱의 특징과 DCT(이산 코사인 변환) 압축 방식의 기술적 원리를 설명하고, 어떻게 시각적 무손실 화질을 구현하는지 분석할 수 있습니다.

2. NDI 규격별 특성 비교:

'Full NDI'와 고효율 대역폭 중심의 'NDI|HX'의 기술적 차이점(압축 방식, 지연 시간, 대역폭 점유율 등)을 비교하고 상황에 맞는 적절한 규격을 선택할 수 있습니다.

3. 전송 프로토콜의 메커니즘 파악:

TCP와 UDP의 한계를 극복하기 위해 도입된 RUDP(Reliable UDP)의 작동 원리를 이해하고, 실시간 비디오 전송시 신뢰성과 속도를 동시에 확보하는 방법을 알게됩니다.

4. 지능형 대역폭 관리 기술 습득:

메인 스트림(Main Stream)과 서브 스트림(Sub Stream)을 활용한 지능형 소스 전환 메커니즘을 파악하고, 대규모 네트워크 프로덕션 환경에서 효율적으로 대역폭을 관리하는 선략을 수립할 수 있습니다.

5. NDI 검색 및 등록:

mDNS로 동작하는 NDI의 특성을 이해하고 디스커버리 서버를 통해 검색 서비스를 세팅할 수 있는 기술을 습득하게 됩니다.

2장

NDI의 작동 원리

앞선 1장에서는 NDI의 개념과 역사, 그리고 도입의 이점에 대해 살펴보았습니다. 2장에서는 NDI가 어떻게 고화질 영상을 일반 네트워크망으로 전송하는지 그 기술적 메커니즘을 심도 있게 분석합니다.

비디오 엔지니어로서 NDI 시스템을 설계하고 트러블슈팅(Troubleshooting)을 수행하기 위해서는 데이터가 압축되고(Encoding), 전송되며(Transport), 다시 복원되는(Decoding) 과정을 명확히 이해해야 합니다.

2.1. 압축과 전송의 기술

NDI 코덱의 기반 기술: SpeedHQ

비압축 1080p60 HD 영상의 데이터 양은 약 3Gbps(3,000Mbps)에 달합니다. 이를 1Gbps 대역폭을 가진 일반 네트워크 케이블로 전송하는 것은 물리적으로 불가능합니다. 따라서 압축(Compression)은 선택이 아닌 필수입니다.

NDI는 뉴텍이 자체 개발한 'SpeedHQ'라는 코덱을 기반으로 합니다. 이 코덱은 MPEG-2 압축 기술의 변형으로 볼 수 있는데, 방송용 코덱인 Sony XDCAM이나 Apple ProRes와 유사한 특성을 가집니다. NDI 코덱 설계의 핵심 목표는 3가지입니다.

1. **DCT(Discrete Cosine Transform) 기반 압축**: SpeedHQ는 이미지를 8x8 픽셀 블록으로 나누어 주파수 영역으로 변환하는 DCT 방식을 사용합니다. 이는 JPEG나 MPEG-2와 유사한 원리이지만, 실시간 전송을 위해 연산 복잡도를 최소화하여 인코딩/디코딩 지연 시간을 획기적으로 낮췄습니다.

2. **시각적 비손실(Visually Lossless)**: 압축을 거치더라도 전문가의 육안으로 원본 비압축 영상과 구별하기 힘들 정도의 높은 화질을 유지합니다. 이는 방송 제작 환경에서 요구되는 '메자닌(Mezzanine) 코덱'의 품질 수준을 충족합니다.

3. **YUV 4:2:2 및 10-bit 지원**: 인간의 눈이 밝기보다 색상 변화에 둔감하다는 점을 이용한 4:2:2 샘플링을 사용하여 데이터 효율을 높였으며, 최신 버전에서는 10-bit 컬러 심도를 지원하여 부드러운 그라데이션과 풍부한 명암(HDR)을 표현할 수 있습니다. (※NDI 6부터 지원)

기술적으로 NDI는 DCT(Discrete Cosine Transform, 이산 코사인 변환) 방식을 사용하여 이미지를 주파수 성분으로 분해하고 압축합니다. 또한, 색상 정보를 처리할 때 4:2:2 또는 4:2:0 크로마 서브샘플링을 지원하며, 채널당 최대 16비트의 색상 심도(Color Depth)를 처리할 수 있는 파이프라인을 갖추고 있어 HDR(High Dynamic Range) 콘텐츠 제작에도 대응합니다.

DCT 기반 압축 기술의 이해

NDI의 핵심인 DCT(이산 코사인 변환)는 픽셀 데이터를 주파수 영역으로 변환하여 인간이 민감하게 반응하는 저주파 정보를 우선 보호하고 시각적 중요도가 낮은 고주파 정보를 양자화 과정에서 생략하는 압축 방식입니다.
블록 분할, 변환, 양자화, 엔트로피 부호화의 4단계를 거치는 이 기술은 프레임 간 예측을 배제한 인트라프레임 방식을 취함으로써 초저지연 전송과 낮은 연산 부하를 실현한다. 이를 통해 NDI는 기가비트 네트워크 환경에서도 방송급 화질을 유지하며 실시간 제작 및 편집에 최적화된 유연한 성능을 제공합니다.

주파수 변환: 픽셀 데이터를 주파수 성분으로 바꾸어 시각적 중요도를 구분함.
시각적 무손실: 인간이 감지하기 어려운 고주파 정보를 생략하여 용량을 효율화함.
실시간: 복잡한 예측 과정이 없어 라이브 방송에 필수적인 초저지연 실현.

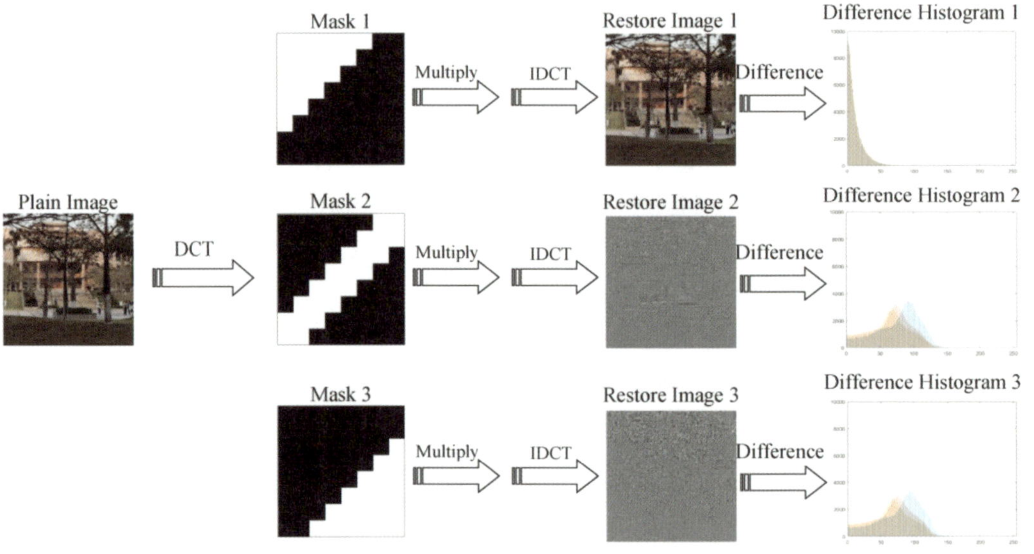

그림 2-1
서로 다른 마스크 조건에서 DCT 복원 결과의 차이 비교. (출처: nature.com)

대역폭(Bandwidth) 요구량과 가변 비트레이트(VBR)

NDI는 네트워크 환경에 유연하게 대처하기 위해 VBR(Variable Bit Rate, 가변 비트레이트) 방식을 사용합니다. 즉, 영상의 복잡도(움직임이 많거나 색상이 화려한 정도)에 따라 실시간으로 데이터 전송량을 조절합니다. 예를 들어, 뉴스 앵커가 가만히 앉아 있는 장면에서는 데이터양이 줄어들고, 화려한 조명이 번쩍이는 쇼 무대에서는 데이터양이 늘어납니다.

하지만 시스템 설계를 위해서는 '최대 대역폭(Peak Bandwidth)'을 기준으로 네트워크 용량을 산정해야 합니다.

해상도 (Resolution)	프레임 레이트 (FPS)	평균 대역폭 (Mbps)	권장 네트워크 여유폭
UHD (3840 x 2160)	59.94p	250 Mbps	350 Mbps 이상
	29.97p	170 Mbps	250 Mbps 이상

HD (1920 x 1080)	59.94p	135 Mbps	150 Mbps 이상
	59.94i / 29.97p	100 Mbps	120 Mbps 이상
HD (1280 x 720)	59.94p	90 Mbps	100 Mbps 이상
SD (720 x 480)	59.94i	20 Mbps	50 Mbps 이상

일반적인 기가비트(1,000Mbps) 네트워크 스위치를 사용할 경우, 이론적으로는 1080p60 신호를 약 7~8채널까지 전송할 수 있습니다. 하지만 네트워크의 안정성을 위해 전체 대역폭의 70~80% 수준까지만 사용하는 것을 권장합니다.

2.2. NDI의 두 가지 갈래: Full NDI vs NDI|HX

NDI 기술은 사용 목적과 네트워크 환경에 따라 크게 두 가지 버전으로 나뉩니다. 흔히 Full NDI(High Bandwidth NDI)라고 부르는 표준 버전과, 효율성을 극대화한 NDI|HX(High Efficiency) 버전입니다. 이 둘의 차이를 이해하는 것은 적절한 장비를 선택하는 데 매우 중요합니다.

압축 방식의 차이: Intra-frame vs Inter-frame

두 기술의 가장 결정적인 차이는 프레임을 압축하는 방식, 즉 GOP(Group of Pictures) 구조에 있습니다.

1) Full NDI: I-Frame (Intra-frame) 압축

Full NDI는 영상의 모든 프레임을 개별적으로 압축합니다. 이를 I-Frame Only 방식이라고 합니다.

- **원리:** 1번 프레임, 2번 프레임, 3번 프레임이 서로 의존하지 않고 각각 독립적인 이미지로 존재합니다.
- **장점:** 각 프레임이 독립적이므로 인코딩/디코딩 속도가 매우 빠릅니다(저지연). 또한 편집 시 특정 프레임을 잘라내기 쉽습니다.
- **단점:** 중복 데이터를 제거하지 않으므로 데이터 용량(대역폭)이 큽니다. (HD 기준 약 100Mbps 이상)

2) NDI|HX: Long-GOP (Inter-frame) 압축

NDI|HX는 H.264 또는 H.265(HEVC) 코덱을 사용합니다. 이는 IPB 프레임 구조를 가집니다.

- **원리:** 온전한 이미지를 가진 기준 프레임(I-Frame)을 보내고, 그 뒤에는 앞뒤 프레임과 비교하여 '변화된 부분(움직임)'의 데이터(P-Frame, B-Frame)만 전송합니다.

- **장점:** 데이터 압축 효율이 매우 높아 대역폭을 적게 차지합니다. (HD 기준 약 10~20Mbps)
- **단점:** 다음 프레임을 만들기 위해 이전 프레임 정보를 참조해야 하므로 처리 시간이 걸려 지연 시간(Latency)이 발생합니다.

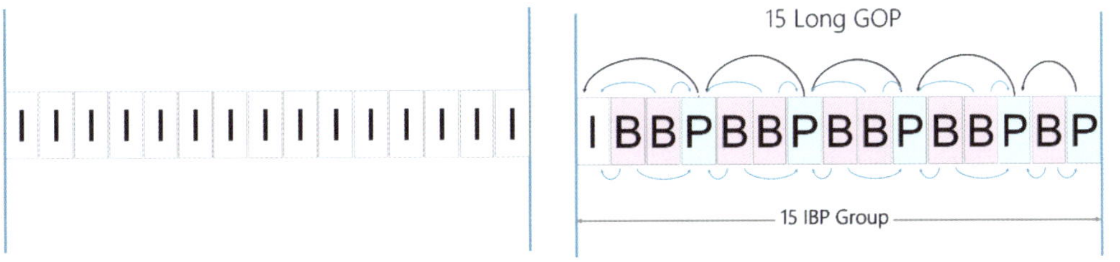

그림 2-2
I-Frame 압축과 Long-GOP 압축 구조 비교 (출처: 디브이네스트 뉴스레터, www.dvnest.com)

Full NDI는 모든 프레임을 독립적으로 압축하여 지연 시간을 줄이는 반면, NDI|HX는 프레임 간 연관성을 이용하여 압축 효율을 높입니다.

성능 비교 및 활용 가이드

비교 항목	Full NDI (High Bandwidth)	NDI|HX (High Efficiency)
압축 코덱	SpeedHQ (MPEG-2 변형)	H.264 / H.265 (HEVC)
대역폭 (1080p60)	약 130 Mbps (HD 기준)	약 10~20 Mbps (HD 기준)
지연 시간 (Latency)	매우 낮음 (1프레임 미만, ~16ms)	보통 (2~4프레임, ~80-120ms)
화질	매우 우수 (방송/편집용)	우수 (스트리밍/배포용)
주요 용도	스튜디오 내부 메인 제작, 라이브 스위칭, IMAG(현장 중계)	무선(WiFi) 연결, 원격지 전송(WAN), CCTV형 PTZ 카메라
네트워크 부하	높음 (전용망 권장)	낮음 (공용망에서도 사용 가능)

※ 최신 동향: NDI|HX3

최근에는 Full NDI의 저지연성과 NDI|HX의 효율성 사이의 균형을 맞춘 NDI|HX3가 등장했습니다. HX3는 대역폭을 60~80Mbps 수준으로 조금 더 쓰되, 지연 시간을 획기적으로 줄여 Full NDI에 근접한 성능을 제공합니다. NDI|HX3는 I 프레임과 P 프레임만 사용하여 화질과 대역폭의 두가지 사항을 모두 만족시키는 차세대 NDI 규격입니다.

2.3. 네트워크 메커니즘

NDI 장비들이 어떻게 서로를 찾고 데이터를 주고받는지, 그 보이지 않는 통신 과정을 이해해 봅시다.

자동 검색의 마법: mDNS (Bonjour)

NDI의 가장 편리한 점은 IP 주소를 몰라도 장비를 연결할 수 있다는 것입니다. 이를 가능케 하는 기술이 mDNS(Multicast DNS), 애플(Apple) 진영에서는 Bonjour(봉주르)라고 부르는 프로토콜입니다.

- **등록(Registration):** NDI 카메라가 네트워크에 연결되면, "나는 'Cam-1'이라는 이름을 가진 NDI 소스다!"라고 네트워크 전체에 자신의 존재를 주기적으로 알립니다(Broadcast).
- **검색(Discovery):** 수신 장치(예: TriCaster, vMix)는 네트워크를 스캔하여 현재 활동 중인 NDI 장비들의 명단을 수집합니다.
- **연결(Connection):** 사용자가 목록에서 'Cam-1'을 선택하면, 그제야 수신 장치는 'Cam-1'의 실제 IP 주소를 파악하고 1:1 데이터 전송을 요청합니다.

[주의 사항]
mDNS는 기본적으로 동일한 서브넷(같은 공유기 아래)에서만 작동합니다. 만약 라우터를 건너 다른 대역의 네트워크에 있는 장비를 찾으려면 NDI Discovery Server나 Access Manager를 이용해 수동으로 IP를 등록해야 합니다. (이는 4장에서 상세히 다룹니다.)

전송 프로토콜의 진화: TCP와 UDP, 그리고 Reliable UDP

NDI 장비가 영상을 보낼 때, 네트워크 케이블 속에서는 0과 1로 이루어진 수많은 데이터 패킷(Packet)들이 이동합니다. 이 패킷들을 '어떤 규칙으로 배달할 것인가'를 정하는 것이 바로 전송 프로토콜입니다.

NDI 기술의 발전사를 이해하기 위해서는 가장 대표적인 두 가지 전송 방식인 TCP(Transmission Control Protocol) 와 UDP(User Datagram Protocol)의 특성을 비교하고, 최신 NDI가 채택한 Reliable UDP의 등장 배경을 알아야 합니다.

1) TCP : 신뢰성은 높지만, 멈칫할 수 있다 (NDI 초기 버전)

초기 NDI 버전은 TCP를 기반으로 설계되었습니다. TCP는 인터넷 데이터 전송의 표준 방식으로, 웹 서핑이나 이메일 전송에 주로 사용됩니다.

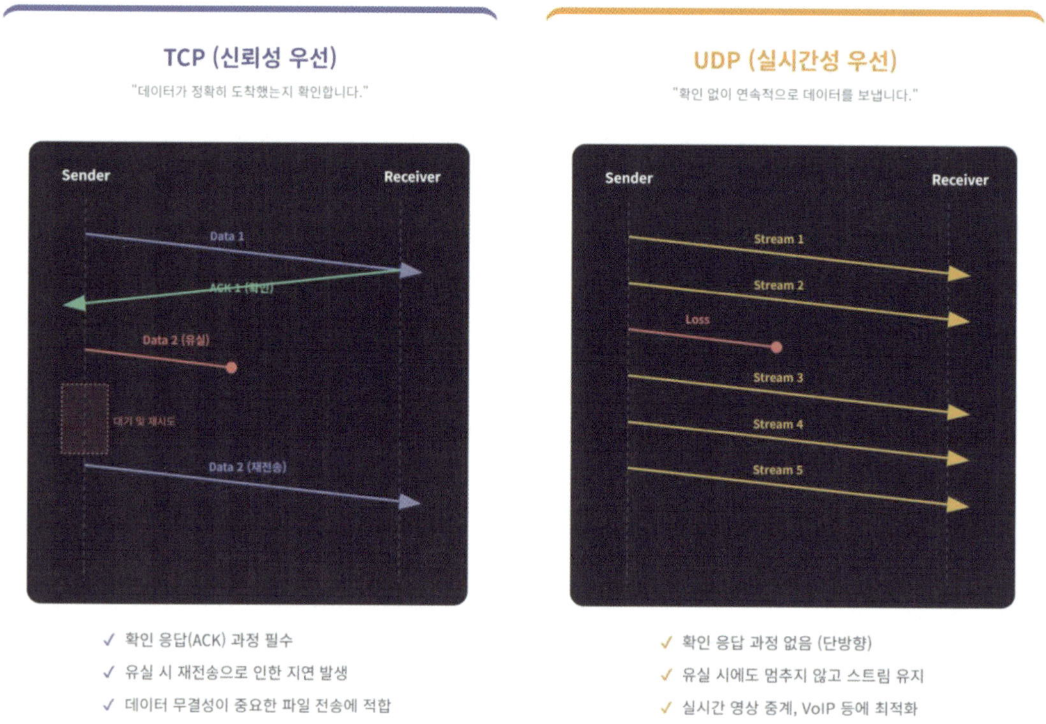

그림 2-3
TCP 와 UDP의 패킷 전송 방식 비교 (출처: 디브이네스트 뉴스레터, www.dvnest.com)

- **작동 원리 (연결 지향형):** 송신자와 수신자가 먼저 연결을 맺는 '3-way Handshake' 과정을 거친 후 데이터를 보냅니다. 중요한 점은 데이터를 보낼 때마다 수신자로부터 "잘 받았다(ACK, Acknowledgement)"는 확인 신호를 받아야 다음 데이터를 보낸다는 것입니다.

- **장점:** 데이터가 전송 도중 유실되면 즉시 재전송을 요청합니다. 따라서 데이

터가 깨지거나 순서가 뒤바뀌는 일이 없어 매우 안정적입니다.

- **단점 (비디오 전송 시):** 이를 'Head-of-Line Blocking(HOL 차단)' 문제라고 합니다. 만약 100개의 패킷 중 50번 패킷 하나가 손실되면, TCP는 50번을 다시 받아올 때까지 이미 도착한 51번~100번 패킷을 처리하지 않고 대기시킵니다. 실시간성이 중요한 라이브 영상에서는 이 찰나의 대기가 화면 멈춤(Freezing)이나 지연(Latency)으로 나타날 수 있습니다.

확인 절차를 거치는 TCP는 신뢰성이 높으나 느릴 수 있고, 확인 절차가 없는 UDP는 빠르지만 데이터 유실 가능성이 있습니다.

2) UDP: 빠르지만, 깨질 수 있다

UDP는 실시간 스트리밍 서비스나 온라인 게임에서 주로 사용하는 방식입니다.

- **작동 원리 (비연결형):** 수신자가 준비되었는지, 데이터를 잘 받았는지 확인하지 않고 일방적으로 데이터를 쏘아 보냅니다(Fire and Forget).
- **장점:** 확인 절차가 없으므로 전송 속도가 매우 빠르고, 네트워크 오버헤드(부하)가 적습니다.
- **단점 (비디오 전송 시):** 중간에 패킷이 유실되면 복구할 방법이 없습니다. 영상 데이터에서 패킷 유실은 곧 화면의 일부분이 회색으로 깨지거나(Glitch), 깍두기 현상(Artifact)이 발생하는 것으로 나타납니다.

3) NDI의 해법: Reliable UDP (RUDP)

NDI 5 버전 이후부터 기본 전송 방식으로 채택된 Reliable UDP(RUDP)는 TCP의 안정성과 UDP의 속도라는 두 마리 토끼를 모두 잡기 위해 고안된 NDI만의 독자적인 전송 기술입니다.

- **작동 원리:** 기본적으로는 UDP처럼 빠르게 데이터를 전송합니다. 하지만 수신 측에서 중요한 데이터 패킷이 누락되었음을 감지하면, **선별적으로 재전송을 요청**하는 알고리즘이 포함되어 있습니다.

- 특징:
    - **혼잡 제어:** 네트워크 상황이 좋지 않을 때 TCP처럼 무작정 전송 속도를 낮추는 대신, 비디오 전송에 최적화된 방식으로 흐름을 유지합니다.
    - **다중 경로 전송 (Multi-path):** 복수의 네트워크 인터페이스(예: 유선 랜 + WiFi)를 동시에 활용하여 데이터를 분산 전송할 수 있어 대역폭을 효율적으로 사용합니다.

이 기술 덕분에 최신 NDI는 무선 네트워크(WiFi)나 공용 인터넷망(WAN)과 같이 데이터 손실이 발생하기 쉬운 환경에서도 끊김 없는 고화질 전송이 가능해졌습니다.

구분	TCP (Transmission Control Protocol)	UDP (User Datagram Protocol)	NDI Reliable UDP (RUDP)
전송 방식	연결 지향 (수신 확인 필수)	비연결 지향 (수신 확인 없음)	하이브리드 (선별적 확인)
장점	데이터 무결성 보장 (손실 없음)	빠른 전송 속도, 낮은 지연	빠른 속도 + 전송 안정성
단점	패킷 손실 시 지연 발생 (멈춤)	패킷 손실 시 화질 깨짐	일반 UDP 대비 약간의 CPU 사용
비유	등기 우편 (받았다는 서명 필수)	라디오 방송 (듣든 말든 계속 송출)	스마트 배송 (누락된 물건만 재배송)
NDI 적용	초기 NDI 버전 및 일부 PTZ 제어	(순수 UDP는 잘 쓰이지 않음)	NDI 5.0 이후 기본 표준

2.4. NDI 전송 프로토콜의 진화

NDI는 버전이 거듭될수록 네트워크 환경의 변화에 맞춰 전송 프로토콜을 발전시켜 왔습니다. 각 프로토콜의 특징과 장단점을 이해하는 것은 최적의 네트워크 환경을 구축하는 데 필수적입니다.

싱글 TCP (Single TCP – NDI v1)

NDI 초기 버전부터 지원해 온 가장 전통적인 방식입니다. TCP/IP 프로토콜 스택을 기반으로 두 호스트 간에 1:1 연결을 수립하고, 데이터 패킷이 순서대로 손실 없이 정확하게 전달되는 것을 보장합니다.

싱글 TCP는 모든 버전의 NDI 장비에서 지원되므로 가장 강력한 하위 호환성을 제공합니다. 비록 최신 프로토콜(RUDP 등)에 비해 전송 효율이나 지연 시간 면에서 성능이 다소 떨어질 수 있지만, 복잡한 네트워크 설정 없이 가장 안정적으로 연결을 맺을 수 있는 기본 옵션입니다.

순방향 오류 정정(FEC)이 포함된 UDP (UDP with FEC – NDI v3)

NDI 버전 3에서는 데이터 패킷의 무결성 보장보다 전송 효율이 우선시될 때 TCP의 대안으로 'FEC가 적용된 UDP' 방식을 사용했습니다. 일반적으로 UDP는 VoIP나 화상 회의처럼 데이터의 정확성보다 실시간성이 중요한 분야에서 사용됩니다.

여기에 추가된 FEC(Forward Error Correction, 순방향 오류 정정) 기술은 송신 측에서 데이터 패킷을 보낼 때 복구를 위한 중복 데이터(Redundancy)를 함께 실어 보내는 방식입니다. 이를 통해 네트워크가 불안정하여 패킷 손실이나 손상이 발생하더라도, 수신 측에서 재전송 요청 없이 자체적으로 데이터를 복구할 수 있습니다.

하지만 FEC를 사용하면 수신 측 시스템에 추가적인 연산 부하가 발생하기 때문에 수신기는 손상된 패킷을 복구하기 위해 실시간으로 디코딩 및 오류 정정 알고리즘을 수행해야 하므로 CPU 사용량이 증가할 수 있습니다.

멀티 패스 TCP (Multipath TCP – NDI v4)

NDI 버전 4에서 도입된 '멀티 패스 TCP'는 여러 개의 네트워크 인터페이스 카드(NIC)와 경로를 동시에 활용하도록 설계되었습니다. 특히 하드웨어 가속 기능을 갖춘 네트워크 어댑터와 함께 사용할 때, NIC 간에 대역폭을 효율적으로 분산하고 공유할 수 있습니다.

이 프로토콜은 전송 처리량을 극대화하고, 자원 사용을 최적화하며, 특정 경로 장애 시 다른 경로로 우회하는 이중화(Redundancy) 효과를 제공합니다. 유선과 무선(Wi-Fi), 또는 모바일 네트워크를 통합하여 사용하는 환경에서 강점을 보이며, 다수의 기가비트 연결을 통해 대용량 NDI 스트림을 교환하는 하이엔드 장비에서 특히 효율적입니다.

하지만 10GbE 인터페이스와 1GbE 인터페이스가 혼재된 비대칭 네트워크 환경에서는 멀티 패스 TCP의 효율이 급격히 저하될 수 있습니다. 속도가 다른 링크 간의 데이터 흐름을 네트워크 스위치가 효과적으로 버퍼링을 하지 못해 병목 현상이 발생하기 때문입니다. 따라서 이 프로토콜은 균일한 네트워크 속도가 보장된 환경에서 사용하는 것이 권장됩니다.

신뢰적 UDP (Reliable UDP – NDI v5)

NDI 버전 5에서 채택된 기본 통신 메커니즘은 '신뢰적 UDP(Reliable UDP, 이하 RUDP)'입니다. 이는 다양한 현장 설치 사례와 경험을 토대로 설계된 최첨단 전송 프로토콜로, UDP의 장점인 낮은 지연 시간(Low Latency)과 단순성에 TCP의 장점인 데이터 신뢰성(Reliability)을 결합한 하이브리드 방식입니다.

RUDP는 데이터의 무결성보다 '적시성'이 중요한 실시간 멀티미디어 애플리케이션을 위해 설계되었으며, NDI 비디오 및 오디오 스트림을 최소한의 지연으로 안정적으로 전송하기 위해 다음과 같은 핵심 메커니즘을 사용합니다.

- **시퀀싱 (Sequencing):** 전송하는 각 패킷에 고유한 시퀀스 번호를 할당합니다. 수신 측은 이 번호를 통해 패킷의 순서를 정렬하고, 누락되거나 손상된 패킷을 즉시 감지할 수 있습니다.

- **재전송 (Retransmissions):** 패킷 유실이 감지되면, 수신 측은 시퀀스 번호를 기반으로 송신 측에 해당 패킷의 재전송을 요청하여 데이터 손실을 복구합니다.

- **흐름 제어 (Flow Control):** 네트워크나 수신 장치가 처리할 수 있는 대역폭 한계를 넘지 않도록 데이터 전송 속도를 능동적으로 조절합니다. 이를 통해 오버플로(Overflow)를 방지하고 부드러운 스트리밍을 보장합니다.

- **혼잡 제어 (Congestion Control):** 네트워크의 혼잡 상태를 감지하여 전송 속도를 동적으로 조정하는 알고리즘이 포함되어 있습니다. 이는 네트워크 전체의 붕괴를 막고 불필요한 패킷 손실을 최소화하여 최적의 처리량 (Throughput)을 유지하게 합니다.

NDI 관련 네트워크 포트

포트	타입	용도
5353	UDP	이것은 mDNS 통신에 사용되는 표준 포트이며, 항상 현재 소스를 네트워크로 멀티캐스트 전송하는 데 사용됩니다.
5959	TCP	NDI Discovery Server는 NDI 장치가 검색을 수행하도록 하는 선택적인 방법입니다. 이 방법은 NDI 장치를 서브넷 간에 연결해야 하거나 mDNS가 차단된 경우 대규모 구성에서 유용할 수 있습니다.
5960	TCP	이것은 원격 소스가 이 시스템을 쿼리하고 이 시스템에서 실행 중인 모든 소스를 검색하는 데 사용되는 TCP 포트입니다. 예를 들어 액세스 관리자의 IP 주소로 시스템을 추가할 때 IP 주소만으로 해당 시스템에서 실행 중인 모든 소스를 자동으로 검색할 수 있도록 이 포트를 사용합니다.
5961 and up	TCP	이것들은 각 NDI 스트림에 사용되는 기본 TCP 연결입니다. 각 현재 연결에 대해 이 범위에서 적이도 하나의 포트 번호가 사용됩니다.
5960 and up	UDP	버전 5 이상에서는 신뢰할 수 있는 UDP 연결을 사용할 때 UDP에 5960 범위의 매우 적은 수의 포트를 사용합니다. 이러한 포트 번호는 TCP 연결과 공유됩니다.

		이 모드에서는 연결 공유를 사용하기 때문에 필요한 포트 수가 매우 제한적이고 실행 중인 NDI 프로세스당 하나의 포트만 필요하고 NDI 연결당 하나의 포트만 필요하지 않습니다.
6960 and up	TCP/UDP	다중 TCP 또는 UDP 수신을 사용할 경우 각 연결에 대해 이 범위의 포트 번호 하나 이상이 사용됩니다.
7960 and up	TCP/UDP	멀티 TCP, 유니캐스트 UDP 또는 멀티캐스트 UDP 전송을 사용할 경우 각 연결에 대해 이 범위의 포트 번호 하나 이상이 사용됩니다.
Ephemeral	TCP	NDI v1에 대한 레거시 - 현재 버전(4.6 이상)은 더 이상 임시 포트 범위의 포트를 사용하지 않습니다.

2.5. NDI 대역폭 이해하기

스마트한 대역폭 관리: 메인 스트림과 서브 스트림 (Main & Sub Stream)

NDI가 "일반 기가비트망(1GbE)에서도 수십 대의 카메라를 운용할 수 있다"고 말할 수 있는 기술적 근거는 바로 이중 스트림(Dual Stream) 구조와 지능적인 구독(Subscription) 시스템에 있습니다.

영상 편집에서 고화질 원본 대신 가벼운 '프록시(Proxy)' 파일을 사용하여 편집 속도를 높이는 것처럼, NDI 역시 네트워크 부하를 줄이기 위해 유사한 방식을 실시간으로 구동합니다.

1) 이중 스트림의 구조

NDI를 지원하는 모든 소스 장치(카메라, 스캔 컨버터 등)는 영상을 인코딩할 때 기본적으로 두 가지 종류의 스트림을 동시에 생성합니다.

- 메인 스트림 (High Bandwidth / Main Stream):
    - **특징:** 원본 해상도(HD/4K)와 원본 프레임 레이트를 유지하는 고화질 영상입니다.
    - **대역폭:** 1080p60 기준 약 100Mbps ~ 140Mbps를 차지합니다.
    - **용도:** 실제 방송 송출(PGM), 녹화(Recording), 전체 화면 모니터링에 사용됩니다.
- 서브 스트림 (Low Bandwidth / Sub Stream):
    - **특징:** 해상도를 낮추고(보통 360p 또는 480p 수준), 압축률을 높인 저화질 영상입니다.
    - **대역폭:** 1080p60 소스일지라도 서브 스트림은 약 6Mbps ~ 10Mbps 정도에 불과합니다.

- **용도**: 멀티뷰어(Multiviewer)의 작은 화면, 프리뷰(Preview), 썸네일 표시에 사용됩니다.

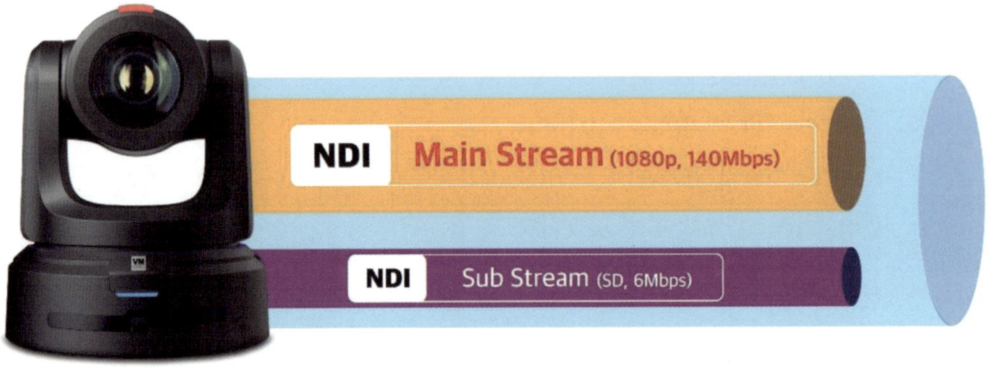

그림 2-4
NDI 소스 장치의 이중 스트림 생성 구조 (출처: 디브이네스트 뉴스레터, www.dvnest.com)

모든 NDI 소스는 고화질의 메인 스트림과 저화질의 서브 스트림을 동시에 생성하여 네트워크 효율성을 대비합니다.

2) 지능형 구독 시스템 (Intelligent Subscription)

NDI의 핵심은 이 두 가지 스트림을 무조건 다 보내는 것이 아니라, 수신 측의 '요청(Request)'에 따라 필요한 것만 골라서 보낸다는 점입니다. 이를 '구독(Subscription)' 모델이라고 합니다.

예를 들어, TriCaster와 같은 NDI 스위처를 운용하는 상황을 가정해 봅시다.

- **멀티뷰 단계 (모니터링)**: 16개의 카메라 소스를 한 화면에 작게 띄워놓고 보고 있습니다. 이때 스위처는 16대의 카메라에게 "나는 너희들의 '서브 스트림'만 필요해"라고 요청합니다.
- **데이터량**: 16대 × 6Mbps = 96Mbps (매우 쾌적함)
- **스위칭 단계 (송출)**: 사용자가 1번 카메라를 선택하여 방송(Program)으로 내보냅니다(Take). 그 순간 스위처는 1번 카메라에게 "지금 당장 '메인 스트림'

으로 바꿔서 보내줘!"라고 요청을 변경합니다.

- **데이터량**: (1대 × 140Mbps) + (나머지 15대 × 6Mbps) = 230Mbps

지능형 구독 시스템을 통해 결과적으로 사용자는 고화질로 방송을 내보내면서도, 전체 네트워크 대역폭은 1Gbps 한도 내에서 아주 여유롭게 관리할 수 있습니다.

구분	서브 스트림 미사용 시 (전부 Main 수신)	서브 스트림 활용 시 (NDI 표준)
전송 데이터	16채널 × 140Mbps	(1채널 Main × 140Mbps) + (15채널 Sub × 6Mbps)
총 필요 대역폭	약 2,240 Mbps (2.2Gbps)	약 230 Mbps (0.23Gbps)
1Gbps망 상태	네트워크 마비 (전송 불가)	매우 원활 (여유 공간 70% 이상)

서브 스트림 활용 유무에 따른 대역폭 소모 비교 (16채널 기준)

이 표에서 볼 수 있듯이, 서브 스트림 기술 없이는 일반적인 기가비트 네트워크에서 다채널 라이브 프로덕션을 수행하는 것이 불가능합니다.

3) 즉각적인 전환 (Seamless Switching)

학생들이 가장 많이 하는 질문 중 하나는 "서브 스트림을 보다가 메인 스트림으로 바꿀 때, 화면이 깜빡이거나 딜레이가 생기지 않나요?" 입니다.

NDI 프로토콜은 이 전환 과정을 프레임 단위로 동기화하여 처리합니다. 스위처가 메인 스트림을 요청하면, 소스 장치는 즉시 I-Frame(온전한 이미지)부터 전송을 시작하여 수신 측에서 깨짐 없이 부드럽게 고화질로 전환되도록 설계되어 있습니다. 사용자는 이 내부적인 교체 과정을 시각적으로 전혀 인지할 수 없습니다.

4) 소프트웨어별 지원 차이

이 스마트한 기능은 수신 소프트웨어(스위처)가 이 기능을 지원해야만 작동합니다.

- **TriCaster:** NDI의 메인/서브 스트림 전환 기능을 완벽하게 지원합니다. 입력 소스를 미리보기(Preview) 창에 두었을 때는 저화질로 받다가, 출력(Output)으로 나가는 순간 고화질로 자동 변환합니다.

- **OBS Studio, 일반 모니터:** 설정에 따라 메인 스트림만 무조건 받아오는 경우가 있습니다. 이 경우 소스가 늘어나면 네트워크 부하가 급격히 증가할 수 있으므로 주의해야 합니다.

2.6. NDI 검색 및 등록 (Discovery and Registration)

최소의 설정만으로 비디오 신호 분배하기

IP 비디오의 세계에서 가장 큰 문제는 네트워크를 따라 흐르는 비디오 신호를 눈으로 직접 확인할 수 없기 때문에 신호를 배포할 때 물리적 연결로 식별하기 어렵다는 점입니다. 네트워크로 연결되는 모든 장치는 다른 장치나 하드웨어, 프로그램과 이어지기 위해서 다른 장치와 구분될 수 있도록 각각 고유한 IP 주소를 가지고 있어야 합니다.

그러나 네트워크에 연결되는 장치의 물리적 연결은 동적으로 이루어지며 많은 경우에 장치의 주소와 물리적 위치의 상관관계가 없는 경우가 많습니다. 따라서 서로 다른 IP 주소를 가지는 수백 개 또는 수천 개의 장치가 존재하는 대규모 네트워크에서는 내가 연결하기 원하는 장치를 찾고 상호 연결을 유지하는 것이 어렵게 됩니다. NDI는 이렇게 네트워크 내에서 원하는 장치를 검색하고 등록하기 위한 두 가지 옵션 즉, mDNS와 디스커버리 서비스(Discovery Service)를 제공합니다.

1) mDNS

IP 네트워크를 통해 비디오 스트림을 보내고 수신하려면 수신측 장치나 프로그램에서 필요한 비디오 스트림을 검색할 수 있어야 합니다.

NDI는 로컬 영역 네트워크(LAN) 상에서 호스트 이름을 IP 주소로 자동 변환(Resolve)하여 장치를 식별합니다. 사용자가 NDI 기반 애플리케이션을 실행하는 즉시 네트워크상의 송수신 장치들이 목록에 나타나는 것은 바로 이 기능 덕분입니다. 이는 현대적인 네트워크 환경에서 흔히 볼 수 있는 편의 기능이지만, 대역폭과 흐름을 정밀하게 제어해야 하는 전문 방송 네트워크를 구성하기 위해서는 그 이면의 작동 원리를 이해하는 것이 필수적입니다.

기본적으로 NDI는 별도의 복잡한 IP 설정 없이 장치를 연결할 수 있는 '제로 구성(Zero-Configuration)' 환경을 구현하기 위해 mDNS(Multicast Domain Name System) 프로토콜을 활용합니다. ***(참고: Apple's mDNS is published as a standards***

track proposal (RFC 6762) https://tools.ietf.org/html/rfc6762)

mDNS의 구체적인 작동 프로세스는 다음과 같습니다. 먼저, 서비스는 네트워크상의 호스트들에게 신원 확인을 요청하는 IP 멀티캐스트 메시지를 발송합니다. 이에 대해 대상 시스템은 자신의 IP 주소가 포함된 메시지를 다시 멀티캐스트 방식으로 응답합니다. 동일한 서브넷(Subnet)에 존재하는 모든 NDI 수신 시스템은 이 멀티캐스트 응답을 감지하고, 해당 정보를 바탕으로 자신의 로컬 캐시(Cache)를 업데이트하여 최신 장치 목록을 유지합니다.

이러한 쿼리(Query)와 응답은 모두 멀티캐스트 주소를 통해 이루어지므로, 전체 네트워크 정보를 관리하는 중앙 서버나 특정 단일 장치가 필요하지 않습니다. 시스템은 인식된 서비스에 대한 쿼리가 발생할 때, 이미 구축된 로컬 캐시 정보를 바탕으로 즉각적인 DNS 응답을 제공합니다.

mDNS 방식의 가장 큰 장점은 관리자의 개입이나 설정 소요가 거의 없다는 점입니다. 네트워크 스위치나 라우터 설정에서 의도적으로 mDNS 트래픽을 차단하지 않는 한, NDI 소스는 자동으로 검색됩니다. 이러한 탈중앙화된 (Decentralized) 구조 덕분에 별도의 DNS 서버 인프라가 구축되지 않은 환경에서도 시스템은 원활하게 작동하며, 중앙 인프라의 장애 상황에서도 영향을 받지 않고 독립적인 연결성을 유지할 수 있습니다.

기술적으로 mDNS 이더넷 프레임은 다음과 같은 형태의 멀티캐스트 UDP 패킷으로 브로드캐스트됩니다.

MAC Adress	01:00:5E:00:00:FB (for IPv4)
Ipv4 Address	224.0.0.251
UDP Port	5353

Windows 환경에서 NDI를 원활하게 운용하기 위해서는 '네트워크 위치 (Network Location)' 유형을 올바르게 선택하는 것이 무엇보다 중요합니다. 일반적으로 Windows PC를 새로운 네트워크에 연결하면, 해당 네트워크를 공

용(Public) 또는 개인(Private) 중 어느 것으로 설정할지 묻는 대화창이 나타납니다.

Windows의 기본값은 보안을 위해 '공용'으로 설정되는데, 이 모드는 외부에서 내 컴퓨터가 보이지 않도록 숨기고 Ping 응답을 차단하도록 설계되어 있습니다. 문제는 이 보안 설정이 mDNS 응답까지 차단하여, 결과적으로 NDI 비디오 스트림의 검색과 등록을 방해한다는 점입니다.

따라서 NDI 장비가 정상적으로 검색되게 하려면 네트워크 위치를 반드시 '개인(Private)'으로 설정해야 합니다.

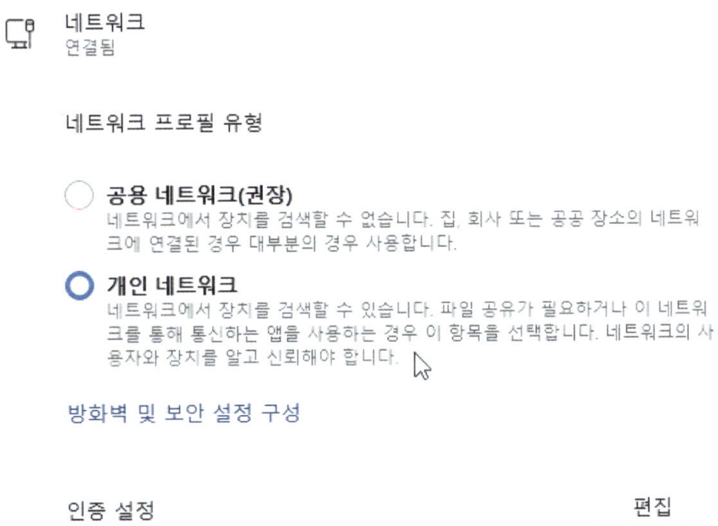

그림 2.6
윈도우 11의 네트워크 설정 화면

단, 기업 환경의 도메인 네트워크(Domain Network)는 네트워크 관리자에 의해 중앙에서 제어되므로 사용자가 임의로 변경할 수 없는 경우가 많습니다. 이러한 환경에서는 도메인 정책 수준에서 mDNS 검색 트래픽을 허용하도록 별도의 설정이 필요합니다. 참고로 mDNS는 링크 로컬 멀티캐스트 주소를 기반으로 작동하므로, 기본적으로는 단일 물리적 LAN 또는 논리적 서브넷 내에서만 유효하다는 물리적 한계를 가집니다.

2) 중앙 집중형 관리: NDI 디스커버리 서비스 (Discovery Service)

NDI 디스커버리 서버(Discovery Server)는 Windows, macOS, Linux 등 다양한 OS에서 구동 가능한 커맨드 라인(Command Line) 기반 애플리케이션입니다. 이 서비스는 기존의 mDNS 기반 자동 검색 방식을 대체하여, NDI 소스들을 중앙 집중식 레지스트리(Registry) 서버에서 관리하도록 설계되었습니다. *('4.6. NDI Discovery Server: 대규모 NDI의 관제탑' 참조)*

02 Quiz 복습 퀴즈

1. 1프레임 미만의 지연 시간을 보장하는 고대역폭 NDI 전송 방식은 무엇인가요?

2. NDI가 기반으로 하는 뉴텍의 독자적인 고속 압축 코덱의 이름은 무엇인가요?

3. H.264/H.265를 사용하여 대역폭을 최소화한 고효율 NDI 전송 방식은 무엇인가요?

4. NDI 5 이후의 기본 전송 프로토콜로, UDP의 속도와 TCP의 안정성을 결합한 방식은 무엇인가요?

5. 멀티뷰어에서 대역폭을 아끼기 위해 사용되는 저해상도 비디오 스트림의 명칭은 무엇인가요?

3장

NDI 하드웨어 생태계

NDI PTZ 카메라와 모바일 앱을 활용하여 단일 랜선으로 영상 전송, 원격 제어, 전원 공급(PoE)을 통합 관리하는 효율적인 촬영 환경을 구축할 수 있으며 기존 SDI/HDMI 장비를 NDI 망으로 편입시키는 인코더와 디코더의 메커니즘을 이해하고, 제작 목적에 부합하는 하드웨어 선정 기준을 살펴봅니다. 올인원 시스템인 TriCaster와 리플레이 서버인 3Play의 연동 사례를 통해 IP 기반 프로덕션 시스템이 제공하는 강력한 통합 제어 능력을 파악하게 됩니다.

03 Learning Objectives 학습 목표

본 단원을 학습한 후, 여러분은 다음과 같은 지식과 역량을 갖추게 될 것입니다.

1. NDI 촬영 솔루션의 특징 파악:

NDI PTZ 카메라와 모바일 앱이 제공하는 단일 케이블 환경(영상, 제어, 전원 등)의 이점을 이해하고, 이를 활용한 효율적인 무인 촬영 환경을 설계할 수 있습니다.

2. 컨버터 운용 및 장비 선정 역량 강화:

레거시 장비(SDI/HDMI)를 NDI망에 연결하는 인코더와 디코더의 작동 원리를 파악하고, 제작 목적과 예산에 부합하는 최적의 하드웨어를 선별할 수 있는 기준을 수립할 수 있습니다.

3. 통합 프로덕션 시스템의 워크플로우 분석:

NDI의 두뇌 역할을 하는 TriCaster와 스포츠 중계의 핵심인 3Play의 유기적인 연동 메커니즘을 이해하고, IP 기반 시스템이 제공하는 강력한 통합 제어 능력을 설명할 수 있습니다.

4. 하드웨어 생태계 구성 전략 수립:

입력(카메라), 변환(컨버터), 제어(스위처/리플레이) 장치를 조합하여 방송 환경의 규모와 용도에 맞는 실제적인 NDI 하드웨어 생태계를 기획하고 구축할 수 있습니다.

3장

NDI 하드웨어 생태계

NDI 기술이 성공할 수 있었던 가장 큰 이유는 방대한 하드웨어 생태계에 있습니다. 초기에는 뉴텍(NewTek)의 제품이 주류를 이루었으나, 현재는 소니(Sony), 파나소닉(Panasonic), 캐논(Canon) 등 전통적인 방송 장비 제조사뿐만 아니라 킬로뷰(Kiloview), 버드독(BirdDog) 등 신생 IP 전문 기업들이 합류하여 수천 종의 NDI 지원 장비를 쏟아내고 있습니다.

본 장에서는 NDI 시스템을 구성하는 3대 하드웨어 요소인 입력 장치(카메라), 변환 장치(컨버터), 제어 장치(프로덕션 시스템)에 대해 상세히 알아봅니다.

3.1. NDI 카메라 솔루션

카메라는 영상 제작의 시작점입니다. NDI 기술이 적용된 카메라는 비디오 케이블, 제어 케이블, 전원 케이블을 각각 연결해야 했던 과거의 번거로움을 랜선 하나(Single Cable)로 해결하며 설치와 운용의 편의성을 극대화했습니다.

NDI PTZ 카메라 (Pan-Tilt-Zoom)

NDI 기술의 수혜를 가장 많이 입은 제품군은 단연 PTZ 카메라입니다. 로봇처럼 원격으로 회전(Pan), 기울기(Tilt), 확대(Zoom)를 제어할 수 있는 카메라인 PTZ는 NDI와 결합하여 '무인 자동화 스튜디오'의 핵심 장비로 자리 잡았습니다.

1) NDI PTZ 카메라의 기술적 특징

- **단일 케이블 제어**: 랜선 하나로 영상/음성 전송뿐만 아니라, 카메라의 움직임(PTZ) 제어, 탈리(Tally) 신호 수신, 전원 공급(PoE)까지 동시에 수행합니다.
- **NDI 규격 정의**: 일부 프로페셔널 제품들은 Full NDI와 NDI|HX 중에서 원하는 방식을 선택할 수 있으며, NDI|HX의 대역폭과 압축 방식(H.264/H.265)을 워크플로우에 맞게 설정할 수 있는 기능이 포함되어 있습니다.
- **오디오 통합**: 대부분의 NDI PTZ 카메라에는 3.5mm 핀 오디오 입력 단자를 제공합니다. 그리고 일부 프로페셔널 제품들은 팬텀파워를 지원하는 XLR 오디오 입력을 통해 잡음 없는 현장의 오디오를 NDI 워크플로우에 통합할 수 있도록 합니다.

2) NDI PTZ 카메라 라인업

- **NewTek**: NDI 기술의 원천 보유사답게 Full NDI를 지원하는 고사양 PTZ 카메라(NDI PTZ3 등)를 출시하고 있습니다.
- **Sony / Panasonic / Canon**: BRC-X400, AW-UE150 등 방송급 화질을 자랑하는 하이엔드 모델들이 주를 이룹니다. (단, 일부 모델은 유료 라이선스 업그레이드가 필요할 수 있습니다.)
- **vmPTZ & Telycam**: 가성비가 뛰어난 모델들로, 주로 NDI|HX 방식을 채택하여 학교, 교회, 중소형 스튜디오에서 널리 사용됩니다.

복잡한 단자들 대신 LAN 포트 하나만 연결하면 영상 전송부터 전원 공급(PoE+)까지 한 번에 해결됩니다.

그림 3-1
NDI를 직접 지원하는 카메라 모델

그림 3-2
NDI PTZ 카메라의 후면 포트 구성

[장비 도입 시 주의사항: 라이선스 확인]

소니(Sony)나 파나소닉(Panasonic)의 일부 PTZ 카메라는 하드웨어적으로는 NDI를 지원할 준비가 되어 있지만, 출고 시에는 기능이 비활성화된 경우가 있습니다. 이 경우 별도의 'NDI 라이선스 키(유료)'를 구매하여 활성화해야 합니다. 반면, vmPTZ나 Telycam의 NDI 라인 제품은 기본적으로 NDI 라이선스가 포함되어 있습니다. 견적 단계에서 'NDI Native 지원' 여부를 반드시 확인해야 합니다.

NDI 지원 캠코더 (Camcorder)

이동성이 중요한 뉴스 취재나 다큐멘터리 촬영용 핸드헬드(Hand-held) 캠코더에도 NDI 기술이 탑재되고 있습니다.

파나소닉의 AG-CX350이나 JVC의 커넥티드 캠 GY-HC500 시리즈는 본체에 랜 포트를 내장하고 있습니다. 촬영 현장에서 즉시 랜선을 연결하면, 별도의 중계차나 인코더 없이도 스튜디오로 영상을 실시간 전송할 수 있습니다.

그림 3-3
NDI 직접 출력을 지원하는 파나소닉과 JVC의 카메라

모바일 기기의 NDI 변신

우리가 매일 사용하는 스마트폰도 훌륭한 NDI 카메라가 될 수 있습니다. 아이폰과

안드로이드 전용 앱을 사용하여 스마트폰의 카메라 출력을 NDI로 보낼 수 있습니다. NDI|HX만 지원하며, 최대 30프레임까지만 사용할 수 있다는 제한이 있지만 간단한 실습이나 비상시 사용하기 편리합니다.

- **NDI HX Camera 앱:** iOS 또는 Android 스마트폰에 이 앱을 설치하면, 폰 카메라의 영상을 WiFi를 통해 NDI 신호로 송출할 수 있습니다. (반드시 TriCaster나 NDI 모니터 등 카메라 입력을 받는 장치와 스마트폰이 같은 네트워크로 연결되어 있어야 합니다.)

- **활용:** NDI 실습을 위한 테스트 용도와 예산이 부족한 현장에서 보조 카메라로 사용하거나, 좁은 공간에 침투하여 앵글을 잡는 특수 카메라 용도로 매우 유용합니다. (자세한 앱 활용법은 4장에서 다룹니다.)

그림 3-4
NDI 카메라 앱

3.2 NDI 컨버터

모든 카메라를 NDI 전용으로 새로 사는 것은 불가능할 수 있습니다. 방송국이나 학교에는 이미 수많은 고성능 SDI/HDMI 카메라가 존재하기 때문입니다. 이러한 레거시(Legacy) 장비를 NDI 생태계로 연결해 주는 다리 역할을 하는 것이 바로 컨버터(Converter)입니다.

인코더와 디코더

1) 인코더 (Encoder): SDI/HDMI를 NDI로

인코더는 일반 카메라의 베이스밴드 신호(SDI/HDMI)를 입력받아 실시간으로 압축하여 네트워크(NDI)로 송출하는 장치입니다.

인코더를 선택할 때는 다음 세 가지 기준에 따라 결정해야 합니다.

- **입력 인터페이스:** 카메라가 3G-SDI를 쓰는지, HDMI를 쓰는지, 4K(12G-SDI)를 지원해야 하는지 확인합니다.
- **Full NDI 인코더:** 고화질과 저지연이 최우선인 경우 (Kiloview N5/N6, N50/N60)
- **NDI|HX 인코더:** 대역폭 절감이 필요한 경우 (Kiloview E3 / 최신 버전의 Kiloview N5,N6,N50,N60)

NDI 인코더를 사용하면 기존에 보유한 일반 카메라도 즉시 IP 네트워크 카메라로 변신시킬 수 있습니다.

2) 디코더 (Decoder): NDI를 다시 SDI/HDMI로

디코더는 인코더의 반대 역할을 합니다. 네트워크상의 NDI 신호를 검색하여 선택한 후, 이를 다시 물리적인 SDI나 HDMI 신호로 변환하여 출력합니다.

아래와 같은 경우 NDI 디코더를 사용하여 시스템 워크플로우를 구성할 수 있습니다.

- **현장 중계 (IMAG)**: 프로젝터나 대형 전광판에 영상을 띄울 때.
- **모니터링**: PD나 클라이언트가 볼 수 있도록 일반 TV에 영상을 출력할 때.
- **기존 장비와 연동**: NDI 입력을 받지 못하는 구형 스위처에 NDI 영상을 입력받아 SDI로 넣어야 할 때.

최근 출시되는 고급형 컨버터(예: Kiloview N5/N6[HD], N50/N60[UHD] 등)는 스위치 하나로 인코더 모드와 디코더 모드를 변경하여 사용할 수 있는 양방향(Bi-directional) 기능을 제공하여 활용도가 매우 높습니다.

카메라 마운트형 컨버터

카메라 배터리 슈에 장착하는 소형 제품입니다. 최근 출시되는 카메라 마운트형 제품들은 대부분 PoE를 지원하여 별도의 전원 연결없이 랜선만으로 구동 가능한 제품들이 인기를 끌고 있습니다. 또한 전면 LCD 패널을 통해 장치의 상태나 IP 주소를 확인할 수 있으며, NDI 워크플로우에서 탈리 라이트로 동작하는 제품도 있습니다.

카메라 마운트형 NDI 컨버터는 운영에 필요한 동작이 인코딩인지, 디코딩인지 먼저 확인해야 하며 그후 사용할 코덱이 Full NDI인지, NDI|HX 인지, 비디오 해상도가 HD인지 UHD인지를 체크해서 필요한 제품을 선택할 수 있습니다. 컨버터는 FPGA 방식으로 구동되므로 업/다운 스케일 기능이 없으니 구입시 반드시 필요한 해상도의 제품으로 선택해야 합니다.

1) N5 컨버터

- 인코딩/디코딩 중 선택 가능
- 3G-SDI를 통해 1080/60p까지 입력 지원
- Full NDI & NDI|HX 중 선택 가능

그림 3-5
N5 컨버터

2) N6 컨버터

- 인코딩/디코딩 중 선택 가능
- HDMI를 통해 1080/60p까지 입력 지원
- Full NDI & NDI|HX 중 선택 가능

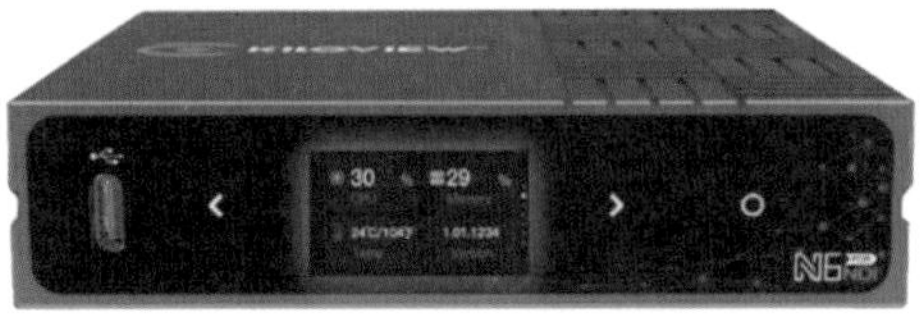

그림 3-6
N6 컨버터

3) N50 컨버터

- 인코딩/디코딩 중 선택 가능
- 12G-SDI를 통해 2160/60p까지 입력 지원
- Full NDI & NDI|HX 중 선택 가능 (10bit 4:2:2 지원)

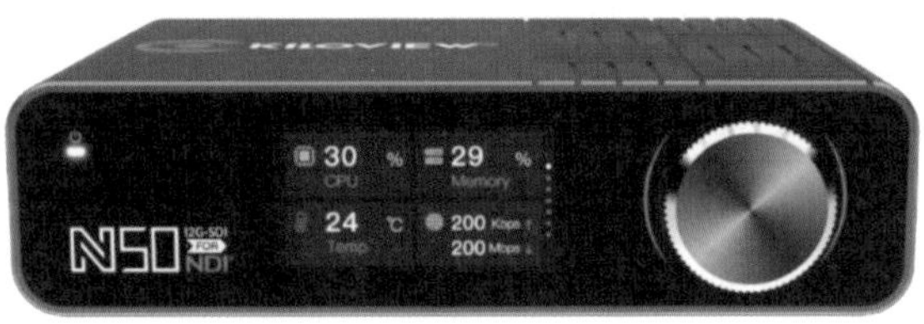

그림 3-7
N50 컨버터

4) N60 컨버터

- 인코딩/디코딩 중 선택 가능
- HDMI 2.0을 통해 2160/60p까지 입력 지원
- Full NDI & NDI|HX 중 선택 가능 (10bit 4:2:2 지원)

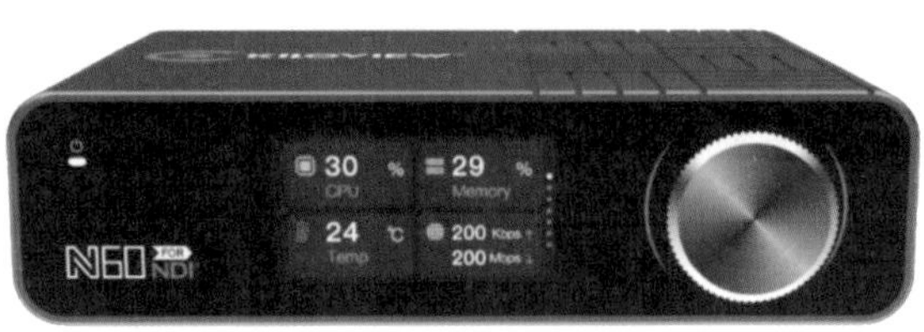

그림 3-8
N60 컨버터

랙 마운트형 컨버터

여러 채널을 한곳에서 처리해야 하는 중계차나 조정실을 위한 제품입니다. 보통 1RU 사이즈를 가지고 있으며 4채널에서 16채널의 레거시 비디오 신호를 NDI로 변환하는 인코딩과 디코딩을 처리할 수 있습니다.

1) AJA Bridge NDI 3G

- **고효율 NDI 컨버팅 서버:** 16x3G-SDI의 입출력 단자를 사용해서 최대 16개의 HD 신호를 인코딩 또는 디코딩 할 수 있으며, 4K 모드에서 4채널의 UHD 신호를 처리할 수 있습니다.

- **양방향 유연성:** 사용자의 필요에 따라 '16채널 인코딩', '16채널 디코딩', 또는 '8채널 인코딩 + 8채널 디코딩' 등 입출력 구성을 자유롭게 변경할 수 있습니다.

- **듀얼 10GbE 네트워크:** 16개의 HD NDI 스트림(High Bandwidth NDI)을 안정적으로 처리하기 위해 두 개의 10기가비트 이더넷(10GbE) 포트를 탑재했습니다. 이를 통해 네트워크 병목 없이 수 기가비트의 데이터를 실시간으로 전송합니다.

- **원격 관리:** 로컬 인터페이스뿐만 아니라 웹 브라우저를 통한 원격 제어를 지원하여, 엔지니어가 네트워크 어디서든 장비의 상태를 모니터링하고 설정을 변경할 수 있습니다.

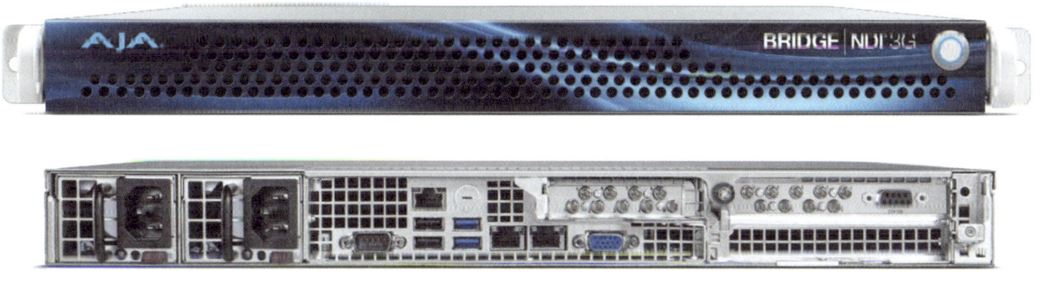

그림 3-9
AJA Bridge NDI 3G

2) ProSRT NDI

- 제품 구성에 따라 4채널 3G-SDI 또는 HDMI 입력 지원
- NDI|HX와 RTMP/SRT의 동시 인코딩 가능

그림 3-10
ProSRT NDI

모듈형 컨버터

최근 출시된 모듈형 NDI 컨버터인 'SuperStream Cradle 시리즈'는 2RU 사이즈의 랙마운트 샤시에 최대 18개의 카드형 컨버터를 장착할 수 있는 모듈형 NDI 컨버터입니다. 각각의 컨버터 카드는 샤시에 포함된 4개의 10Gbps 네트워크로부터 NDI 신호를 송신하고 수신할 수 있으며 발열 컨트롤과 전원 이중화로 완벽한 무정지 시스템을 제공합니다.

1) Cradle RF02

- 고효율 구성으로 최대 18개의 카드형 컨버터 장착 가능
- 네트워크 스위치를 내장하여 별도의 네트워크 연결 불필요
- 내장 스크린과 웹UI를 사용하여 전체 장치를 제어하는 센트럴 컨트롤

그림 3-11
Cradle RF02

2) FN50 컨버터

- 인코딩/디코딩 중 선택 가능
- 12G-SDI를 통해 2160/60p까지 입력 지원
- Full NDI & NDI|HX 중 선택 가능 (10bit 4:2:2 지원)

그림 3-12
FN50 컨버터

3) FN60 컨버터

- 인코딩/디코딩 중 선택 가능
- HDMI 2.0을 통해 2160/60p까지 입력 지원
- Full NDI & NDI|HX 중 선택 가능 (10bit 4:2:2 지원)

그림 3-13
FN60 컨버터

4) FD400 컨버터

- NDI 신호를 입력받아 HDMI2.0 / 3G-SDI로 출력
- NDI|HX / Full NDI / SRT / RTMP / HLS / RTSP 디코딩

그림 3-14
FD400 컨버터

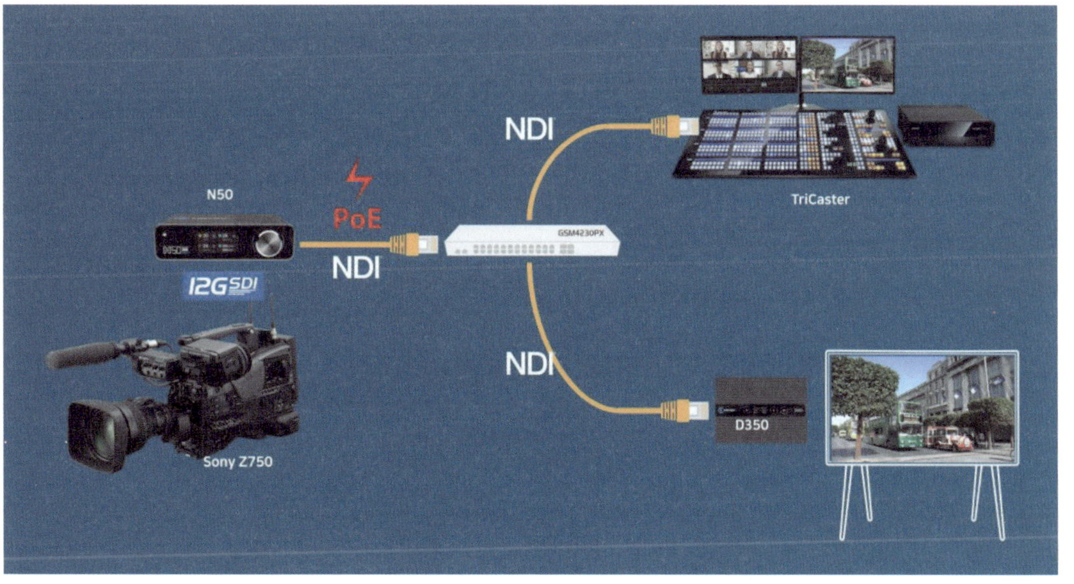

그림 3-15
NDI 인코더 디코더 연결 구성도 (출처: 니브이네스트 뉴스레터, www.dvnest.com)

3.3. NDI의 두뇌: TriCaster와 프로덕션 시스템

수많은 NDI 소스들을 받아들이고, 자막을 입히고, 화면 전환 효과를 주어 최종 방송을 만드는 곳, 바로 스위처(Switcher)입니다. 그 중에서도 Vizrt의 TriCaster(트라이캐스터)는 NDI 기술의 정수가 담긴 통합 프로덕션 시스템입니다.

그림 3-16
TriCaster 인터페이스 화면

TriCaster 라인업의 이해

TriCaster는 단순한 비디오 스위처가 아닙니다. 가상 스튜디오, 자막기, 녹화기, 스트리밍 인코더, 오디오 믹서가 하나로 통합된 '올인원(All-in-One) 방송국'입니다. TriCaster는 강력한 하드웨어 안정성과 다양한 프로페셔널 방송 기능, 자동화 운영 등의 차별화가 특징이며 용도에 따라 크게 3가지 제품군으로 나뉩니다.

1) TriCaster Vizion: 플래그십 라인

TriCaster Vizion은 최대 44채널의 압도적인 입출력 확장성을 가지고 있으며 방송국 주조정실이나 대형 중계차에 장착되는 고성능 모델입니다. 또한 최대 16개의 SDI 입력을 통해 기존의 레거시 인터페이스와 차세대 IP 인터페이스를 모두 사용할 수 있는 합리적인 구성의 '하이브리드 프로덕션 솔루션'이라 할 수 있습니다.

그림 3-17
TriCaster Vizion [16 SDI]

- **하이브리드 입력**: 물리적인 12G-SDI 단자를 통해 4K 60p 비압축 신호를 직접 입력받으면서, 동시에 NDI 네트워크를 통해 수십 개의 IP 소스를 수신합니다. 이를 합쳐 총 44개의 4K 라이브 입력 채널을 동시에 운용할 수 있습니다.

- **유연한 SDI 구성**: 최대 16개의 SDI 단자는 사용자의 필요에 따라 입력(Input) 또는 출력(Output)으로 자유롭게 변경할 수 있습니다. 예를 들어, 입력이 많이 필요한 현장에서는 '16 입력 / 0 출력'으로, 출력이 중요한 곳에서는 '12 입력 / 4 출력' 등으로 유동적인 설정이 가능합니다.

- **56채널 출력 라우팅**: NDI 기술을 활용하면 메인 PGM(방송 송출) 외에도 각기 다른 화면 구성을 가진 최대 56개의 비디오 스트림을 네트워크로 송출할 수 있어, 별도의 대형 비디오 라우터가 필요 없습니다.

- **혁신적인 AI 기능 (Artificial Intelligence)**: TriCaster Vizion은 단순한 영상 처

리를 넘어, AI가 제작자를 보조하는 지능형 기능을 탑재했습니다.

- **AI 시선 교정 (AI Gaze Correction):** 뉴스 앵커나 인터뷰이가 대본(프롬프터)을 읽느라 시선이 아래로 향하거나, 원격 인터뷰 중 화면을 보느라 카메라를 응시하지 못할 때, AI가 실시간으로 눈동자의 위치를 보정하여 마치 카메라를 정면으로 응시하는 것처럼 자연스럽게 만들어줍니다.

- **AI 키어 (AI Keyer):** 크로마키 스튜디오의 조명 상태가 완벽하지 않거나 배경색이 균일하지 않아도, AI가 피사체와 배경을 지능적으로 분리하여 깨끗한 합성 화면을 만들어냅니다.

- **시네마급 화질:** 10-bit HDR 및 색상 관리

  - **완벽한 10-bit 파이프라인:** 촬영부터 믹싱, 송출까지 전 과정에서 10-bit 색상 심도를 지원하여 밴딩(Banding) 현상을 차단합니다.

  - **HDR/SDR 혼합 운용:** HLG나 PQ 방식의 HDR 소스와 일반 SDR 소스가 섞여 있어도, 내장된 **LUT(Look-Up Table)** 변환 엔진이 실시간으로 색역을 일치시켜 줍니다. 엔지니어는 복잡한 컬러 세팅 걱정 없이 연출에만 집중할 수 있습니다.

- **차세대 그래픽 워크플로우 (Viz Flowics)** 방송 그래픽의 명가인 Vizrt의 기술이 집약되어, 클라우드 기반 HTML5 그래픽 툴인 **Viz Flowics**와 완벽하게 연동됩니다. 이를 통해 실시간 선거 개표 방송, 스포츠 스코어보드, 소셜 미디어 피드 등을 방송사 수준의 퀄리티로 즉시 구현할 수 있습니다.

2) TriCaster TC1: 프로페셔널 라인

4K UHD 60p 제작을 지원하는 표준 모델로, 16채널 입력을 지원합니다. 기본적인 기능은 Vizion과 동일하며 입출력 SDI가 각각 4개로 제한됩니다. (3G-SDI 전용)

그림 3-18
TriCaster TC1

3) TriCaster Mini S: 프로덕션 라인

TriCaster Mini S는 현장에서 사용하기 편리하도록 이동성과 편의성을 강조한 소형 폼팩터 형태의 모델입니다. TriCaster의 모든 제품은 동일한 인터페이스와 기본 사용법을 제공하고 있기 때문에 엔트리 레벨 제품으로 입문한 후 프로페셔널 제품으로 업그레이드하기 편리한 구조를 제공하고 있습니다.

그림 3-19
TriCaster Mini S 턴키시스템

- **편리한 이동성**: 서류 가방 크기의 작고 귀여운 외형이지만, 8채널의 강력한 4K 60p 처리가 가능합니다. 특이하게도 물리적 비디오 입력 포트가 아예 없고, 모든 입력을 NDI(네트워크)로만 받도록 설계된 순수 IP 스위처 모델입니다.

- **4K UHD 지원 및 8채널 입력**: 최대 4K UHD (2160p60) 해상도를 지원하며, 총 8개의 라이브 비디오 입력을 처리할 수 있습니다.

- **해상도 독립적(Resolution Independent)** 구조로 4K와 HD 소스를 혼용하여 사용할 수 있습니다.

- **완벽한 NDI 호환성**: 8개의 입력 채널 모두 NDI를 지원하여 네트워크에 연결된 카메라, PC 화면, 스마트폰 등 다양한 NDI 소스를 즉시 입력받을 수 있습니다. 물리적 입력 단자의 제약 없이 네트워크 대역폭이 허용하는 한 자유롭게 소스를 확장할 수 있습니다.

- **강력한 프로덕션 도구**: 4 M/E (Mix/Effects): 4개의 M/E 버스를 통해 비디오 재진입(Re-entry)을 활용한 복합적인 화면 구성이 가능합니다. 각 M/E 버스는 2개의 소스 믹싱과 2개의 키 레이어(Key Layer)를 지원합니다.

- **2 DSK + 2 KEY**: 2개의 다운스트림 키어(DSK)와 M/E별 키어(KEY)를 통해 자막, 로고, 그래픽 등을 자유롭게 합성할 수 있습니다.

- **크로마키 (LiveMatte Ultra)**: 8개 입력 채널 모두에 독립적인 크로마키 적용이 가능하여 고품질 가상 스튜디오를 구현할 수 있습니다.

- **가상 스튜디오**: 30개 이상의 라이브 가상 세트(LiveSet)를 기본 제공하며, 박스 이펙트 등 다양한 연출이 가능합니다.

- **다기능 미디어 재생 및 녹화**: 미디어 플레이어: 2개의 DDR(동영상 재생), 1개의 GFX(그래픽), 1개의 Sound(오디오) 플레이어를 내장하여 별도의 재생 장비가 필요 없습니다.

- **멀티 채널 레코딩**: 최대 4개의 채널(입력 소스 또는 PGM 출력)을 고화질(QuickTime 등)로 동시에 녹화할 수 있습니다.

- **데이터링크(DataLink)**: 웹페이지, 스코어보드, RSS 피드 등 외부 데이터를 실

시간으로 자막에 연동할 수 있습니다.

- **PTZ 카메라 제어**: 최대 8대의 PTZ 카메라를 시스템 내에서 직접 제어할 수 있습니다.
- **매크로 자동화**: 복잡한 일련의 작업을 버튼 하나로 실행할 수 있는 강력한 매크로 기능을 제공합니다.
- **멀티뷰어**: 최대 4개의 멀티뷰 출력을 지원하며, 모든 작업자가 NDI를 통해 자신만의 멀티뷰 화면을 모니터링할 수 있습니다.
- **오디오 믹서**: 7밴드 EQ, 컴프레서/리미터, Dante 오디오 지원 등 전문적인 오디오 믹싱 기능을 내장하고 있습니다.

대형 방송국용 Vizion과 1인 미디어 및 소규모 스튜디오용 Mini S. 규모는 다르지만 NDI를 처리하는 핵심 엔진은 동일합니다.

하이브리드 라우팅(Hybrid Routing)과 믹스 이펙트 (Mix/Effects)

현대의 방송 제작 환경은 기존의 SDI/HDMI(베이스밴드) 장비와 새로운 NDI(IP) 장비가 공존하는 '하이브리드' 시기를 지나고 있습니다. 이 장에서는 물리적인 포트의 한계를 넘어 가상화 된 네트워크 리소스를 어떻게 효율적으로 제어하고 처리하는지 다룹니다.

1) 하이브리드 라우팅 (Hybrid Routing)

하이브리드 라우팅은 물리적인 케이블 연결과 논리적인 네트워크 스트림을 하나의 통합된 소스 리스트로 관리하는 기술입니다.

그림 3-20
TriCaster의 I/O 라우팅 설정 화면

- **가상 매트릭스의 구현**: 기존의 SDI 라우터는 물리적인 입력 포트와 출력 포트를 1:1로 매칭하는 물리적 교차점(Cross-point) 방식이었습니다. 하이브리드 시스템에서는 하드웨어 단자(SDI/HDMI)로 들어오는 신호와 네트워크(NDI)를 통해 들어오는 신호를 동일한 레이어 상에서 관리합니다.

- **소스의 추상화**: 엔지니어는 소스가 물리적으로 어디에 꽂혀 있는지 신경 쓸 필요가 없습니다. 시스템 내부에서 SDI 신호는 즉시 NDI로 변환되거나, 반대로 NDI 신호가 물리적 출력 단자로 할당됩니다. 이러한 '추상화'를 통해 제작자는 수천 개의 소스 중 필요한 것을 이름만으로 찾아 라우팅할 수 있습니다.

2) 믹스 이펙트 (Mix Effects, M/E)의 확장

믹스 이펙트(M/E)는 영상 스위처에서 소스들을 섞고(Mix), 전환하며(Wipe/Dissolve), 특수 효과(DVE/Keying)를 입히는 핵심 처리 단위입니다. NDI 환경에서의 M/E는 다음과 같은 혁신적인 특징을 갖습니다.

그림 3-21
최대 8개의 독립 M/E를 지원

- **소스 불문(Source-Agnostic) 처리:** NDI 기반의 M/E 버스는 입력 소스가 카메라인지, PC 화면인지, 혹은 다른 지역에서 Bridge로 들어온 원격 영상인지를 구분하지 않습니다. 모든 소스는 동일한 비트레이트와 타이밍으로 동기화되어 처리되므로, 하드웨어 스위처에서 발생하던 싱크(Sync) 문제로부터 자유롭습니다.

- **리-엔트리(Re-entry) 구조의 극대화:** M/E 1에서 만든 복잡한 합성 결과물을 M/E 2의 입력 소스로 다시 사용하는 '재진입'이 무한히 가능해집니다. NDI 시스템은 물리적인 내부 배선의 한계가 없기 때문에, 가용한 연산 자원(CPU/GPU) 내에서 수많은 가상 M/E 층을 쌓아 올릴 수 있습니다.

- **지능형 레이어링과 키잉(Keying):** NDI는 알파 채널(Alpha Channel, 투명도 정보)을 기본적으로 지원합니다. 따라서 별도의 Fill/Key 케이블 두 개를 쓸 필요 없이, 단 하나의 NDI 스트림만으로 복잡한 그래픽 자막이나 가상 스튜디오의 합성을 M/E 단에서 완벽하게 처리할 수 있습니다.

3) 실무적 이점과 시스템 설계의 변화

하이브리드 라우팅과 M/E의 결합은 방송국 설계 방식을 근본적으로 바꿉니다.

1. **공간의 제약 소멸:** 스위처 본체는 서버실에 있고, 컨트롤 패널은 다른 층에 있으며, 소스는 다른 건물에 있는 구조가 가능해집니다.

2. **가변적 제작 규모:** 평상시에는 소수 인원만으로 운영하다가 규모가 큰 특집 방송을 진행하는 경우 Live Panel을 사용하여 여러 운영자가 공동으로 TriCaster를 기능별로 운영할 수 있습니다.

3. **장비 간 유기적 결합:** 리플레이 시스템(3Play)에서 생성된 출력이 즉시 메인 스위처(TriCaster)의 M/E 소스로 자동 할당되어, 별도의 물리적 배선 작업 없이도 즉각적인 스포츠 중계 워크플로우를 완성합니다.

TriCaster 주요 메뉴

'방송 제작의 꽃'이라고 할 수 있는 프로덕션 스위처의 모든 기능을 하나로 모아놓은 TriCaster는 기본 스위칭부터 자막, 인터넷 방송, 녹화, 미디어 재생, 자동화 운영까지 프로그램 제작에 필요한 모든 것을 제공합니다. TriCaster의 모든 메뉴는 라이브 프로덕션 운영에 최적화되어 있으며, 지난 20년 간의 꾸준한 업그레이드를 통해 현장에서 사용하기 편리한 구성을 갖추고 있습니다.

1) 대시보드 (Dash Board)

TriCaster 대시보드는 전체 시스템의 상태를 한눈에 파악하고 제어하는 '관제 센터'입니다. 일반적인 스위칭 인터페이스와는 별개로, 현재 방송이 물리적으로나 소프트웨어적으로 건강하게 돌아가고 있는지 확인하는 역할을 합니다. 주요 역할과 포함된 정보는 다음과 같습니다.

그림 3-22
TriCaster의 대시보드

- **시스템 리소스 모니터링 (Health Check):** TriCaster는 고해상도 영상을 실시간으로 처리하기 때문에 하드웨어 부하 관리가 매우 중요합니다. Dashboard는 다음 항목을 실시간으로 보여줍니다.
    - **CPU 및 메모리 점유율:** 시스템이 과부하 상태인지 확인하여 프레

임 드랍(Frame Drop)을 방지합니다.

- **스토리지 잔량:** 녹화 중인 하드 드라이브의 남은 용량과 쓰기 속도를 체크합니다.

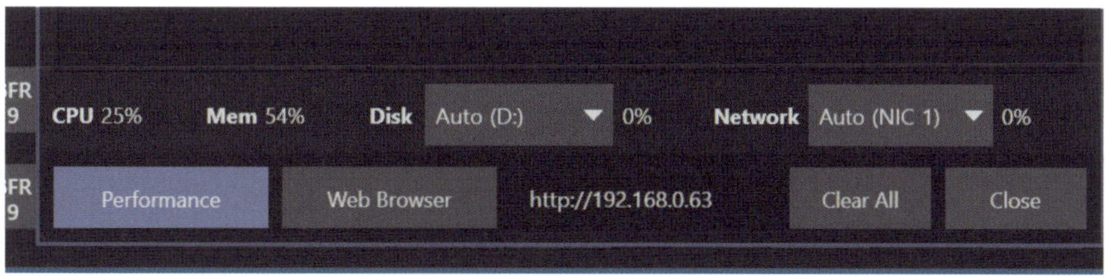

그림 3-23
시스템 리소스 모니터링

- **시스템 설정:** 파일/옵션/매크로/워크스페이스 등을 설정합니다.

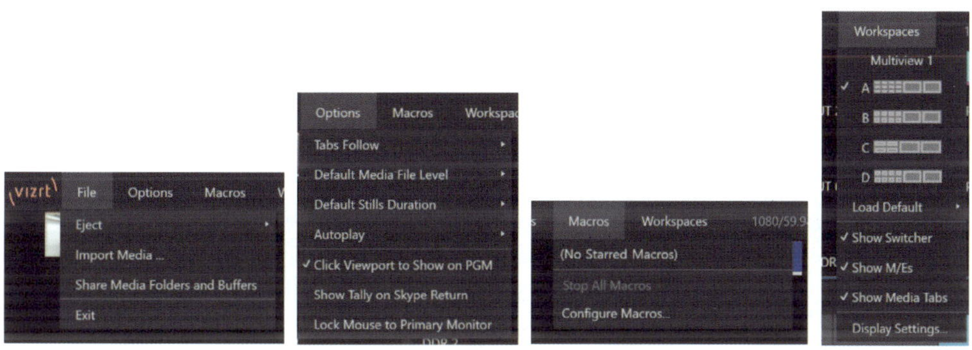

그림 3-24
대시보드 시스템 설정

- **라이브 운영 버튼:** Export / Stream / Record / Grab 등 라이브 운영을 위한 버튼을 제공합니다.

그림 3-25
대시보드의 라이브 운영 버튼

- **시스템 클럭 설정:** LTC 타임코스 소스 설정과 이벤트 타임 표시 설정 등을 진행합니다.

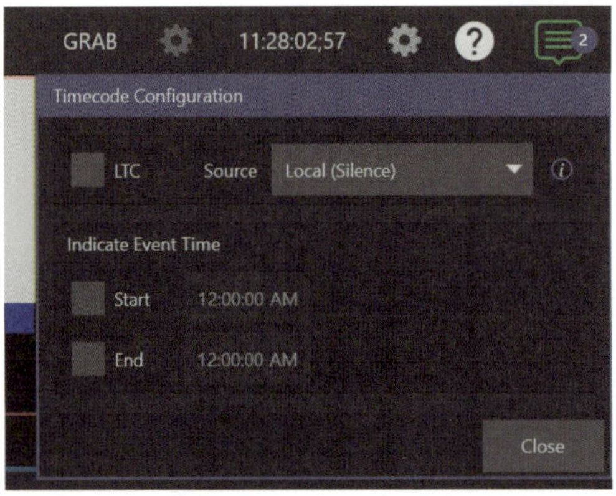

그림 3-26
대시보드 시스템 클럭 설정

2) 멀티뷰 모니터

TriCaster는 모델에 따라 최대 4개의 멀티뷰를 제공합니다. (1x인터페이스, 3x멀티뷰) 각 멀티뷰의 레이아웃은 대시보드의 '워크스페이스(Workspace)' 메뉴에서 선택할 수 있으며, 각 멀티뷰 화면에 적용될 소스는 해당 멀티뷰 스크린에 마우스를 올릴 때 나오는 기어 버튼을 눌러서 변경 가능합니다.

그림 3-27
인터페이스 윈도우의 멀티뷰

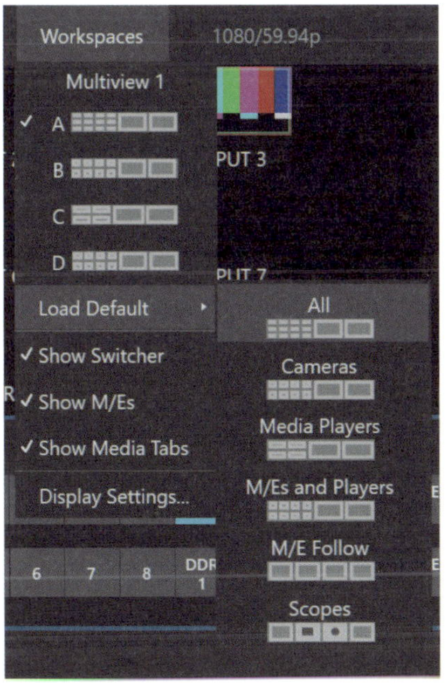

그림 3-28
멀티뷰 레이아웃 설정

3) 라이브 컨트롤 (PGM & PVW 열)

TriCaster에는 1개의 메인 스위치 컨트롤과 4개 또는 8개의 M/E 스위치 컨트롤을 제공합니다. 사용자는 라이브 컨트롤을 통해 PGM과 PVW에 소스를 할당하고 화면 전환 효과 또는 가상 스튜디오를 운영할 수 있으며 DSK / Key를 사용하여 참고 자료를 출력할 수 있습니다.

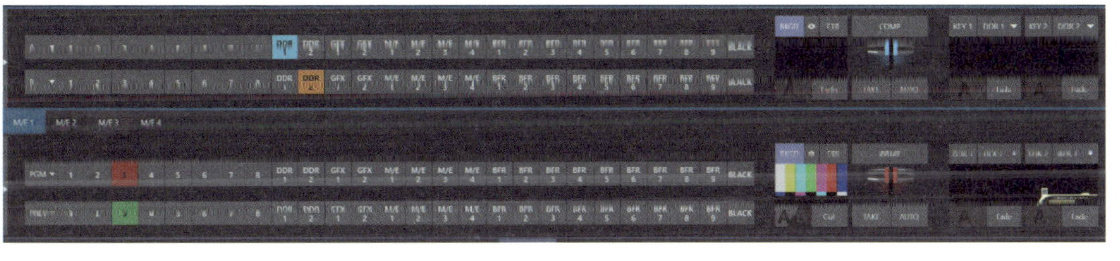

그림 3-29
TriCaster 라이브 컨트롤

- **스위치 컨트롤:** 라이브 입력과 DDR, 그래픽, 버퍼를 모두 소스에 할당해서 사용할 수 있습니다.

- **화면 전환:** 가상 T바 또는 물리적 T바를 사용해서 화면 전환을 진행할 수 있으며 AUTO, CUT 버튼을 사용해서 화면 전환을 할 수 있습니다. 화면 전환 효과는 기본 트랜지션 외에 사용자가 생성하는 것도 가능합니다. (Animation Store Creator 활용)

- **DSK 채널:** 메인 스위치의 DSK(Down Stream Key)와 M/E 스위치의 Key를 사용할 수 있습니다. 모델에 따라 2~4개의 DSK, Key가 제공되기 때문에 최대 8개의 DSK 채널(4xDSK + 4xKey)을 운영하는 것이 가능합니다. DSK 채널의 입력 소스는 라이브 입력 뿐만 아니라 DDR, 그래픽, 버퍼 등을 할당할 수 있으며 Re-Entry 기능을 사용하여 M/E의 출력을 곧바로 DSK 채널을 할당하는 것도 가능합니다.

4) M/E

M/E(Mix/Effect) 뱅크는 보조 비디오 믹싱 기능, 스위칭, 알파 채널 지원, 그린/블루 스크린 효과를 위한 Live Matte™ 실시간 키핑 기술, 동적 가상 세트 등 메인 스위치의 모든 기능이 동일하게 지원되는 일종의 서브 스위처입니다. M/E를 사용해서 운영자는 다양한 기능을 활용할 수 있습니다.

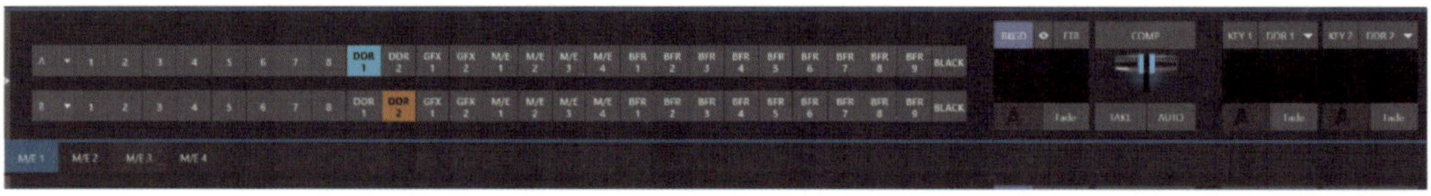

그림 3-30
TriCaster M/E 스위치

- **M/E별 독립 화면 전환:** M/E 스위치의 컨트롤에 있는 T바, AUTO, CUT 버튼을 사용해서 메인 스위치와 독립적으로 서브 믹스의 개념으로 화면 전환을 진행할 수 있습니다.

- **DSK 채널 할당:** TriCaster 모델에 따라 2개 또는 4개의 Key 채널을 할당할 수 있습니다.

- **소스 스케일 조정:** 모든 입력 채널에 대한 개별 스케일, 위치, 자르기 및 회전 제어, 모션트래커를 지원합니다.

- **강력한 합성(컴포지션):** 프리셋 기능을 통해 레이어 및 오버레이 위치, 회전 등의 모션을 저장하고 불러올 수 있습니다.

- **가상스튜디오:** TriCaster에 내장된 가상 스튜디오 배경과 사용자가 VSE(Virtual Set Editor)를 통해 제작한 가상 배경을 사용하여 완벽한 가상 스튜디오를 구현할 수 있습니다.

5) DDR / 그래픽

내장 미디어 플레이어를 사용하면 별도의 하드웨어 데크를 도입하는 것과 비교해서 비용 절감, 편의성 및 자동화 기회를 제공합니다. TriCaster의 미디어 플레이어는 비디오, 그래픽, 오디오 등 다양한 형태의 미디어 파일을 지원하며 In/Out 포인트 지정과 개별 클립에 대한 독립적인 오디오 레벨 조정도 가능합니다.

그림 3-31
DDR / 그래픽 플레이어

모든 TriCaster에는 DDR(클립 플레이어) 및 GFX(클립 플레이어) 플레이어가 제공되며 별도의 사운드 플레이어도 함께 제공됩니다. 미디어 플레이어는 다음과 같은 항목을 재생할 수 있습니다.

- 비디오 클립 재생: 길이에 한계가 없는 동영상 재생이 가능합니다. 기본적으로 SpeedHQ 코덱의 비디오를 사용하며, H.264/H.265 등의 코덱은 '파일-Import' 메뉴에서 Speed HQ 코덱으로 변환하여 불러올 수 있습니다.

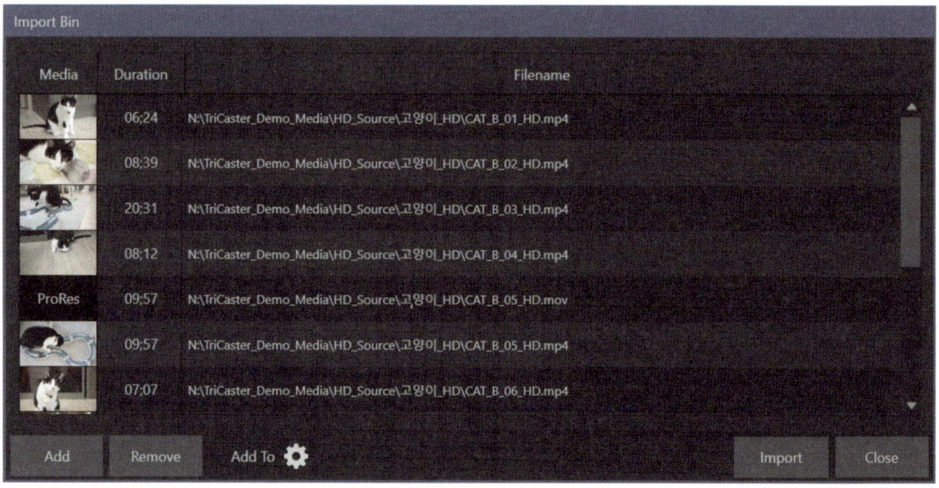

그림 3-32
파일-Import 항목에서 코덱 변환 불러오기

- **타이틀 및 정지 이미지:** 기본으로 제공되는 자막 타이틀을 비롯해서 편집 가능한 제목 페이지, 이미지 파일로 준비된 CG 또는 정지 이미지(사진, 그래픽 등)를 재생할 수 있습니다. 포토샵 .PDS 포맷으로 제작된 자막 파일을 불러와서 내용을 수정하여 방송용 자막으로 활용하는 것도 가능합니다.

- **사운드:** DDR이나 사운드 플레이어 모두 표준 .wav 또는 .mp3 포맷 오디오 파일을 재생할 수 있습니다.

6) 오디오 믹서

TriCaster는 많은 수의 라이브 입력을 지원하는 만큼 다양한 채널의 오디오를 통합 운영할 수 있는 가상 오디오 믹서를 제공하여 광범위한 멀티 채널 오디오 제어 및 관리 기능을 제공합니다. 통합 오디오 믹서는 다음과 같은 기능을 제공합니다.

- 내부 및 외부 오디오 소스를 조정하고, 수동으로 또는 자동으로 PGM에 적용

- PGM, 헤드폰, AUX 출력, 레코더 및 스트림의 출력 레벨을 별도로 제어

- MEM 시스템(설정 값을 프리셋으로 저장)을 통해 한 번의 클릭으로 준비된 프리셋으로 설정

- 자동화를 통해 복잡한 '비디오 팔로우 오디오' 옵션과 '임계값 매크로' 적용
- 각 소스 및 출력에 대해 독립적 7밴드 EQ, 컴프레서/리미터 및 노이즈 게이트를 제공
- 멀티 버스 매트릭스 라우팅 옵션 제공
- VU 미터: 디지털(dBFS) 또는 아날로그(dBVU 또는 dBu) 척도로 보정 표시
- **뉴럴 보이스 아이솔레이션(Neural Voice Isolation)**: 기존의 노이즈 게이트(Noise Gate)만으로는 해결할 수 없었던 잡음을 AI가 획기적으로 제거해 주는 기능으로, NDI로 들어오는 현장 오디오나 원격 인터뷰 오디오를 처리할 때 매우 유용합니다.

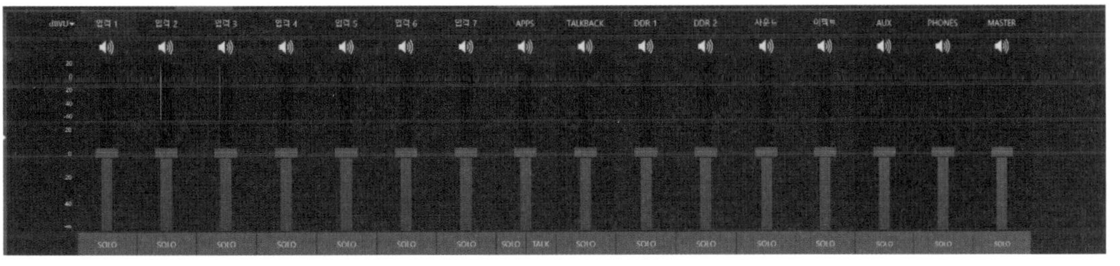

그림 3-33
TriCaster의 오디오 믹서

7) 매크로 자동화

매크로를 사용하면 콘텐츠를 미리 로드 및 재생하거나, 오디오 설정을 수정하거나, 복잡한 스위처 시퀀스를 자동화하거나, 동기식 작업을 수행할 수 있습니다. 매크로의 강력한 유용성은 실시간 데스크톱의 맨 위에 있는 대시보드의 주요 매크로 메뉴에서 확인할 수 있습니다.

매크로를 생성하기 위해서는 왼쪽 폴더 열에서 새 항목을 포함할 폴더를 선택하거나 아래 새 폴더 단추를 사용하여 폴더를 추가한 다음 오른쪽 매크로 빈 아래에 있는 새 매크로 단추를 클릭합니다.

패널 맨 아래에 있는 Record(녹화) 버튼을 클릭하여 매크로를 계속 정의한 다음 매크로에 포함할 작업 순서를 수행합니다. 마우스, 키보드 및 서페이스 제어 작업을 사용할 수 있습니다.

완료되면 Stop(중지) 버튼을 클릭하여 기록을 완료합니다. 재생 버튼을 클릭하여 새 매크로를 테스트합니다. 목록의 매크로 항목 배경에 있는 애니메이션 막대가 재생 진행률을 추적합니다. 물론 Record(녹화) 버튼 옆에 있는 메뉴를 사용하여 재생 속도를 수정할 수 있습니다. 오른쪽 끝에 있는 단추를 사용하여 매크로를 반복(Loop)하도록 설정할 수도 있습니다.

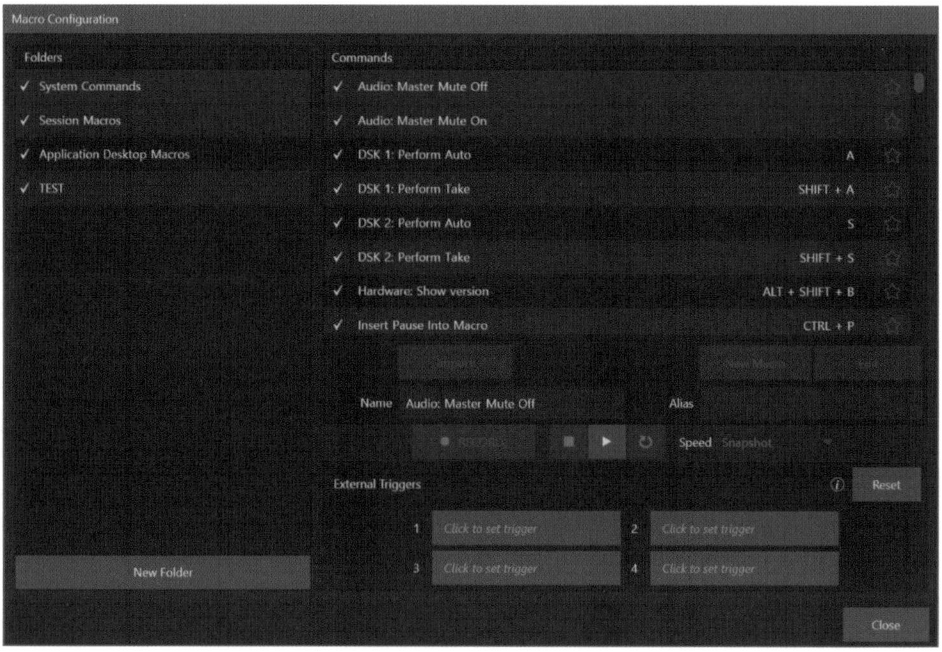

그림 3-34
매크로 자동화 설정 메뉴

8) 스트리밍 / 레코딩

TriCaster에 포함된 고화질 인코딩 엔진을 사용하여 PGM이나 M/E를 직접 인터넷 스트리밍하고 레코딩 할 수 있습니다.

- **라이브 스트리밍 (Streaming)** : TriCaster의 스트리밍은 외부 장비 없이 시스템 내부에서 직접 인터넷으로 영상을 쏘아 올리는 기능입니다.
  - **멀티 플랫폼 동시 송출**: 유튜브, 페이스북, 트위치 등 여러 플랫폼에 동시에 방송을 내보낼 수 있습니다.
  - **다양한 프로토콜 지원**: RTMP, RTSP는 물론, 최신 규격인 SRT까

지 지원하여 안정적인 원격 송출이 가능합니다.

- **간편한 설정:** 각 플랫폼의 스트림 키(Stream Key)만 입력하면 즉시 연결되며, 대역폭(Bitrate)에 맞춰 화질(720p, 1080p, 4K 등)을 자유롭게 조절할 수 있습니다.

- **웹 브라우저 내장:** 시스템 안에서 웹 페이지를 띄워 실시간 댓글이나 방송 상태를 바로 확인할 수 있습니다.

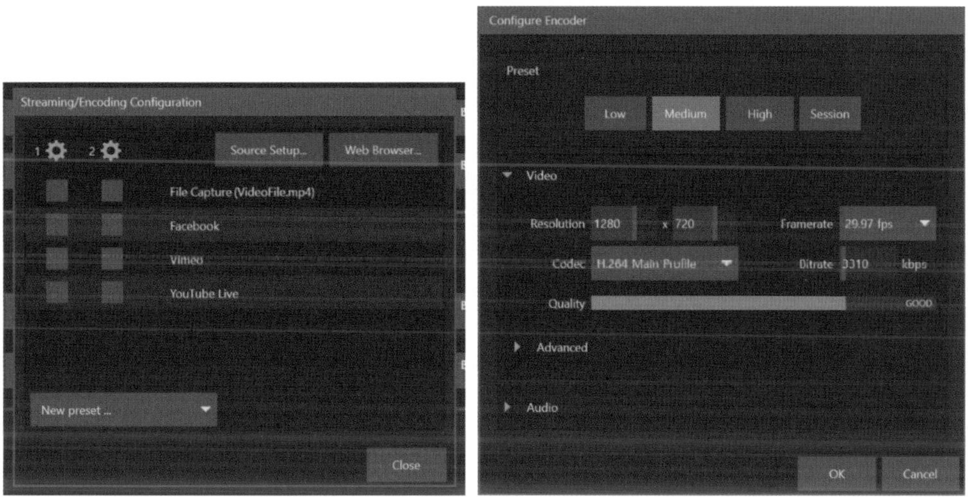

그림 3-35
TriCaster 스트리밍 설정 메뉴

- **레코딩 (Recording / ISO Recording):** 단순히 최종 화면(PGM)만 녹화하는 것을 넘어, 후반 작업을 고려한 강력한 옵션을 제공합니다.

  - **멀티 채널 녹화 (ISO Recording):** 최종 방송 화면뿐만 아니라, 연결된 개별 카메라 소스(Input)들을 각각 따로 녹화할 수 있습니다. (예: 1번 캠, 2번 캠, PGM을 동시에 각각 저장)

  - **고화질 마스터 레코딩:** 편집에 최적화된 QuickTime(MOV) 또는 SpeedHQ 포맷으로 저장되어, 방송 종료 후 프리미어(Premiere)나 다빈치 리졸브 같은 편집 툴에서 즉시 고화질 작업을 시작할 수 있습니다.

  - **스트림 아카이브(Archive):** 스트리밍 중인 저용량 H.264(MP4) 파

일을 별도로 저장하여, 방송 직후 SNS 업로드용으로 빠르게 활용할 수 있습니다.

- **끊김 없는 저장:** 하드 드라이브 용량이 부족할 경우 다른 드라이브로 경로를 지정하거나, 네트워크 스토리지(NAS)에 직접 녹화하는 기능도 지원합니다.

그림 3-36
레코딩 설정 메뉴

3.4. 3Play: IP 리플레이 시스템

스포츠 중계에서 "다시 보기(Instant Replay)"와 "슬로우 모션(Slow Motion)"이 없다면 그 흥미는 반감될 것입니다. 결정적인 골 장면이나 심판의 판정 시비를 가리는 순간, 시청자에게 다양한 각도의 영상을 느린 화면으로 보여주는 장비가 바로 리플레이 서버입니다.

Vizrt의 3Play(쓰리플레이)는 단순한 리플레이 장비를 넘어, NDI 기술을 통해 전체 프로덕션 시스템과 유기적으로 결합된 'IP 기반 스포츠 프로덕션 시스템'입니다.

그림 3-37
슬로우모션/리플레이 장비인 3Play

1) TriCaster와 3Play의 NDI 연결 혁명

과거의 방식(SDI 기반)과 NDI 방식의 차이를 이해하면, 왜 3Play가 혁신적인지 알 수 있습니다.

- **과거의 방식 (SDI)**: 카메라가 4대 있다고 가정해 봅시다. 이 4대의 영상을 스

위처(TriCaster)와 리플레이(3Play) 양쪽에 모두 보내야 합니다. 그러기 위해서는 비디오 분배기(Distribution Amplifier)가 필요하고, 케이블 양도 2배로 늘어납니다. 여기에 리플레이된 영상을 다시 스위처로 보내기 위한 입력 케이블, 두 장비 간의 통신을 위한 제어 케이블까지 연결하면 배선은 끔찍할 정도로 복잡해집니다.

- **NDI 방식 (IP):** 3Play와 TriCaster는 물리적으로 연결될 필요가 없습니다. 두 장비는 그저 같은 네트워크 스위치(허브)에 랜선으로 꽂혀 있기만 하면 됩니다.

  1) **소스 공유:** TriCaster가 네트워크상에서 NDI 카메라 4대를 인식하고 있다면, 3Play 역시 동일한 네트워크상에서 그 4대의 카메라를 즉시 인식하고 녹화할 수 있습니다. 별도의 분배기가 필요 없습니다.

  2) **출력 전송:** 3Play에서 만들어진 리플레이 영상(A채널, B채널)은 NDI 신호가 되어 다시 네트워크로 송출됩니다. TriCaster는 이 신호를 마치 일반 카메라 입력처럼 선택하여 방송으로 내보냅니다.

  3) **통합 제어:** NDI는 양방향 통신입니다. TriCaster의 매크로(Macro) 기능을 사용해 스위처에서 버튼 하나만 누르면, 3Play가 자동으로 특정 시점의 리플레이를 재생하고 속도를 조절하도록 원격 제어할 수 있습니다.

SDI 방식으로 카메라 신호를 분배기를 통해 스위처와 리플레이 서버로 각각 케이블을 연결하는 경우 복잡한 연결 구조가 될 수밖에 없지만, NDI 방식으로 연결하는 경우 카메라, 스위처, 리플레이 서버가 모두 네트워크 스위치 하나에 연결되어 데이터를 공유하는 단순한 구조를 만들 수 있습니다.
NDI는 고가의 비디오 분배기와 복잡한 케이블링을 제거하고, 네트워크를 통해 카메라 소스를 완벽하게 공유합니다.

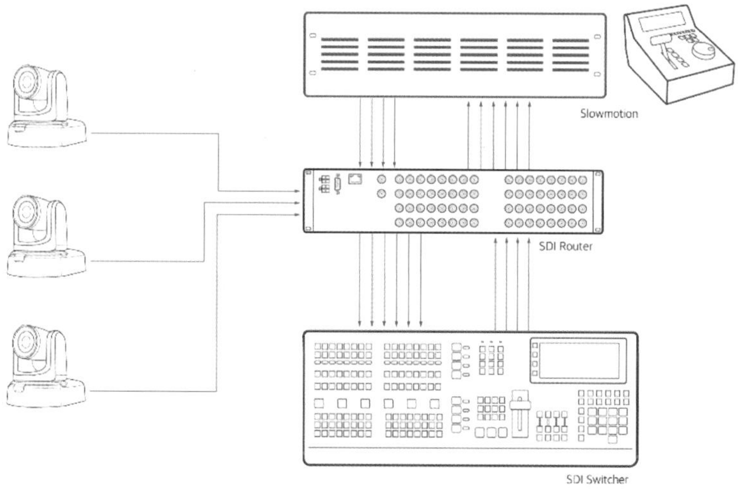

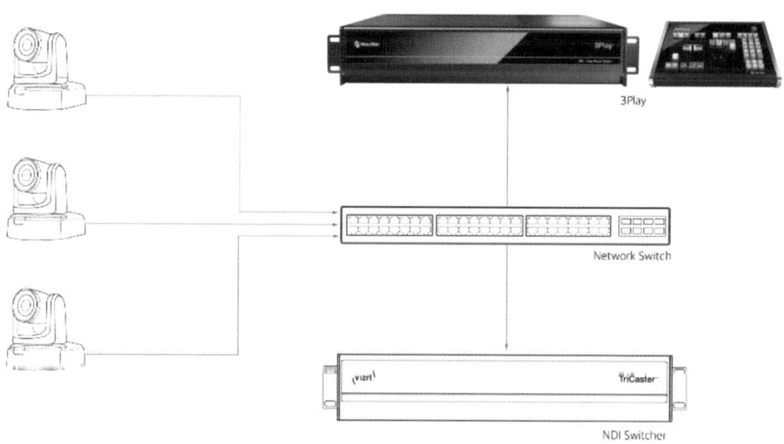

그림 3-38
SDI 방식(위) vs NDI 방식(아래)의 리플레이 시스템 구성 비교 (출처: 디브이네스트 뉴스레터, www.dvnest.com)

2) 3Play의 핵심 역할과 기능

3Play는 생방송 중 긴박하게 돌아가는 상황에서 PD가 원하는 컷을 즉시 만들어내는 '시간 제어 장치'입니다.

- **동기화된 멀티채널 녹화 (Synchronized Recording):** 4개 또는 8개의 카메라 앵글을 동시에 녹화합니다. 모든 앵글이 시간 동기화가 되어 있으며 운영자가 타임라인을 뒤로 돌리면, 모든 카메라 앵글이 동시에 과거 시점으로 이동합니다. 따라서 골이 터진 순간, 정면 샷을 보여주다가 즉시 측면 샷으로 각도만 바꿔서 다시 보여주는 것이 가능합니다.

- **가변 속도 재생 (Variable Speed Playback - T-Bar):** 전용 컨트롤러에 있는 T-Bar를 사용하여 재생 속도를 0%(정지)에서 100%(정상 속도)까지, 혹은 -100%(역재생)까지 부드럽게 조절합니다. 프레임 보간 기술을 통해 아주 느린 속도에서도 영상이 끊기지 않고 부드럽게 흐릅니다.

- **메타데이터 태깅 (Metadata Tagging):** 경기 중 발생하는 이벤트(골, 파울, 선수 번호 등)를 실시간으로 기록합니다. 예를 들어 "23번 선수", "3점 슛" 태그를 달아놓으면, 하프타임 때 "23번 선수의 3점 슛 모음" 하이라이트 영상을 단 5초 만에 검색해서 방송으로 내보낼 수 있습니다.

- **텔레스트레이션 (Telestration):** NDI 기술 덕분에 NDI Telestrator 기능을 사용할 수 있습니다. 해설자가 터치스크린 모니터나 태블릿 위에 그림(화살표, 원)을 그리면, 그 그림이 실시간으로 3Play 영상 위에 합성되어 송출됩니다.

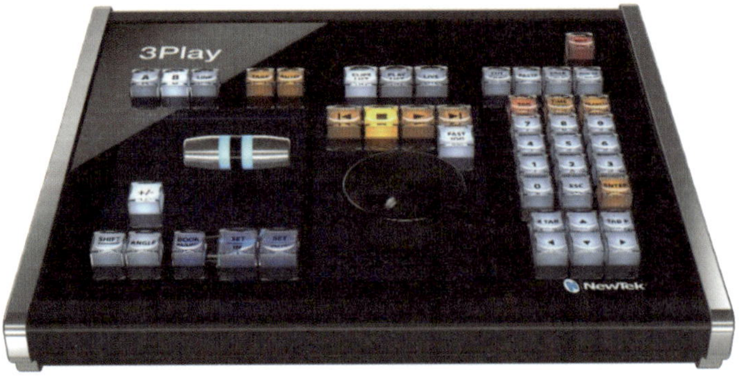

그림 3-39
3Play 전용 컨트롤러

리플레이 오퍼레이터는 전용 컨트롤러의 T-Bar를 이용해 결정적인 순간을 극적인 슬로우 모션으로 연출합니다.

3) 사례 연구: NBA 리플레이 센터와 3Play

세계 최고의 농구 리그인 NBA(National Basketball Association)는 공정하고 정확한 판정을 위해 최첨단 기술을 적극적으로 도입하는 것으로 유명합니다. 뉴욕 뉴저지 시코커스(Secaucus)에 위치한 'NBA 리플레이 센터'와 각 경기장은 3Play 시스템을 심판 판독용으로 적극 활용해 왔습니다.

- **활용 배경:** 농구는 공수 전환이 매우 빠르고, 0.1초 차이로 슛의 유효성이 갈리는 스포츠입니다. 심판이 코트 위의 작은 모니터만으로는 정확한 판정을 내리기 어려운 경우가 많습니다.
- 3Play의 역할:
    1) **다각도 동시 분석:** NBA 경기장에는 3Play 시스템이 설치되어 코트의 모든 카메라 앵글을 동기화하여 녹화합니다. 심판이 비디오 판독을 요청하면, 오퍼레이터는 3Play를 이용해 의심스러운 장면을 프레임 단위로 쪼개어 보여줍니다.
    2) **줌인(Zoom-in) 판독:** 3Play의 고해상도 처리 능력을 이용하여, 선수의 손끝이 공에서 떨어졌는지, 발이 라인을 밟았는지를 디지털 줌으로 확대하여 명확하게 판별합니다.
    3) **네트워크 전송:** NDI 및 고속 IP 네트워크를 통해 경기장의 영상이 실시간으로 뉴저지의 '리플레이 센터'로 전송됩니다. 본부의 판독관들은 현장과 동일한 퀄리티의 영상을 보며 최종 판정을 내리고 이를 심판에게 전달합니다.

그림 3-40
NBA 리플레이 센터 (NBA Replay Center)

그림 3-41
3Play와 TriCaster 운영 장면

NBA는 3Play와 같은 첨단 IP 리플레이 시스템을 도입하여, 경기 흐름을 끊지 않으면서도 정확하고 신속한 비디오 판독을 수행합니다.

이처럼 3Play는 단순한 '재미'를 위한 도구를 넘어, 스포츠 경기의 '공정성'을 지키는 핵심 솔루션으로 활약하고 있으며, 그 중심에는 유연한 NDI 연결성이 자리 잡고 있습니다.

03 Quiz 복습 퀴즈

1. 다음 중 NDI 하드웨어에 대한 설명으로 옳은 것은? (O/X)

- (   ) NDI 인코더는 네트워크의 NDI 신호를 받아 SDI/HDMI로 변환해주는 장치이다.

- (   ) TriCaster Mini 4K 모델 중에는 물리적 비디오 입력 단자가 하나도 없는 모델이 존재한다.

2. 원격으로 카메라의 회전(Pan), 기울기(Tilt), 확대(Zoom)를 제어하는 카메라의 명칭은 무엇인가요?

3. 3Play 시스템에서 재생 속도를 0%에서 100%까지 부드럽게 조절하는 데 사용되는 컨트롤러의 막대형 장치 이름은 무엇인가요?

4장

NDI 도구 (NDI Tools)

NDI Tools(Screen Capture, Studio Monitor, Webcam Input 등)를 활용하여 PC의 화면과 오디오를 네트워크로 송출하고, 원격지 장비를 마우스와 키보드로 제어하는 실전 활용법을 익히고 소프트웨어와 NDI를 연동하여 하드웨어 캡처 보드 없이도 고품질 방송 프로덕션 환경을 구축하는 워크플로우를 이해합니다.

04 Learning Objectives 학습 목표

본 단원을 학습한 후, 여러분은 다음과 같은 지식과 역량을 갖추게 될 것입니다.

1. NDI Tools 숙달:

NDI Tools 패키지의 주요 유틸리티(Screen Capture, Studio Monitor 등)의 핵심 기능을 파악하고 실전 조작 능력을 숙달합니다.

2. 소프트웨어 스위처 연동:

vMix, OBS Studio 등 소프트웨어 스위처와의 연동 제작 환경을 구축하고, 하드웨어 캡처보드 없는 효율적 워크플로우를 설계합니다.

3. 모바일 솔루션 구현:

스마트폰 및 태블릿용 NDI 모바일 앱을 활용하여 기동성 있는 무선 IP 카메라 환경을 구현하고 현장 제어 테크닉을 익힙니다.

4. 네트워크 관리 역량:

Access Manager를 통해 복잡한 네트워크 환경에서 장비를 수동으로 검색·등록하고, 그룹 설정을 통한 보안 및 권한 관리 역량을 갖춥니다.

4장

NDI 도구 (NDI Tools)

NDI 기술의 가장 큰 매력은 진입 장벽이 낮다는 점입니다. 수천만 원대의 하드웨어 장비가 없어도, 여러분이 현재 사용하고 있는 노트북이나 데스크톱 PC에 무료 소프트웨어를 설치하는 것만으로 NDI의 강력한 기능을 즉시 경험할 수 있습니다.

뉴텍(NewTek/Vizrt)은 NDI 생태계 확산을 위해 NDI Tools라는 필수 유틸리티 패키지를 무료로 배포하고 있습니다. (https://ndi.video/)

이 장에서는 NDI Tools의 설치부터 각 프로그램의 상세한 사용법, 그리고 TriCaster 등의 스위처와 연동하는 실무 테크닉을 깊이 있게 다룰 것입니다.

4.1. NDI Tools 개요 및 설치

NDI Tools는 단순한 뷰어(Viewer)나 변환기가 아닙니다. 영상 소스 생성, 모니터링, 제어, 네트워크 관리, 그리고 외부 연결까지 방송 제작의 전 과정을 아우르는 종합 솔루션입니다.

- **다운로드:** NDI 공식 홈페이지(ndi.tv)에서 이메일 주소를 등록하면 무료로 다운로드할 수 있습니다.
- **플랫폼:** Windows용과 macOS용이 모두 제공되지만, Windows 버전이 가장 다양한 툴과 최신 기능을 포함하고 있으므로 본 교재는 Windows 버전을 기준으로 설명합니다.
- **런처(Launcher):** 설치 후 실행하면 세련된 디자인의 'NDI Launcher'가 나타

납니다. 여기서 필요한 도구를 클릭하여 실행하거나, 설정 아이콘(톱니바퀴)을 눌러 자동 실행 여부를 관리할 수 있습니다.

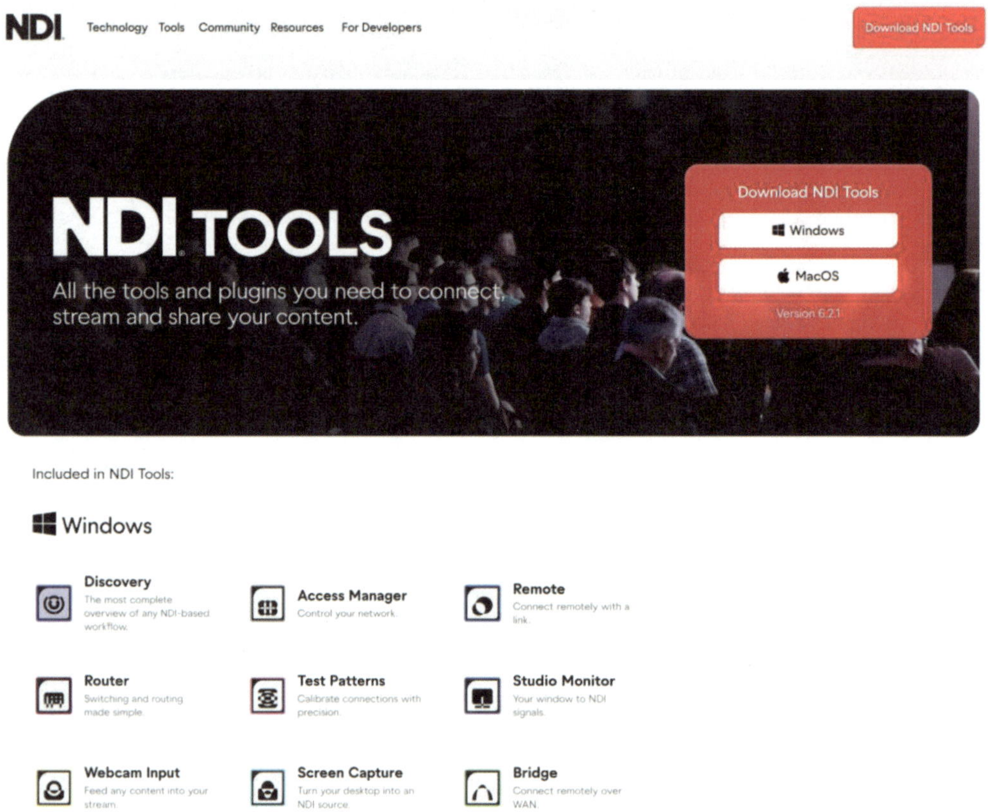

그림 4-1
NDI Tools 다운로드 페이지

4.2. NDI Screen Capture: PC를 방송 장비로

NDI Tools에는 다양한 NDI 소스 생성 도구가 포함되어 있습니다. 이를 통해 사용자는 PC의 화면이나 테스트 신호를 방송 소스로 만들어 NDI 워크플로우를 테스트하고 실무에 활용할 수 있습니다.

Screen Capture & Screen Capture HX : 강력한 스크린 캡처

강의 자료(PPT), 게임 화면, 웹 브라우저 등 컴퓨터 화면을 방송 소스로 사용해야 할 때, NDI Screen Capture는 고가의 하드웨어 캡처 보드를 소프트웨어로 완벽하게 대체합니다.

1) NDI Screen Capture (Standard)

가장 기본이 되는 화면 캡처 도구로, CPU를 기반으로 작동합니다. 스탠다드 버전의 NDI Screen Capture는 Full NDI로 동작하며 HD 기준 약 130Mbps 정도의 대역폭을 차지하게 됩니다.

그림 4-2
NDI Screen Capture 설정 인터페이스

- **실행 및 설정:** 프로그램을 실행하면 별도의 창이 뜨지 않고 윈도우 작업 표시줄 트레이(System Tray)에 'NDI' 아이콘이 생성됩니다. 이 아이콘을 우클릭하

여 모든 설정을 제어합니다.

- 주요 메뉴 상세:
  - ■ **Frame Rate:** 60p, 30p 등 전송할 프레임 레이트를 설정합니다. 일반적인 영상은 30p, 게임은 60p를 권장합니다.
  - ■ **Capture Settings:**
    - ◆ **Region of Interest (ROI):** 전체 화면이 아닌, 특정 일부분만 잘라서 전송할 수 있습니다.
    - ◆ **Mouse Pointer:** 마우스 커서를 방송 화면에 노출할지 여부를 선택합니다. 깔끔한 영상이 필요하면 끄는 것이 좋습니다.
  - ■ **Audio Source:**
    - ◆ **System Audio:** PC에서 재생되는 소리(유튜브, 게임 사운드)를 전송합니다. 레벨 조절이 가능합니다.
    - ◆ **Microphone:** PC에 연결된 마이크 소리를 별도의 오디오 채널로 함께 보낼 수 있습니다.
  - ■ **KVM Control:** 이 옵션을 체크하면, Studio Monitor를 통해 원격지에서 이 PC의 키보드와 마우스를 제어할 수 있는 권한을 부여합니다.

2) NDI Screen Capture HX (High Efficiency)

NVIDIA 그래픽카드(GeForce GTX/RTX 등)가 장착된 PC에서만 작동하는 고성능 버전입니다. H.264와 H.265 코덱을 선택할 수 있으며 약 10~50Mbps의 대역폭을 사용하여 PC 화면을 전송합니다.

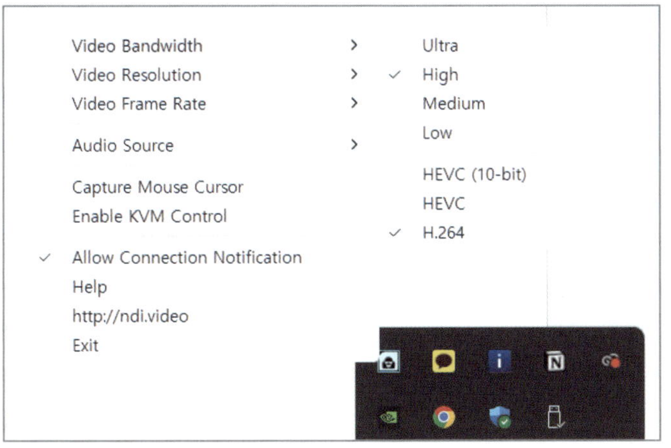

그림 4-3
Screen Capture HX 설정 인터페이스

- **기술적 특징:** CPU 대신 GPU의 NVENC(엔비디아 인코더)를 사용하여 화면을 NDI|HX (H.264/H.265)로 압축해 전송합니다.
- **활용 팁:** 고사양 게임을 플레이하면서 동시에 방송을 송출해야 하는 e스포츠 중계나, 4K 60p 고해상도 화면을 무선(WiFi)으로 전송해야 할 때 필수적입니다. 대역폭을 10~50Mbps 수준으로 낮춰주므로 네트워크 부하가 매우 적습니다.

NDI Screen Capture HX는 대역폭을 사용자가 직접 제어할 수 있어 네트워크 환경에 맞춘 최적화가 가능합니다. 단, PC의 GPU 성능에 따라 프레임이 끊어지는 현상이 발생할 수 있으니 주의해야 합니다.

4.3 NDI Test Patterns: 장비 점검의 필수품

방송 시스템을 처음 구축하거나 문제가 생겼을 때, 가장 먼저 확인해야 할 것은 "신호가 제대로 가고 있는가?"입니다.

- **기능:** 컬러바(Color Bars), 그라데이션, 정렬 격자(Grid), 움직이는 존 플레이트(Zone Plate) 등 방송 표준 계측 신호를 NDI로 송출합니다.
- 활용:
    - **오디오 테스트:** 화면뿐만 아니라 기준 레벨(-12dB, -20dB)의 톤(Tone) 신호도 함께 내보냅니다. 이를 통해 오디오 싱크가 맞는지, 소리가 깨지지 않는지 점검할 수 있습니다.
    - **모니터 캘리브레이션:** 수신 측 모니터의 색감이나 밝기가 정확한지 판단하는 기준으로 사용합니다.

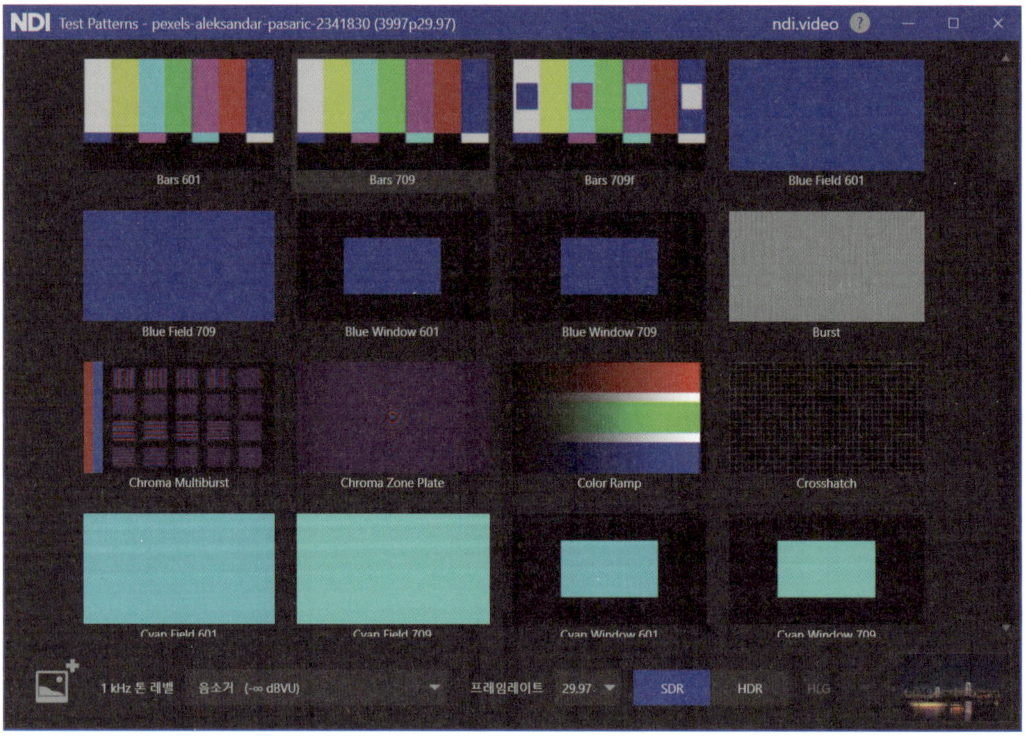

그림 4-4
NDI Test Pattern

NDI Test Pattern의 또 다른 활용도는 바로 사용자가 원하는 다양한 해상도의 이미지를 직접 등록시켜 마치 '이미지 재생장치'처럼 활용할 수 있다는 것입니다. HD, 4K, 8K 등 원하는 해상도의 이미지를 추가하여 다양한 NDI 워크플로우 테스트에 이용할 수 있으며, 실전 제작에서도 원하는 이미지를 특정 NDI 채널로 할당해서 재생하는 간이 NDI 플레이어로 활용이 가능합니다.

또한 NDI Test Pattern은 다양한 프레임 레이트(23.97~60)와 SDR/HDR(PQ & HLG) 출력 옵션을 통해 필요한 NDI 소스를 즉시 생성하고 송출하는 것이 가능합니다.

그림 4-5
다양한 해상도의 이미지와 사진과 HDR 지원

4.4. Studio Monitor: 모니터링 및 제어 도구

NDI Studio Monitor는 네트워크상에 있는 모든 NDI 소스를 검색하고 시청할 수 있는 뷰어 프로그램이자, 가장 강력한 무료 제어 도구입니다.

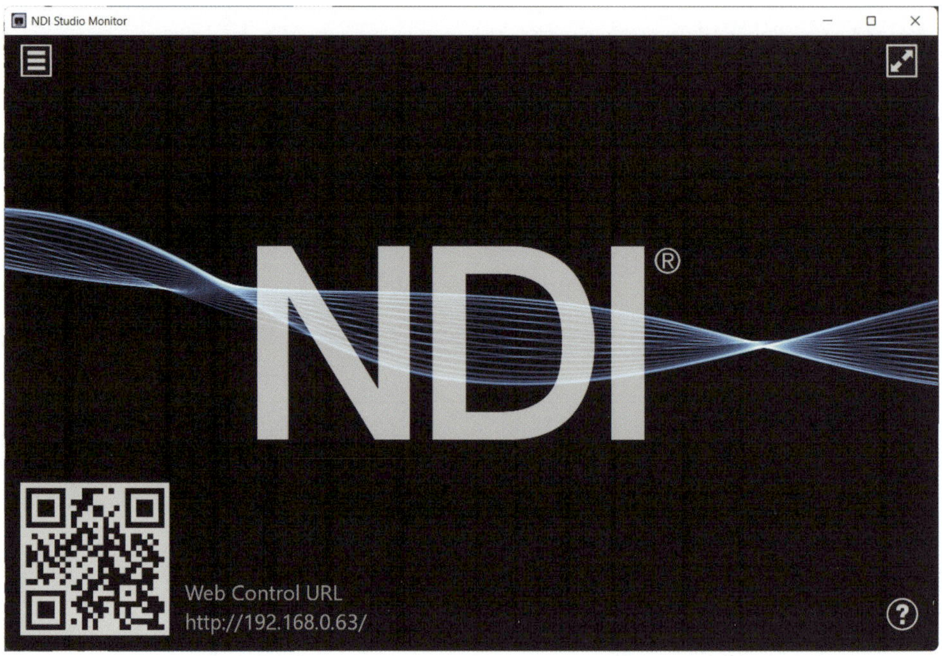

그림 4-6
NDI Studio Monitor 실행 화면

기본 기능 및 인터페이스

- **소스 선택:** 화면 좌상단의 햄버거 메뉴(≡)를 클릭하면 네트워크에서 검색된 모든 NDI 소스 목록이 나타납니다. 원하는 소스를 클릭하면 즉시 화면에 표시됩니다.

- **Low Bandwidth 모드:** 설정 메뉴에서 Video > Low Bandwidth를 체크하면, 해당 소스의 서브 스트림(Sub Stream)만 가져옵니다. 노트북 등 성능이 낮은 PC에서 여러 개의 모니터를 띄워놓고 감시할 때 유용한 기능입니다.

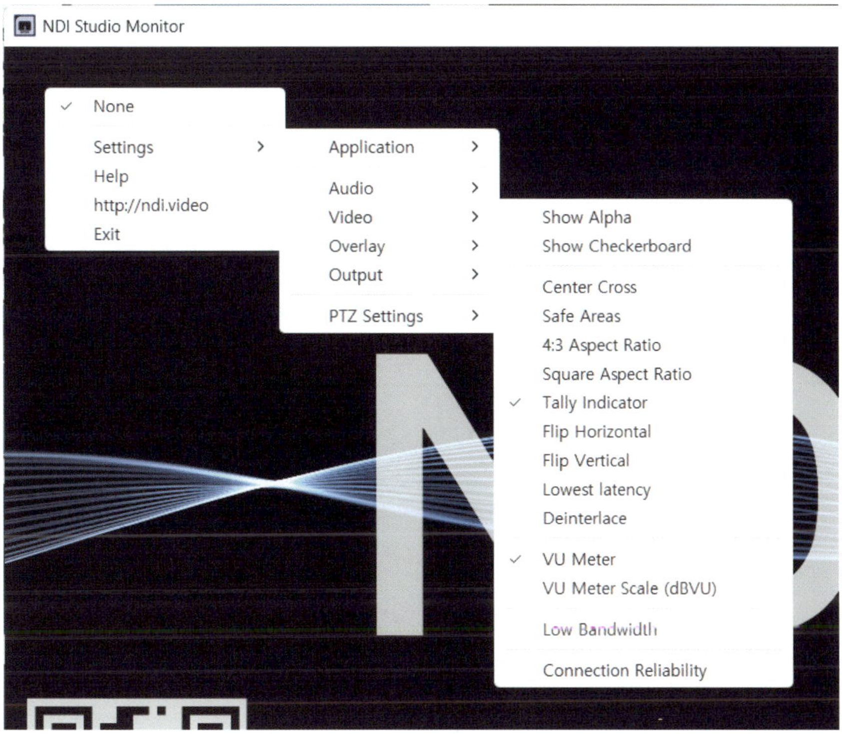

그림 4-7
NDI Studio Monitor 인터페이스

고급 제어 기능 (PTZ & KVM)

Studio Monitor는 단순한 뷰어가 아닙니다. 다양한 옵션을 사용해서 PTZ 컨트롤이나 네트워크 KVM 조작 등 다양한 기능을 수행할 수 있습니다.

- **PTZ 제어:** NDI PTZ 카메라를 선택하면 화면 우측에 반투명한 PTZ 컨트롤러 오버레이가 나타납니다.
    - 마우스로 화면을 드래그하여 카메라를 회전(Pan/Tilt)시키거나 줌(Zoom)을 조절할 수 있습니다.
    - **Preset 저장:** 하단의 숫자 버튼을 길게 누르면 현재 앵글이 저장되고, 짧게 누르면 저장된 앵글로 이동합니다. 고가의 전용 컨트롤러 없이도 정밀한 카메라 워킹이 가능합니다.
- **KVM 원격 제어:** Screen Capture가 실행 중인 PC화면을 보고 있을 때, 좌측

상단의 'KVM' 버튼이 활성화됩니다. 이를 클릭하면 내 마우스와 키보드 입력 신호가 네트워크를 통해 상대방 PC로 전달됩니다. 방송실에 앉아서 무대 뒤 발표자의 PPT를 넘겨주거나, 오류가 난 PC를 원격 수리할 때 매우 강력한 기능입니다.

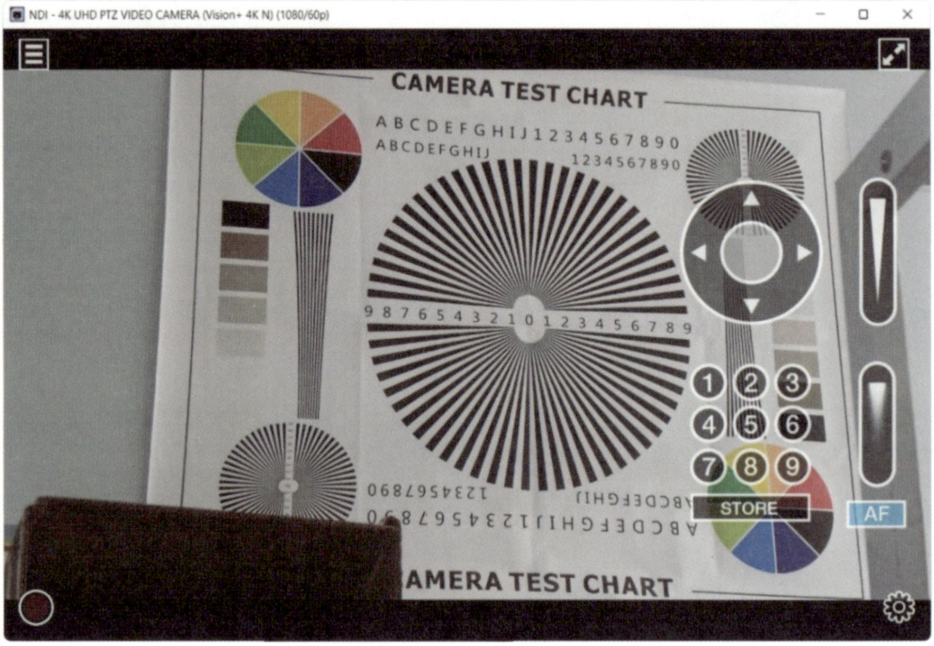

그림 4-8
NDI Monitor를 통한 PTZ 컨트롤

숨겨진 유용한 기능: 웹 제어 (Web Control)

Studio Monitor는 실행되는 순간 PC를 웹 서버로 만듭니다.

- **활용법:** 화면 우측 하단의 설정 아이콘을 누르면 **QR코드**나 URL이 나타납니다. 스마트폰으로 이 QR코드를 스캔하면, 별도의 앱 설치 없이 웹브라우저에서 Studio Monitor 화면을 원격 제어할 수 있는 리모컨 페이지가 열립니다. 이를 통해 멀리 떨어진 곳에서도 모니터 채널을 변경하거나 녹화를 시작할 수 있습니다.

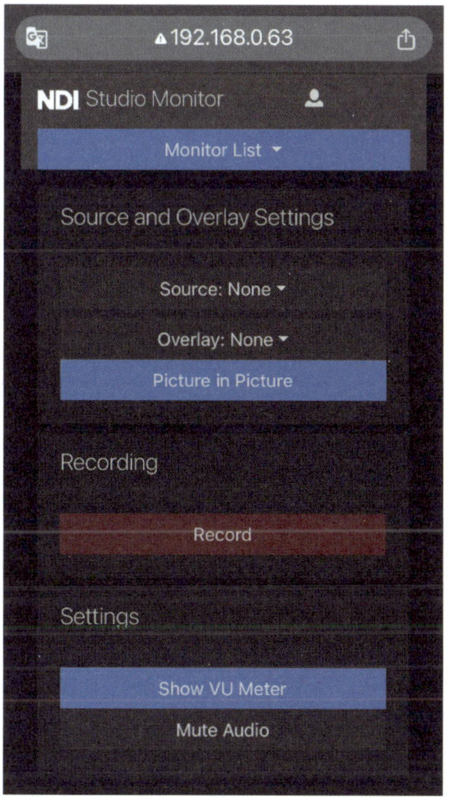

그림 4-9
Studio Monitor의 웹 제어 화면 (모바일)

- **설명:** 스마트폰 화면에 나타난 Studio Monitor 제어 페이지. 소스 선택 드롭다운 메뉴, 녹화 버튼, PTZ 조이스틱 등이 웹 UI로 구현되어 있음.
- **캡션:** QR코드를 통해 스마트폰을 Studio Monitor의 무선 리모컨으로 활용할 수 있습니다.

4.4. NDI Router: 가상 비디오 매트릭스

수십, 수백 개의 NDI 소스가 공존하는 대규모 네트워크 환경에서, 모든 수신 장비가 개별 소스 이름을 일일이 찾아 연결하는 것은 비효율적입니다. NDI Router는 이러한 복잡성을 해결하기 위해 물리적인 SDI 라우터(Matrix Switcher)의 기능을 소프트웨어로 완벽하게 구현한 가상 라우팅 시스템입니다.

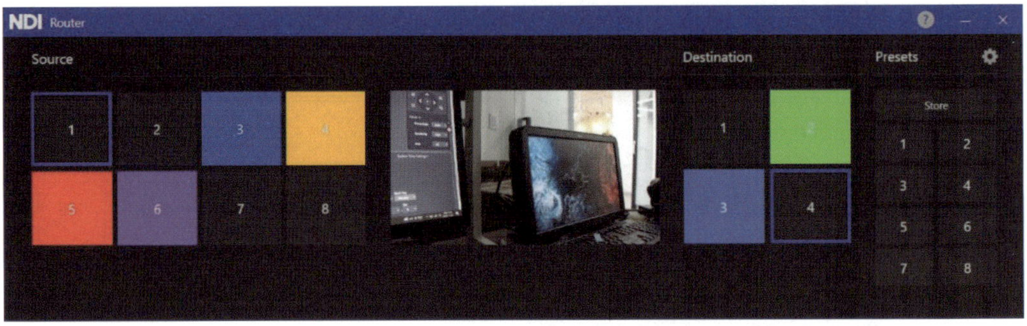

그림 4-10
NDI Router

NDI Router의 정의 및 역할

NDI Router는 NDI 소스(Source)와 수신 장치(Destination) 사이에서 '중계자' 역할을 수행합니다. 사용자는 실제 소스 이름(예: Cam-01-Sony-PTZ) 대신, Router가 생성한 가상의 이름(예: Studio-Main-Out)을 수신 장비에 등록합니다.

- **추상화(Abstraction):** 하드웨어의 물리적 이름과 상관없이 논리적인 이름으로 신호를 관리할 수 있게 합니다.
- **경로 제어:** 클릭 한 번으로 Studio-Main-Out으로 나가는 영상을 Cam-01에서 Cam-02로 즉시 변경할 수 있습니다. 이때 수신 장비(모니터, 스위처 등)는 설정을 바꿀 필요가 없습니다.

작동 원리: 제로 레이턴시(Zero Latency) 라우팅

많은 사용자가 "라우터를 거치면 딜레이가 생기지 않을까?"라고 우려하지만, NDI Router는 영상 데이터를 직접 디코딩하거나 재인코딩하지 않습니다.

- **핸드셰이크 중계:** NDI Router는 수신 장치가 요청한 스트림을 실제 소스 장치와 연결해 주는 '주소 지정(Handshake)' 역할만 수행합니다.
- **성능:** 따라서 NDI Router를 통과하더라도 CPU 점유율은 거의 '0'에 수렴하며, 화질 저하나 추가적인 지연 시간(Latency)이 전혀 발생하지 않습니다.

핵심 기능 및 설정 방법

1. **가상 입력/출력 설정:** 무제한에 가까운 가상 라우팅 포트를 생성할 수 있습니다. 예를 들어, Destination 1부터 Destination 10까지 버튼을 만들어두고, 각 버튼에 원하는 NDI 소스를 할당합니다.
2. **프리셋(Preset) 활용:** 자주 사용하는 라우팅 구성을 프리셋으로 저장하여, 상황에 따라 일괄적으로 경로를 변경할 수 있습니다. (예: '뉴스 진행 모드', '대담 모드' 등)
3. **직관적인 UI:** 전통적인 하드웨어 라우터와 유사한 P/P(Program/Preview) 방식이나 X-Y 패널 방식을 제공하여 방송 엔지니어에게 익숙한 조작 환경을 제공합니다.

실무 활용 시나리오

- **대형 모니터 월 관리:** 상황실 전면에 있는 10개의 모니터에 각각 NDI 디코더가 연결되어 있다고 가정해 봅시다. 매번 디코더 설정 페이지에 들어가 소스를 바꾸는 대신, NDI Router에서 마우스 클릭만으로 10개 모니터의 화면을 자유자재로 변경할 수 있습니다.
- **장애 대비(Failover) 시스템:** 메인 카메라(Cam A)가 고장 났을 때, NDI Router에서 출력 소스를 예비 카메라(Cam B)로 즉시 돌리면, 이를 수신하던 모든 장비(송출, 녹화, 모니터링)에 정상 신호가 공급됩니다. 즉, 방송 사고를 막는 긴급 우회 경로로 활용됩니다.

4.5. 연동 및 네트워크 관리 도구

Webcam Input: 화상회의 연동

팬데믹 이후 줌(Zoom), 팀즈(Teams) 등을 활용한 비대면 방송이 필수 요소가 되었습니다. NDI Webcam Input은 NDI 소스를 가상의 웹캠으로 만들어주기 때문에 방송용 고화질 영상을 화상회의 소프트웨어에 주입하는 가교 역할을 합니다.

그림 4-11
NDI Webcam Input 인터페이스

- **다중 슬롯 지원:** 트레이 아이콘을 우클릭하면 최대 4개의 가상 웹캠 슬롯(Webcam 1~4)을 설정할 수 있습니다. 예를 들어, Webcam 1에는 'TriCaster PGM'을, Webcam 2에는 'PTZ 카메라 원본'을 할당해두고 상황에 맞춰 골라 쓸 수 있습니다.

그림 4-12

Webcam Input에서 오디오 레벨 조정

- **오디오 레벨링:** 비디오뿐만 아니라 오디오 소스도 함께 가상 마이크로 변환됩니다. 이때 오디오 레벨을 +20dB까지 증폭할 수 있는 옵션을 제공하여, 화상 회의 앱에서 소리가 작게 들리는 문제를 해결할 수 있습니다.

네트워크 관리자: Access Manager

학교나 관공서처럼 보안이 엄격하거나 네트워크 대역(VLAN/Subnet)이 나뉘어 있는 환경에서는 NDI 장비가 자동으로 검색되지 않을 수 있습니다. 이때 Access Manager가 필요합니다.

- **Remote Sources (외부 소스 등록):** 다른 IP 대역(서브넷)에 있는 NDI 장비의 IP 주소를 수동으로 입력하여 리스트에 강제로 등록합니다. 이곳에 IP를 등록하면 mDNS가 도달하지 못하는 곳의 장비도 검색 및 연결이 가능해집니다. (이경우 실제 물리적인 네트워크 연결이 필요합니다)

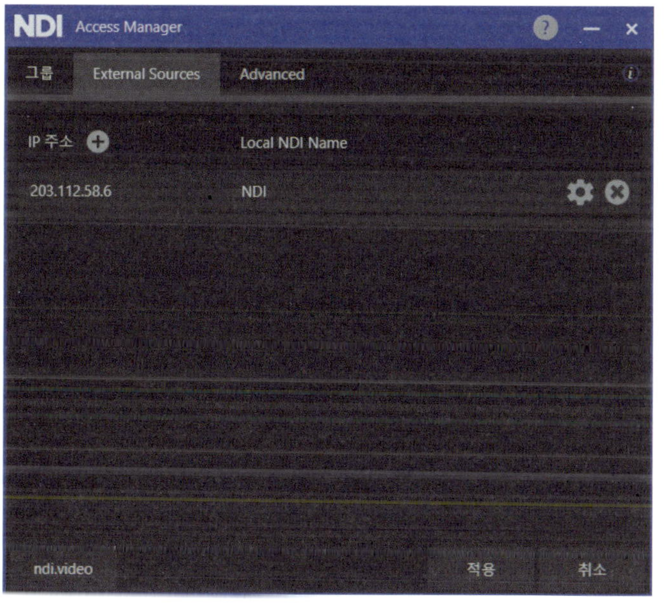

그림 4-9
NDI Tools에 포함된 Access Manager

- Groups (그룹 관리):

- **Send Group:** 내 PC에서 나가는 NDI 신호에 '암호' 같은 그룹명을 붙입니다. (예: Team-A)
- **Receive Group:** 내 PC가 수신할 그룹명을 등록합니다.
- **효과:** Team-A 그룹을 수신 목록에 등록하지 않은 다른 PC에서는 내 영상을 검색조차 할 수 없습니다. 사내 방송 보안 유지에 필수적인 기능입니다.

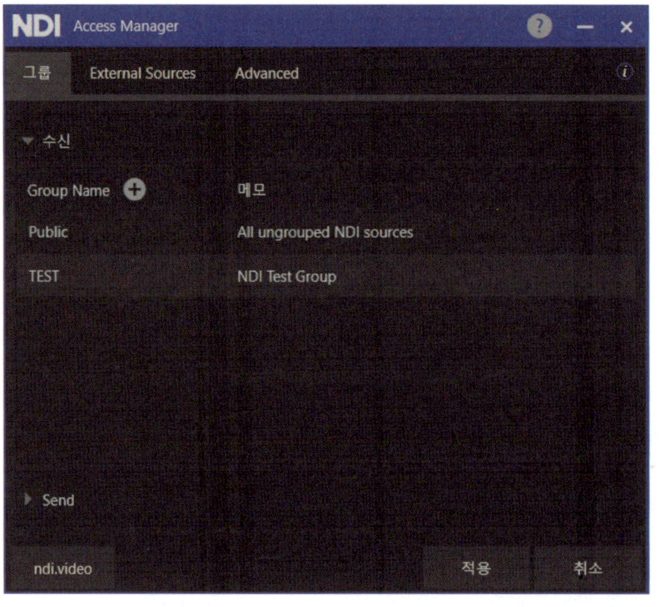

그림 4-10
Access Manager의 그룹 관리

4.6. NDI Discovery Server: 대규모 NDI의 관제탑

NDI를 처음 접하는 사용자는 별도의 설정 없이 장비가 자동으로 검색되는 편리함(Zero-Configuration)에 감탄합니다. 하지만 수백 대의 장비가 연결된 대형 방송국이나, 보안을 위해 네트워크가 여러 개로 쪼개진 기업 환경에서는 이 자동 검색 기능이 오히려 독이 되거나 작동하지 않을 수 있습니다.

NDI Discovery(Discovery Server)는 이러한 한계를 극복하기 위해 고안된 중앙 집중형 장치 관리 시스템이며 Windows, macOS, Linux 등 다양한 OS에서 구동 가능한 커맨드 라인(Command Line) 기반 애플리케이션입니다. 이 서비스는 기존의 mDNS 기반 자동 검색 방식을 대체하여, NDI 소스들을 중앙 집중식 레지스트리(Registry) 서버에서 관리하도록 설계되었습니다.

이 방식은 수많은 NDI 소스가 존재하는 대규모 현장에서 mDNS로 인한 과도한 멀티캐스트 트래픽 발생을 억제하는 데 매우 효과적입니다. 또한, AWS와 같은 클라우드 컴퓨팅 환경이나 보안 정책상 멀티캐스트 패킷이 차단된 네트워크에서도 NDI를 운용할 수 있게 해주는 핵심 솔루션입니다.

그림 4-11
디스커버리 서비스가 지정되면 mDNS는 사용되지 않습니다 (출처: NDI White Paper)

기본 검색 방식(mDNS)의 한계

NDI는 기본적으로 mDNS(Multicast DNS) 프로토콜을 사용합니다. 이는 장비가 네트워크에 연결되면 "나 여기 있어요!"라고 전체 네트워크에 소리치는(Multicast) 방식입니다.

- **트래픽 과부하:** 장비가 수백 대가 되면 서로의 존재를 알리는 신호만으로도

네트워크가 시끄러워져(Chatty), 정작 중요한 비디오 전송에 방해가 될 수 있습니다.

- **서브넷(Subnet)의 벽:** mDNS 신호는 라우터(L3)를 넘어가지 못합니다. 즉, 1층 스튜디오(VLAN 10)와 2층 조정실(VLAN 20)이 다른 네트워크 대역을 쓴다면, 물리적으로 연결되어 있어도 서로를 찾을 수 없습니다.

작동원리 및 이중화

디스커버리 서비스를 사용하면 NDI는 멀티캐스트에 의존하지 않고 전적으로 유니캐스트(Unicast) 모드로 동작하므로, 복잡한 네트워크 환경에서도 안정적인 연결이 가능합니다. 이때 서버는 NDI 그룹 기능을 포함한 모든 표준 기능을 완벽하게 지원합니다.

- **수신 측(Rx):** 클라이언트는 소스를 찾기 위해 더 이상 mDNS를 헤매지 않고, 지정된 디스커버리 서버에 직접 접속하여 목록을 받아옵니다. 만약 디스커버리 서버가 설정되어 있더라도, 로컬 네트워크의 mDNS 소스들도 함께 검색하여 수신할 수 있는 유연성을 가집니다.

- **송신 측(Tx):** 반면, 송신 장치에 디스커버리 서버가 지정되면 mDNS 송출은 중단됩니다. 즉, 해당 소스는 오직 디스커버리 서버를 공유하는 수신 장비들에게만 보이게 됩니다.

NDI Discovery의 작동 원리: 중앙 레지스트리

NDI Discovery Server를 실행하면, 이 PC가 네트워크의 '전화번호부(Central Registry)' 역할을 하게 됩니다. 검색 방식이 다음과 같이 완전히 바뀝니다.

1. **등록 (Registration):** NDI 소스(카메라, PC)는 켜지는 순간, 자신의 IP와 이름 정보를 Discovery Server에게 유니캐스트(1:1)로 보냅니다. (전체에 소리치지 않음)

2. **조회 (Query):** 수신 장치(스위처, 모니터)는 Discovery Server에게 "지금 사용 가능한 소스 목록을 줘"라고 요청합니다.

3. **연결 (Connection):** 목록을 받은 수신 장치는 해당 소스의 IP로 직접 연결하여 영상을 받아옵니다.

핵심 이점 및 기능

- **서브넷 간 연결 (Cross-Subnet):** Discovery Server의 IP만 알면, 서로 다른 VLAN이나 물리적으로 떨어진 네트워크에서도 장비 검색이 가능합니다. 이는 클라우드(AWS/Azure) 인스턴스와 로컬 장비를 연결할 때 핵심 기술로 사용됩니다.
- **네트워크 정숙성:** 불필요한 멀티캐스트 트래픽을 제거하여 네트워크 대역폭을 효율적으로 관리할 수 있습니다.
- **중복 서버(Redundancy) 지원:** 만약 Discovery Server가 다운되면 전체 목록이 사라질 수 있습니다. 이를 방지하기 위해 NDI는 주 서버 외에 보조 서버를 지정하여, 주 서버 장애 시 즉시 대체하는 이중화 기능을 지원합니다.

설정 및 운용 방법

NDI Discovery는 매우 가벼운 콘솔(Console) 애플리케이션으로, 영상 데이터를 직접 처리하지 않기 때문에 저사양 PC나 라즈베리 파이 같은 소형 장비에서도 구동됩니다.

1. **서버 구동:** NDI Discovery 프로그램을 실행합니다. (검은색 도스 창 형태)
2. **클라이언트 설정:** 네트워크상의 모든 NDI 장비(카메라, 스위처 등)의 Access Manager 설정에서 'Use Discovery Server'를 체크하고, 서버가 설치된 PC의 IP 주소를 입력합니다.
3. **확인:** 서버 창에 연결된 장비들의 리스트가 텍스트로 실시간 업데이트되는 것을 확인합니다.

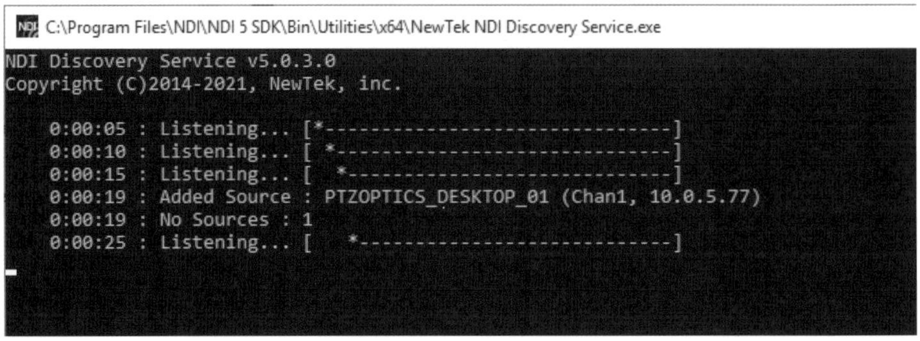

그림 4-11
NDI Discovery Server 실행 화면

NDI 클라이언트에서 디스커버리 서비스를 활성화하려면 'NDI Access Manager' 도구를 사용하여 서버의 IP 주소를 입력하면 됩니다. 특히 NDI 5 버전부터는 서버의 이중화(Redundancy)를 완벽하게 지원합니다. 설정 시 쉼표(,)를 사용하여 여러 서버의 IP(예: 192.168.10.10, 192.168.10.12)를 등록하면, 모든 서버가 동시에 작동합니다. 만약 운영 중 하나의 서버가 다운되더라도 나머지 서버가 살아있는 한 소스 목록은 끊김 없이 유지됩니다.

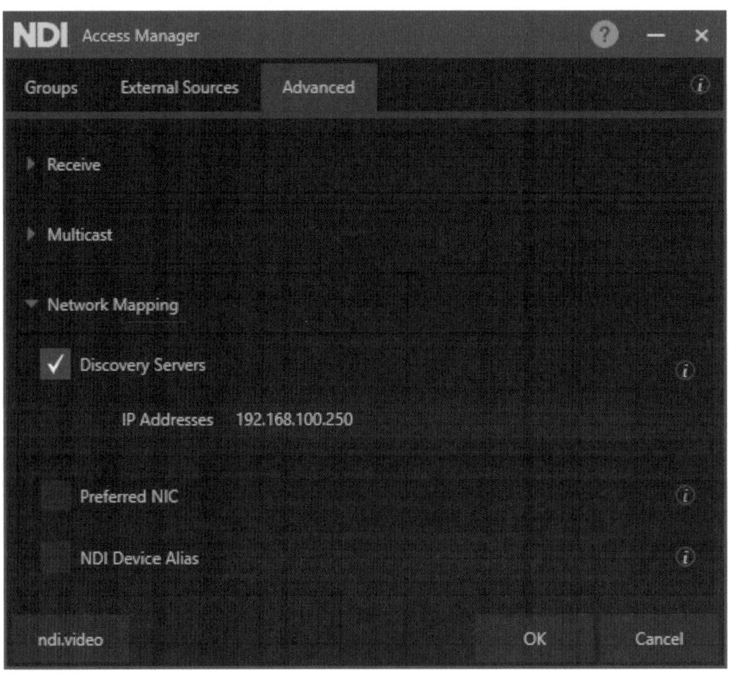

그림 4-12
NDI Access Manager의 Advanced 탭에서 디스커버리 서버를 지정

또한, 이 다중 서버 기능을 활용하여 부서별, 용도별로 소스 그룹을 분리하는 등 워크플로우 효율화와 보안 강화를 위한 논리적 망 분리 효과도 거둘 수 있습니다.

네트워크상에서 두 NDI 장치가 서로를 인식하게 되면, 송신 장치는 영상을 압축한 후 수신 장치와 세션을 맺고 데이터를 전송합니다. 이때 통신은 IP 주소와 포트 번호로 구성된 엔드포인트(Endpoint)를 통해 이루어집니다.

Windows 및 MacOS에서 Discovery Server 주소는 고급 기능 탭에서 구성됩니다. Linux에서는 NDI Discovery Server 주소를 유효 사용자의 홈 디렉토리에 있는 NDI 구성 파일에서 수동으로 추가할 수 있습니다. “ndi-config.v1.json” 구성 파일에서 Discovery Service를 수동으로 설정하는 방법은 다음과 같습니다:

```
"networks": {
    "ips": "",
    "discovery": "192.168.10.10,192.168.10.12",
```

수동 연결 (Manual connection)

NDI 장치는 수신기의 IP 주소를 수동으로 연결하려면 수신기의 IP 주소를 지정할 수 있습니다.

Windows 및 MacOS에서는 외부 소스 기능의 NDI 액세스 관리자를 사용하여 이를 수행할 수 있습니다. 여러 NDI 하드웨어 디코더에서도 이 기능을 지원합니다.

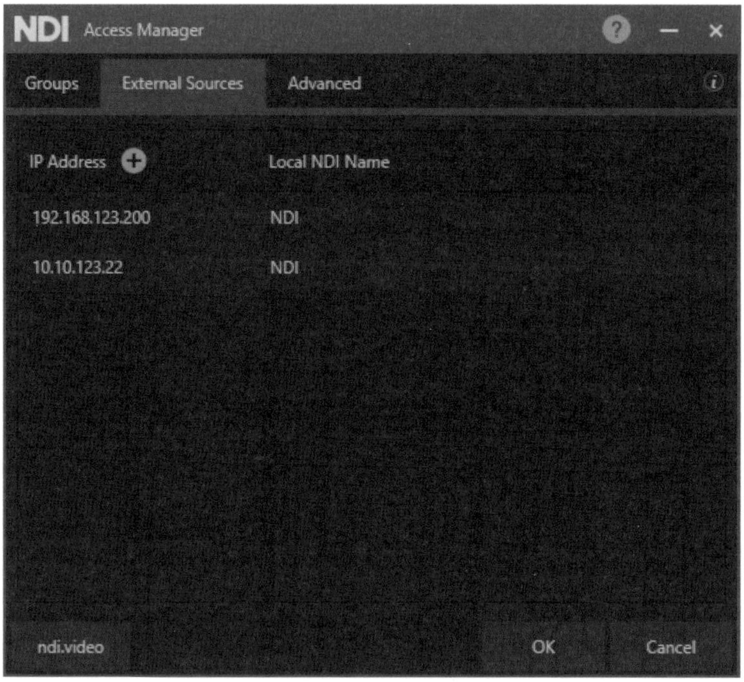

그림 4-13
NDI Access Manager의 External Source에서 외부 소스를 추가할 수 있습니다

Linux의 경우 "ndi-config.v1.json"이라는 NDI 구성 파일에서 NDI 송신자의 IP 주소를 수동으로 추가할 수 있습니다. 이 파일은 현재 로그인한 사용자의 홈 디렉토리에 있습니다.

NDI 소스의 IP 주소를 지정하면 수신기는 다른 서브넷에 있고 mDNS(Multicast DNS)에 의해 검색되지 않을 수 있는 NDI 소스를 수신할 수 있습니다. 이 방법을 사용하면 네트워크 구성 또는 제한으로 인해 액세스할 수 없는 NDI 소스를 수신할 수 있습니다.

리눅스에서 수동 연결은 유효 사용자의 홈 디렉토리에 있는 NDI 구성 파일에서 추가할 수 있습니다. "ndi-config.v1.json" 구성 파일에서 NDI 소스를 수동으로 설정하는 방법은 다음과 같습니다:

```
"networks": {
"ips": "192.168.123.200,10.10.123.22,",
"discovery": "",
```

효율적인 자원 관리: NDI 그룹 (NDI Groups)

NDI 그룹(Group) 기능은 네트워크 내에 존재하는 수많은 NDI 소스와 수신 장치들의 가시성(Visibility)과 접근 권한(Access)을 체계적으로 제어하는 도구입니다. 이를 통해 복잡한 네트워크 환경에서도 워크플로우를 구조화하여 관리 효율성을 획기적으로 높일 수 있습니다. 예를 들어, 수백 개의 소스 중 '스튜디오 A' 관련 소스만 보이게 하거나, 특정 부서의 장비만 서로 통신하게 만들 수 있습니다.

NDI 장치는 크게 전송(Send)과 수신(Receive), 두 가지 영역에서 그룹 설정을 지원합니다.

- **다중 그룹 지원**: 하나의 장비가 반드시 하나의 그룹에만 속해야 하는 것은 아닙니다. 필요에 따라 쉼표(,)로 구분하여 여러 개의 서로 다른 그룹에 동시에 소속될 수 있습니다. (예: Public, Studio-A, PTZ-Cams)
- **독립적 모드 설정**: 그룹 설정은 전송 모드와 수신 모드에 각각 독립적으로 적용됩니다. 즉, 내가 송출하는 영상은 'Public' 그룹에 속하게 하고, 내가 수신하여 모니터링할 소스들은 'Private' 그룹에서 찾아오도록 다르게 설정하는 유연한 운용이 가능합니다.

NDI 장치에서 그룹을 정의하는 방법은 다음과 같습니다:

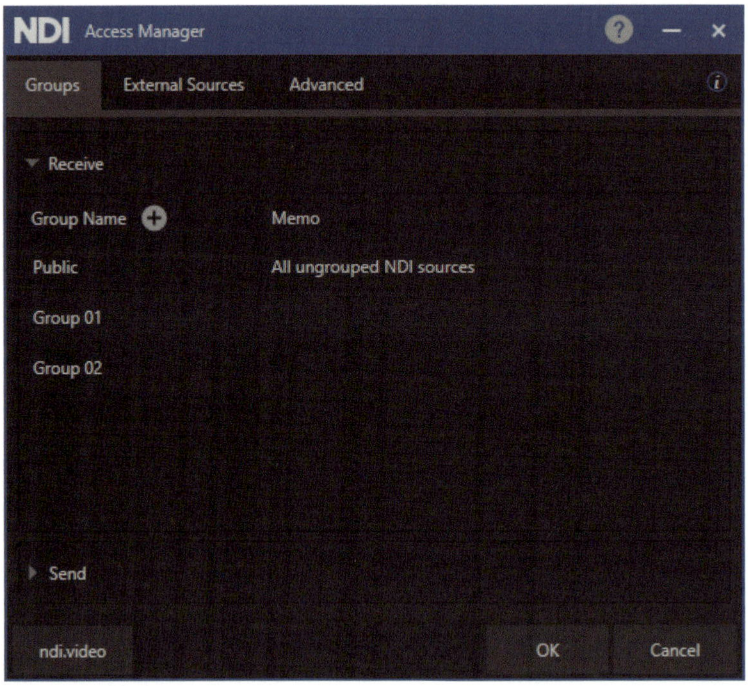

그림 4-14
NDI Access Manager에서 그룹 설정

MS Windows 및 MacOS에서 그룹은 무료 NDI 도구의 일부인 NDI 액세스 관리자에서 정의됩니다:

> **각 전송 및 수신 작업에 대한 그룹 문자열의 길이는 248바이트를 초과할 수 없으며, 따라서 결합된 그룹 이름의 총 길이는 248자를 초과할 수 없습니다.**

Linux에서 NDI 그룹은 유효 사용자의 홈 디렉토리에 있는 NDI 구성 파일에서 정의할 수 있습니다: "ndi-config.v1.json" 구성 파일에서 Groups를 구성하는 방법은 다음과 같습니다:

```
},
"groups": { "send": "Public",
"recv": "Public,Group 01,Group 02"
},
```

※ 하드웨어 NDI 장치는 NDI 그룹이 NDI 표준 사양을 준수하도록 지원해야 합니다.

아래와 같이 3개의 장치에서 각각 수신 그룹(Receive Group)과 송신 그룹(Send Group)을 설정했다고 했을 때 각 장치의 동작 구성을 살펴보도록 합시다.

NDI DEVICE 01		NDI DEVICE 02		NDI DEVICE 03	
RECEIVE Group	SEND Group	RECEIVE Group	SEND Group	RECEIVE Group	SEND Group
Public		Public	Public		Public
Group 01			Group 01		
Group 02	Group 02	Group 02	Group 02	Group 02	
Group 03		Group 03			Group 03
Group 04	Group 04	Group 04	Group 04	Group 04	

1) 장치 1 (Device 1)

이 시나리오에서 NDI Device 01은 '그룹 02'와 '그룹 04'를 통해 자신의 검색(Discovery) 정보를 전송하도록 설정되어 있습니다. 따라서 수신 그룹(Receive Group) 설정에 '02' 또는 '04'가 포함된 장비들 만이 Device 01을 검색 목록에서 확인할 수 있으며, 해당 NDI 스트림을 정상적으로 수신할 수 있습니다."

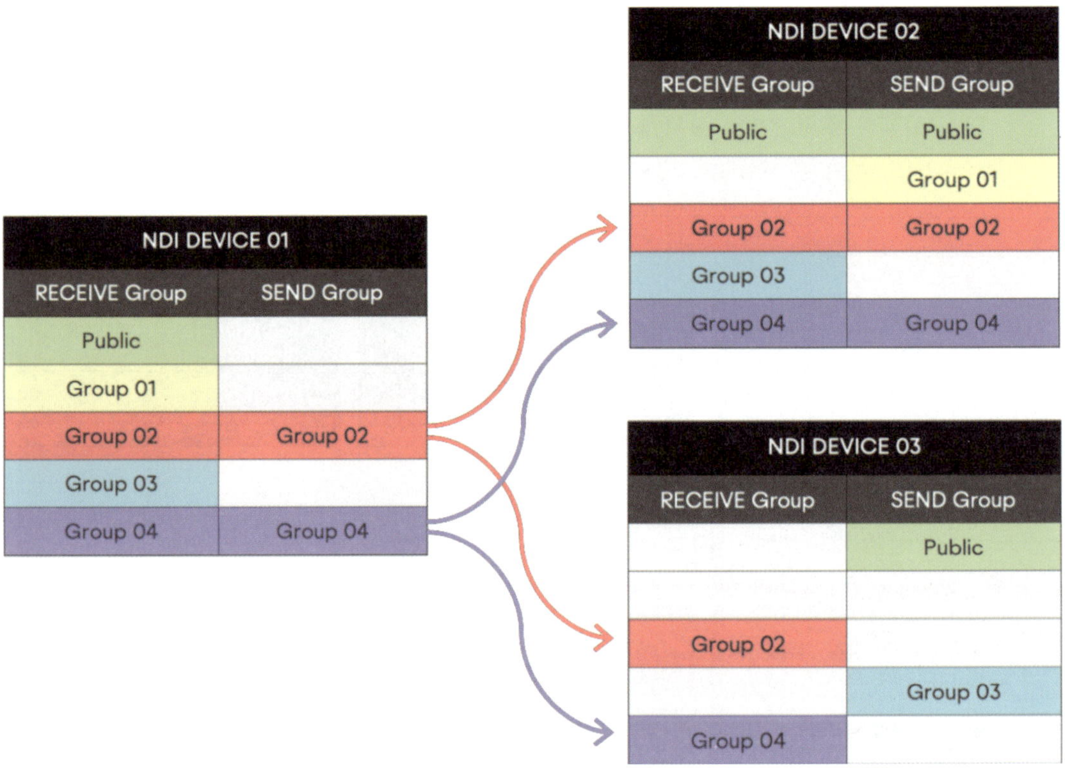

그림 4-14
NDI 장치 1의 송신 및 수신 그룹 구성 (출처: NDI White Paper)

2) 장치 2 (Device 2)

NDI Device 02는 'Public' 그룹을 포함하여 '01', '02', '04' 그룹 모두를 통해 자신의 검색 정보를 전송하고 있습니다.

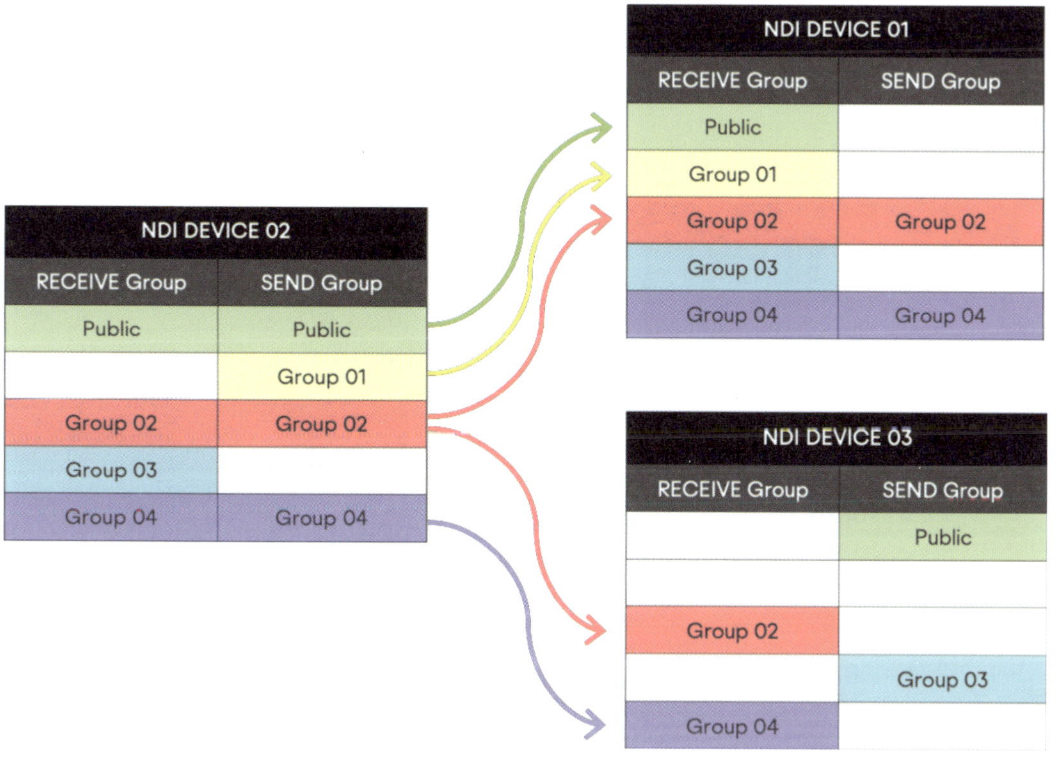

그림 4-15
NDI 장치 2의 송신 및 수신 그룹 구성 (출처: NDI White Paper)

3) 장치 3 (Device 3)

NDI Device 03은 'Public' 및 '03' 그룹을 통해 검색 정보를 전송하고 있습니다."

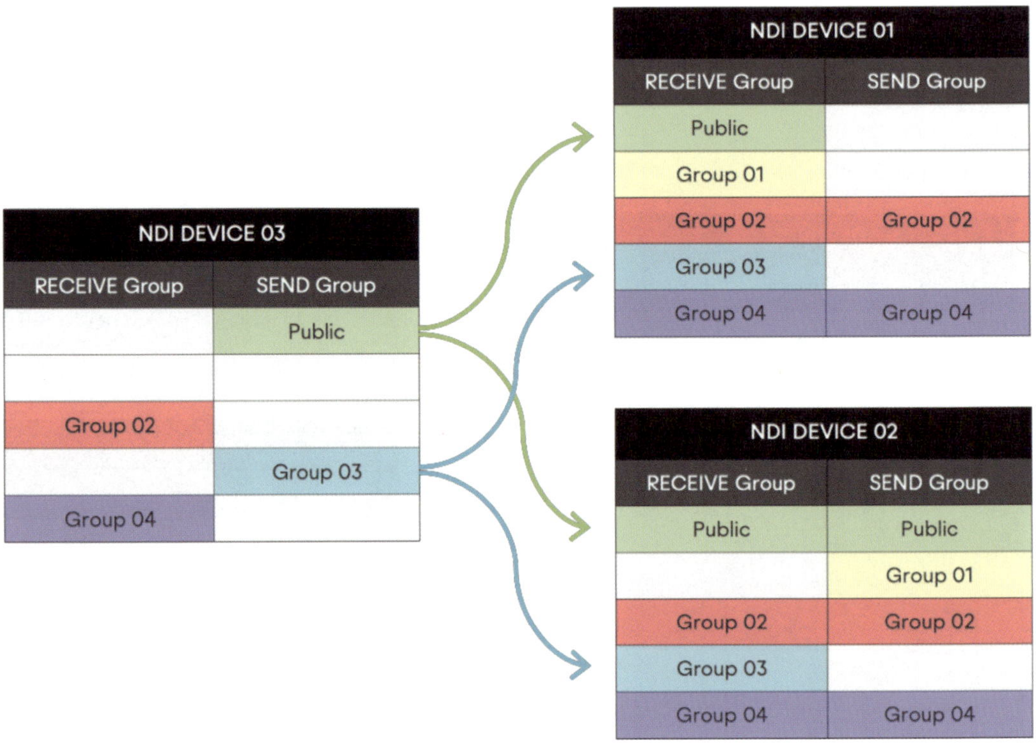

그림 4-16
NDI 장치 3의 송신 및 수신 그룹 구성 (출처: NDI White Paper)

4.7 NDI Discovery: 디스커버리 서버 관리도구

NDI Discovery는 워크플로우 내에서 디스커버리 서버를 설정하고 관리할 수 있도록 지원하는 도구입니다.

Sender (발신자)

디스커버리 서버에 등록된 모든 NDI 소스(송신기-Sender)를 표시합니다. 각 송신기 항목에는 장치 이름/호스트 이름, 네트워크 주소 및 스트리밍 포트가 표시됩니다. 장치는 호스트 이름별로 그룹화되어 나타납니다. 이 탭을 통해 네트워크에서 현재 스트림을 제공할 수 있는 NDI 장치를 빠르게 확인할 수 있습니다.

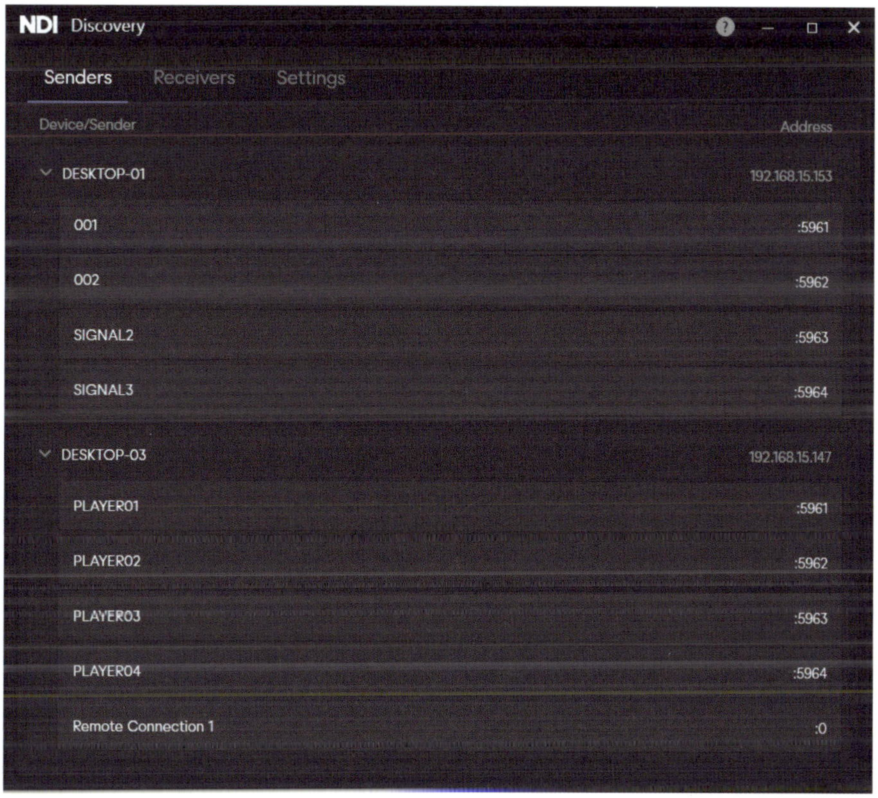

그림 4-12
NDI Discovery 도구: Senders

Receivers (수신자)

검색 서버에서 인식한 모든 NDI 수신기(NDI 스트림을 수신 대기하는 엔드포인트)를 표시합니다. 수신기 아래에는 호스트 이름별로 장치가 그룹화되어 있습니다. 이는 문제 해결이나 어떤 장치가 NDI 스트림을 활발하게 수신 대기 중인지 확인할 때 특히 유용합니다.

또한 비디오와 오디오 코덱을 확인할 수 있기 때문에 NDI 버전별 대역폭을 확인해서 실제 네트워크를 설계하는 경우 유용한 참고 자료로 활용이 가능합니다.

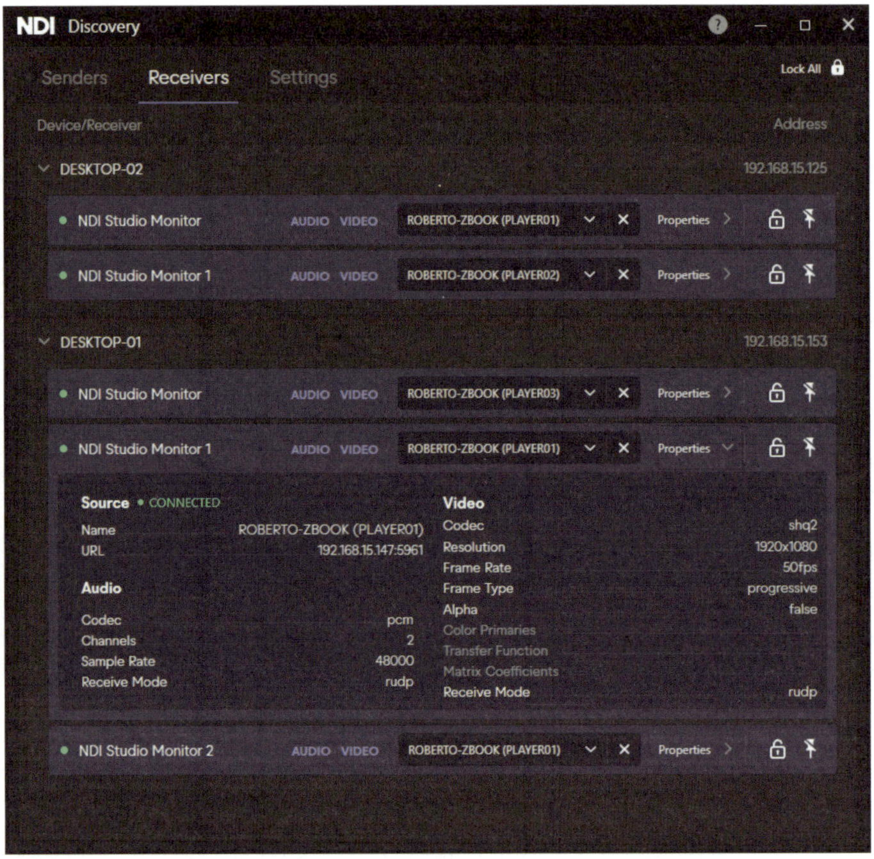

그림 4-13

NDI Discovery 도구: Receivers

Settings (설정)

디스커버리 서버의 IP 주소와 포트를 구성하거나 변경할 수 있습니다. 또한 애플리케이션이 디스커버리 서버에 연결되어 있는지 여부와 연결된 IP 주소/포트를 확인할 수 있습니다.

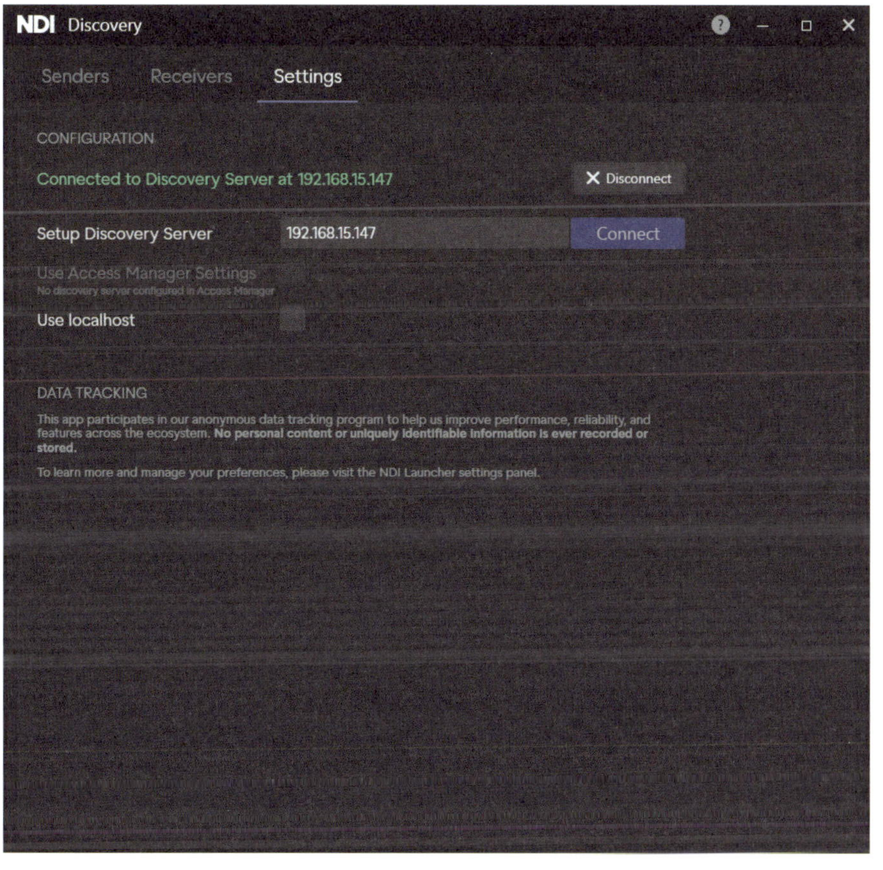

그림 4-14
NDI Discovery 도구: Settings

4.8. 동기화 (Synchronization)

전통적인 방송 시스템(SDI)은 블랙 버스트(Black Burst)와 같은 별도의 동기 신호가 없으면 시스템이 정상적으로 연결되지 않지만, NDI는 이러한 물리적 동기화 계층 없이도 즉시 연결되고 작동하는 '동기화 자유(Sync-Free)' 구조를 가지고 있습니다. 덕분에 사용자는 복잡한 케이블링 비용을 절감할 수 있습니다.

그러나 프레임 단위의 정밀한 스위칭이 요구되는 전문 제작 환경을 위해, NDI는 소프트웨어 개발자와 하드웨어 제조사가 활용할 수 있는 두 가지 강력한 동기화 접근 방식을 제공합니다.

젠록 API (Genlock API – NDI Advanced SDK)

일반적으로 NDI는 프레임 전송 속도를 결정할 때 송신 컴퓨터의 시스템 클럭(System Clock)을 기준으로 삼습니다. 로컬 네트워크에서는 이것 만으로도 충분하지만, 지리적으로 떨어진 WAN이나 클라우드 환경에서는 각 시스템의 시간차가 발생할 수 있어 정밀한 동기화가 어렵습니다.

기존의 PTP(Precision Time Protocol) 방식은 로컬 네트워크에서는 훌륭하지만, 라우팅 경로가 복잡한 원격지 연결에서는 확장성에 한계가 있습니다. 이를 해결하기 위해 NDI Advanced SDK는 네트워크상의 특정 NDI 소스를 '마스터 클럭(Master Clock)'으로 지정하는 NDI Genlock 기능을 제공합니다.

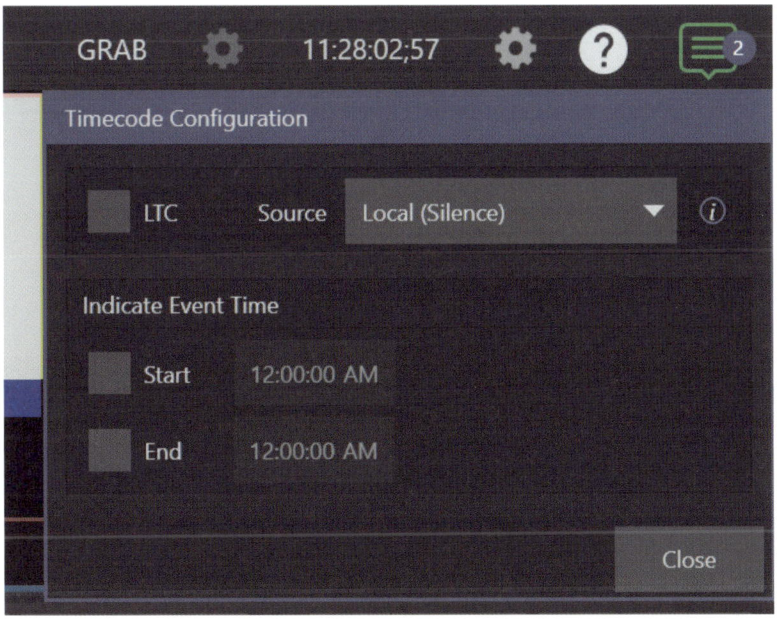

그림 4-15
TriCaster의 대시보드에 있는 LTC NDI 타임코드 설정

1) 작동 원리 및 활용

- **가상 젠록:** 특정 NDI 소스(예: 물리적 젠록 신호를 받는 컨버터의 출력)를 기준 클럭으로 설정하면, 네트워크상의 모든 NDI 송신 장비가 이 소스의 타이밍에 맞춰 프레임을 생성합니다.
- **하이브리드 확장:** 이 방식을 사용하면 온프레미스(On-premise), 원격 네트워크, 클라우드 인스턴스에 흩어진 모든 장비가 하나의 기준 신호에 동기화되는 글로벌 젠록 환경을 구축할 수 있습니다.

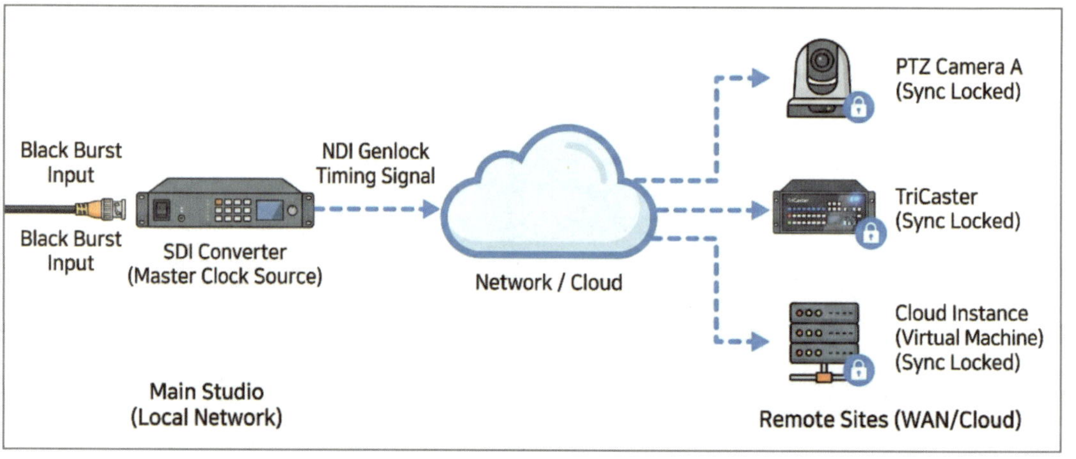

그림 4-16
NDI Genlock을 이용한 하이브리드 동기화 구조 (하나의 NDI 소스를 기준으로 로컬 및 원격지의 모든 장비가 프레임 싱크를 일치시킴)

2) NDI Genlock 운용 시 고려사항

NDI 젠록을 안정적으로 운용하기 위해서는 다음 사항들을 반드시 준수해야 합니다.

1. **NDI 버전:** 타이밍 처리가 대폭 개선된 NDI 5 이상의 스트림을 사용할 것을 강력히 권장합니다. 구형 버전의 스트림은 젠록 신호로서의 정밀도가 떨어질 수 있습니다.

2. **대역폭 확보:** 젠록 소스로 지정된 NDI 신호는 동기화가 필요한 모든 장비에 도달해야 합니다. 유니캐스트 방식은 트래픽 부하가 크므로, 가능하다면 해당 소스를 멀티캐스트(Multicast)로 구성하는 것이 효율적입니다.

3. **프레임 레이트 일치:** 30Hz 소스를 마스터로 하여 60Hz 신호를 동기화하는 것이 기술적으로는 가능하지만, 안정성을 위해 마스터와 슬레이브의 프레임 레이트를 일치시키는 것이 좋습니다.

4. **소스의 안정성:** '테스트 패턴 생성기'나 '스크린 캡처'와 같이 프레임 생성이 불규칙하거나 CPU 절전 기능이 개입하는 소스는 젠록 마스터로 부적합합니다.

5. **Fail-Over:** 만약 젠록 마스터 신호가 끊어지면, 장비들은 자동으로 자체 시

스템 클럭으로 복귀(Fallback)하여 방송 사고를 방지합니다.

6. **리소스 최적화:** 젠록 인스턴스는 미세하지만 시스템 리소스를 소모하므로, 하나의 그룹당 하나의 마스터 소스만 유지하는 것이 바람직합니다.

3) AV 싱크 API와 타임스탬프 (AV Sync API & Timestamps)

또 다른 동기화 방식은 타임스탬프(Timestamp)를 활용하는 것입니다. NDI 송신기는 NTP(Network Time Protocol) 또는 PTP와 동기화된 시스템 시간을 기준으로, 모든 비디오 및 오디오 프레임에 정밀한 생성 시간을 기록하여 전송합니다.

수신기는 패킷이 네트워크를 통과하며 지터(Jitter)나 지연(Latency)이 발생하더라도, 패킷에 기록된 타임스탬프 정보를 확인하여 오디오와 비디오의 순서를 재정렬합니다. 이 방식은 물리적인 거리나 네트워크 상태가 불규칙한 클라우드 및 원격 제작(REMI) 환경에서 립싱크(Lip-Sync)를 완벽하게 유지하는 데 핵심적인 역할을 합니다.

4.9. 소프트웨어 기반 스위처 실전 가이드

TriCaster와 같은 전용 하드웨어 스위처가 이상적이지만, 고성능 PC에 소프트웨어를 설치하여 방송하는 경우도 있습니다. 이중 대표적인 vMix와 OBS Studio에서의 NDI 활용법을 알아봅니다.

vMix (브이믹스)

vMix는 NDI를 지원하는 상용 소프트웨어입니다.

그림 4-17
vMix Software

- **입력 추가 (Input):** Add Input > NDI / Desktop Capture 탭을 선택하면 네트워크상의 모든 소스가 썸네일과 함께 표시됩니다. 원하는 소스를 더블클릭하면 즉시 입력됩니다.

- **NDI 출력 설정 (External Output):** vMix의 최종 화면을 NDI로 내보내려면, 하단의 External 버튼 옆의 톱니바퀴를 눌러 Output NDI 기능을 'On'으로 설정해야 합니다. 이때 'Alpha Channel'을 활성화하면, 배경이 투명한 자막기 용도로 vMix를 활용할 수 있습니다.

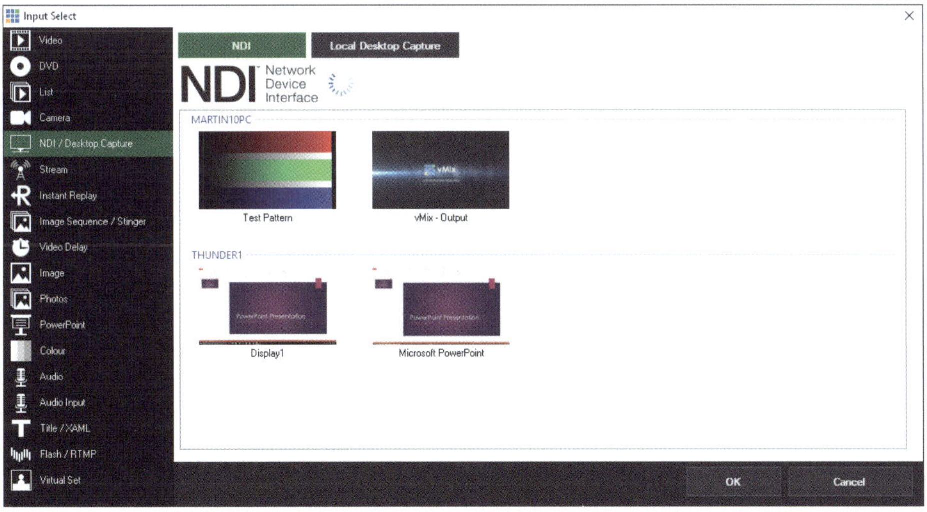

그림 4-18
vMix에서 NDI 소스 설정

vMix는 유연한 NDI 입출력을 지원하지만, 안정적인 방송을 위해서는 다음의 4가지 요소를 반드시 점검해야 합니다.

1. 하드웨어 리소스 관리 (GPU 및 CPU 과부하)

vMix는 비디오 처리에 GPU(그래픽카드)를 적극적으로 활용합니다. NDI 소스가 많아지면 디코딩 부하가 급격히 상승하여 'Render Time'이 증가하고 프레임 드랍이 발생할 수 있습니다.

- **증상:** 화면이 미세하게 끊기거나 vMix 하단의 'Render Time'이 15ms(60p 기준)를 초과하여 주황색/빨간색으로 경고등이 뜸.
- **주의사항:**
  - **고성능 모드 설정:** 윈도우 전원 관리 옵션을 '고성능'으로 설정하고, NVIDIA 제어판에서 전원 관리 모드를 '최고 성능 선호'로 변경하십시오
  - **입력 소스 최적화:** 미리보기(Preview) 상태일 때 저해상도를 받는 기능(Low Bandwidth Mode)을 활용하거나, 불필요한 고화질 소스는 NDI|HX로 변환하여 입력받는 것이 유리합니다.

2. 네트워크 프로필 및 방화벽 설정 (검은 화면 이슈)

vMix에서 NDI 소스 이름은 검색되지만, 연결 시 검은 화면(Black Screen)만 나오는 현상은 90% 이상 윈도우 네트워크 설정 문제입니다.

- **원인**: 윈도우가 현재 연결된 네트워크를 '공용(Public)'으로 인식하여, NDI 전송에 필요한 동적 포트(Dynamic Port) 연결을 방화벽이 차단하기 때문입니다.
- **해결**:
    - **네트워크 프로필 변경**: [설정] > [네트워크 및 인터넷]에서 현재 연결 속성을 반드시 **'개인(Private)'**으로 변경해야 합니다.
    - **vMix 예외 처리**: 윈도우 방화벽 설정에서 vMix 프로그램의 통신을 허용하도록 예외 규칙을 확인하십시오.

3. 오디오 샘플 레이트 불일치

NDI 오디오는 48kHz를 표준으로 사용합니다. 하지만 vMix 기본 설정이나 오디오 인터페이스가 44.1kHz로 설정되어 있을 경우 문제가 발생합니다.

- **증상**: 오디오에서 틱(Tick) 잡음이 들리거나 시간이 지날수록 싱크가 밀림.
- **주의사항**: vMix 설정(Settings) > Audio 탭에서 **Master Sample Rate**가 **48000Hz (48kHz)**로 설정되어 있는지 반드시 확인하십시오.

4. 'Low Latency Mode'의 신중한 사용

vMix는 NDI 입력 설정에서 'Low Latency Mode(저지연 모드)' 옵션을 제공합니다.

- **기능**: 버퍼링을 최소화하여 지연 시간을 줄여주지만, 네트워크의 작은 변동에도 민감하게 반응합니다.
- **주의사항**: 유선 네트워크가 완벽하게 구성된 환경이 아니라면, 특히 무선(WiFi) NDI 소스를 받을 때는 이 기능을 끄는 것(Check Off)이 오히려 끊김 없는 영상을 위해 권장됩니다.

OBS Studio (오픈 브로드캐스터 소프트웨어)

유튜버들에게 친숙한 OBS도 플러그인을 통해 NDI를 지원합니다.

그림 4-19
OBS Studio

- **설치:** OBS 기본 설치 파일에는 NDI 기능이 없습니다. 반드시 'obs-ndi' 플러그인을 별도로 검색하여 설치해야 합니다.
- **소스 추가:** 설치가 완료되면 소스 목록(Sources)의 + 버튼을 눌렀을 때 NDI Source라는 항목이 새로 생깁니다.
- **Latency Mode:** 속성 창에서 'Latency Mode'를 설정할 수 있습니다.
    - **Normal:** 버퍼를 두어 부드럽게 재생하나 약간의 딜레이가 있습니다.

- Low: 딜레이를 최소화하지만 네트워크가 불안정하면 끊길 수 있습니다. (라이브 방송 시 권장)

- **Sync 문제 해결**: 간혹 영상과 소리의 싱크가 안 맞을 수 있습니다. 이때는 소스 속성에서 'Sync' 옵션을 'Internal'에서 'Network'로 변경해보거나, 오디오 고급 설정에서 오프셋(ms)을 조절해야 합니다.

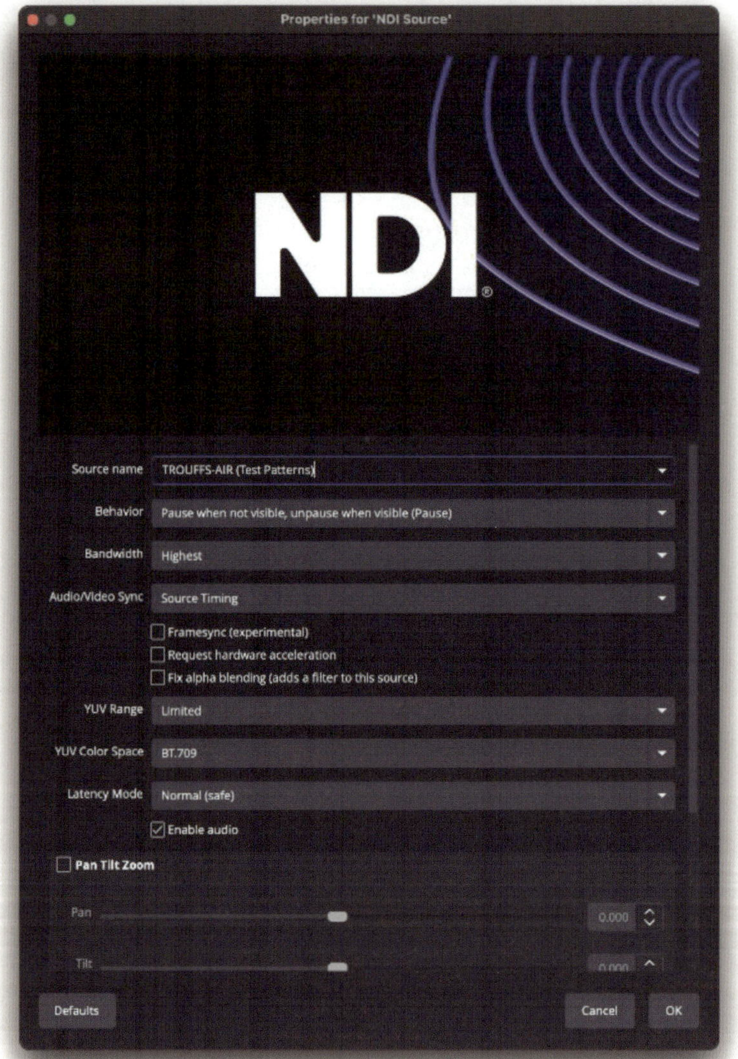

그림 4-20
OBS에서의 NDI 입력 설정

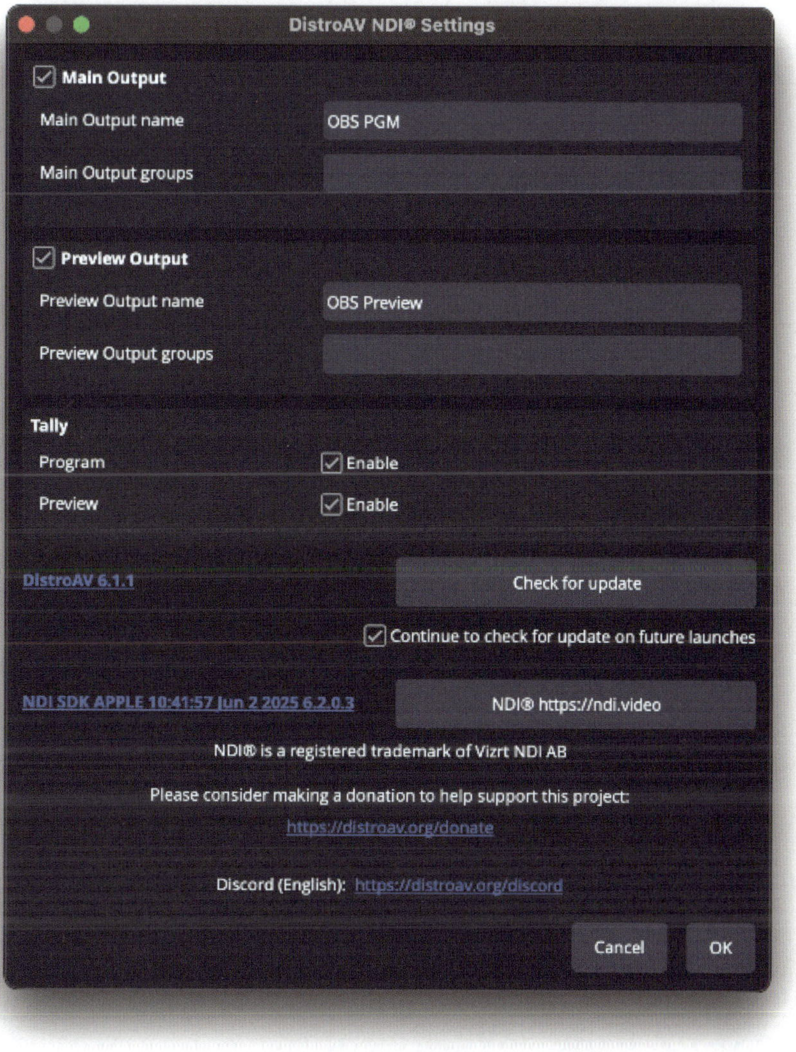

그림 4-21
OBS에서의 NDI 출력 설정

4.10. 모바일 애플리케이션 (Mobile Apps)

스마트폰을 고화질 무선 카메라로 변신시키는 모바일 앱 활용법입니다. (유료 앱)

NDI HX Camera

- **연결 조건**: 반드시 스마트폰의 WiFi가 NDI 수신 장비(PC/TriCaster)와 동일한 공유기(네트워크 대역)에 연결되어 있어야 합니다. (LTE/5G로는 로컬 NDI 연결 불가)
- **화질 설정**: 톱니바퀴 설정에서 해상도(4K/HD)와 비트레이트 품질(High/Medium/Low)을 선택할 수 있습니다. WiFi 신호가 약한 곳에서는 'Medium'이나 'Low'로 낮춰야 끊김을 방지할 수 있습니다.
- **전문 기능**: 화면 우측의 툴바를 통해 줌(Zoom), 노출 보정, 플래시(조명) 켜기, 그리드(Grid) 표시 등 방송용 캠코더에 준하는 기능을 제공합니다.

그림 4-19
NDI HX Camera 실행화면

NDI HX Capture

- **활용**: 스마트폰의 화면 자체를 실시간으로 전송합니다. 모바일 게임 중계나 앱 시연 시 유용합니다.

※ 주의

화면의 모든 내용(카카오톡 알림 등)이 그대로 방송에 나갈 수 있으므로, 사용 전 스마트폰을 '방해 금지 모드'로 설정하는 것이 필수입니다.

그림 4-20
NDI HX Capture 실행화면

04 Quiz 복습 퀴즈

1. PC의 키보드와 마우스를 네트워크를 통해 원격으로 제어할 수 있게 해주는 기능의 약자는 무엇인가요?

2. 줌(Zoom)이나 팀즈(Teams)에서 고화질 NDI 신호를 자신의 카메라 영상으로 사용하고 싶을 때 실행해야 하는 툴은 무엇인가요?

3. 네트워크 보안이 엄격하여 장비가 자동으로 검색되지 않을 때, 외부 IP 주소를 직접 입력하여 등록하는 프로그램은 무엇인가요?

4. vMix에서 NDI를 사용하는 경우 오디오에서 틱(Tick) 잡음이 들리거나 시간이 지날수록 싱크가 밀린다면 어떤 방법으로 해결할 수 있나요?

5. 모바일 앱 시연을 라이브 NDI로 입력 받아 중계하는 경우 사용할 수 있는 방법은 무엇인가요?

5장

NDI의 미래와 확장

NDI Bridge와 NDI Remote를 통해 로컬 네트워크의 한계를 넘어 인터넷과 클라우드 환경으로 확장되는 차세대 원격 제작(REMI) 워크플로우를 이해하고 NDI 6 버전에서 도입된 HDR(High Dynamic Range)과 10-bit 컬러 심도 기술을 학습하여 시네마급 고화질 IP 비디오 전송의 원리를 파악합니다. 그리고 물리적 장비 없이 서버 상에서 방송국을 구축하는 클라우드 스튜디오의 개념을 배우고, 미래 지향적인 가상 프로덕션 환경의 비전을 제시합니다.

05 Learning Objectives 학습 목표

본 단원을 학습한 후, 여러분은 다음과 같은 지식과 역량을 갖추게 될 것입니다.

1. 원격 연결 기술의 숙달:

NDI Bridge와 NDI Remote의 작동 원리를 이해하고, 인터넷망(WAN)을 통해 전 세계의 스튜디오를 하나로 연결하는 글로벌 워크플로우를 설계할 수 있습니다.

2. 시네마틱 화질 분석:

NDI 6 버전의 핵심인 HDR(High Dynamic Range) 및 10-bit 컬러 전송의 공학적 배경을 파악하여, IP 기반 영상의 품질을 극대화하는 방안을 제시할 수 있습니다.

3. 가상화 제작 환경 이해:

물리적 하드웨어 없이 클라우드 서버상에서 방송국 시스템을 구축하는 '클라우드 프로덕션'의 개념과 실무적 가치를 설명할 수 있습니다.

4. 미래 방송 패러다임 예측:

REMI(원격 제작)와 가상화 기술이 결합된 미래 방송 산업의 변화 방향을 예측하고, 차세대 미디어 환경에 필요한 기술적 대응 전략을 수립할 수 있습니다.

5장

NDI의 미래와 확장

지난 10년간 NDI 기술은 'IP 비디오의 선구자'였습니다. 같은 사무실, 같은 스튜디오 안에서 랜선으로 연결된 장비들끼리 소통하는 데 있어 NDI보다 편리한 기술은 없었습니다.

하지만 2021년 발표된 NDI 5와 최신 NDI 6 버전은 그 경계를 허물고 있는 상황입니다. 이제 NDI는 물리적인 스튜디오의 벽을 넘어, 인터넷(WAN)을 타고 전 세계 어디든 연결되며, 심지어 클라우드(Cloud) 상에서도 작동합니다. 5장에서는 "The Whole World is Your Studio(전 세계가 당신의 스튜디오입니다)"라는 슬로건을 현실로 만든 NDI의 혁신 기술들과 미래 방송 제작의 청사진을 살펴봅니다.

5.1 NDI v5와 v6의 혁신: 연결의 한계를 넘다

NDI 5 버전 이후 추가된 기능들은 단순한 업데이트가 아닙니다. 방송 제작의 워크플로우를 근본적으로 뒤바꿀 수 있는 '게임 체인저' 기술들입니다.

NDI | HX3: 화질과 대역폭을 모두 잡은 차세대 NDI 규격

NDI | HX3는 NDI(Network Device Interface) 기술의 진화 과정에서 '고화질'과 '저대역폭'이라는 두 마리 토끼를 모두 잡기 위해 등장한 최신 전송 규격입니다.

기존의 Full NDI(High Bandwidth)와 NDI | HX2 사이의 간극을 메우며, 현재 PTZ 카메라와 인코더 시장에서 가장 주목받는 기술입니다.

특징	설명
압도적인 화질	HX2보다 훨씬 높은 비트레이트를 사용하여 Full NDI에 육박하는 시각적 무손실(Visually Lossless) 화질을 제공합니다.
초저지연 (Low Latency)	HX2의 고질적인 문제였던 지연 시간을 대폭 개선하여, Full NDI와 거의 차이가 없는 실시간성을 보장합니다.
효율적인 대역폭	Full NDI가 100~200Mbps를 사용하는 반면, HX3는 약 80Mbps 이하로 운영 가능하여 네트워크 부담을 줄입니다.
하드웨어 호환성	최신 FPGA 및 H.264/H.265 하드웨어 가속을 활용하여 모바일 기기나 PTZ 카메라에서 안정적으로 작동합니다.

NDI 기술은 크게 두 갈래로 나뉘어 있었습니다.

- **Full NDI:** 화질은 완벽하고 지연이 거의 없지만, 네트워크 대역폭을 너무 많이 차지합니다. (1Gbps 망에서 수용 인원 제한적)
- **NDI | HX2:** 대역폭은 매우 적게 차지(약 10~20Mbps)하지만, 압축률이 높아 화질이 뭉개지거나 지연 시간이 발생하는 단점이 있었습니다.

NDI | HX3는 이 둘의 장점만을 결합했습니다. 네트워크 인프라를 대대적으로 교체하지 않고도(기존 1Gbps 망 유지), Full NDI 수준의 방송 퀄리티와 즉각적인 카메라 컨트롤 반응 속도를 얻을 수 있게 된 것입니다. NDI | HX3는 다음과 분야에 최적화되어 있습니다.

- **PTZ 카메라 컨트롤:** 지연 시간이 거의 없기 때문에 조이스틱으로 카메라를 회전시킬 때 화면이 뒤늦게 따라오는 현상이 사라집니다.
- **무선 환경 최적화:** 대역폭 효율이 좋아 Wi-Fi 6 환경에서 무선으로 고화질 영상을 송수신할 때 매우 안정적입니다.
- **다채널 제작:** 동일한 네트워크 대역 내에서 Full NDI보다 훨씬 많은 수의 카메라 소스를 동시에 연결하여 제작할 수 있습니다.

NDI | HX3는 높은 하드웨어 성능이 요구되기 때문에 몇가지 사항을 주의해서 프로덕션 워크플로우에 적용해야 합니다.

- **디코딩 성능**: HX3는 고효율 압축을 사용하므로, 이를 받아주는 수신단(TriCaster나 PC)에서 이를 풀어내는(Decoding) 연산 능력이 필요합니다.
- **SDK 버전**: NDI | HX3를 완벽하게 활용하려면 송신 장비와 수신 소프트웨어 모두 NDI 5.x 이상 버전을 지원해야 합니다.

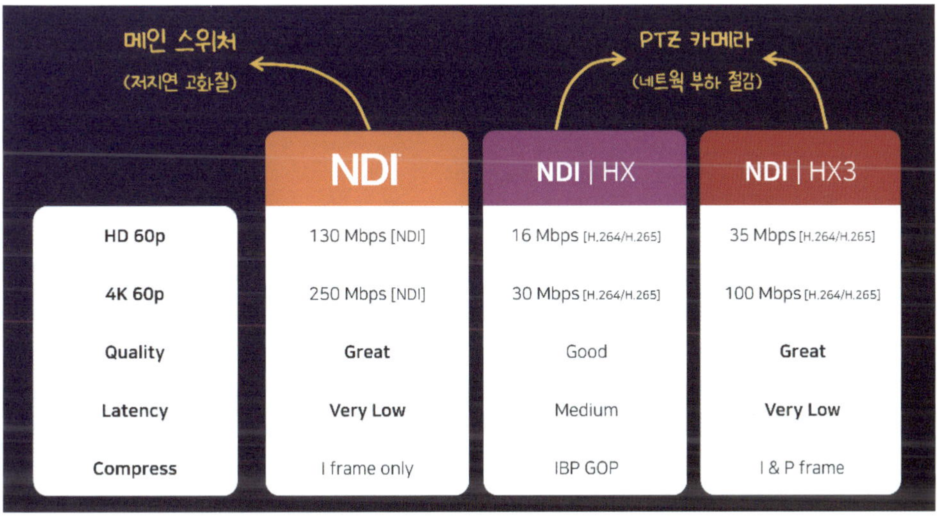

그림 5-1
NDI / NDI|HX2 / NDI|HX3의 비교

NDI Bridge: 인터넷을 뚫고 나가는 NDI

과거에는 서울 스튜디오의 NDI 신호를 부산 지사로 보내려면, 복잡한 VPN 설정이나 별도의 고가 전송 장비(SRT 인코더 등)가 필요했습니다. NDI Bridge는 이 복잡한 과정을 단 하나의 소프트웨어로 해결합니다.

그림 5.2
NDI Bridge

- **작동 원리:** NDI Bridge는 서로 다른 지역에 있는 두 개의 네트워크를 하나의 거대한 '가상 로컬 네트워크'로 연결해 줍니다. 서울의 A그룹과 부산의 B그룹이 브릿지(Bridge)로 연결되면, 서울의 TriCaster에서 부산의 카메라 소스가 마치 옆방에 있는 것처럼 검색됩니다.

- **트랜스코딩(Transcoding)의 마법:** 로컬망에서는 100Mbps가 넘는 Full NDI를 쓰지만, 인터넷망(WAN)은 속도가 느리고 불안정할 수 있습니다. NDI Bridge는 인터넷 구간을 통과할 때, 영상을 NDI|HX(H.264/H.265)로 자동 변환(압축)하여 전송하고, 도착지에서 다시 NDI 신호로 풀어줍니다. 이 모든 과정이 사용자 개입 없이 자동으로 이루어집니다.

- **활용 사례:** 본사(주조정실)와 지방 지사(스튜디오) 간의 뉴스 이원 생중계, 해외 특파원 연결 등에 획기적인 비용 절감 효과를 가져옵니다.

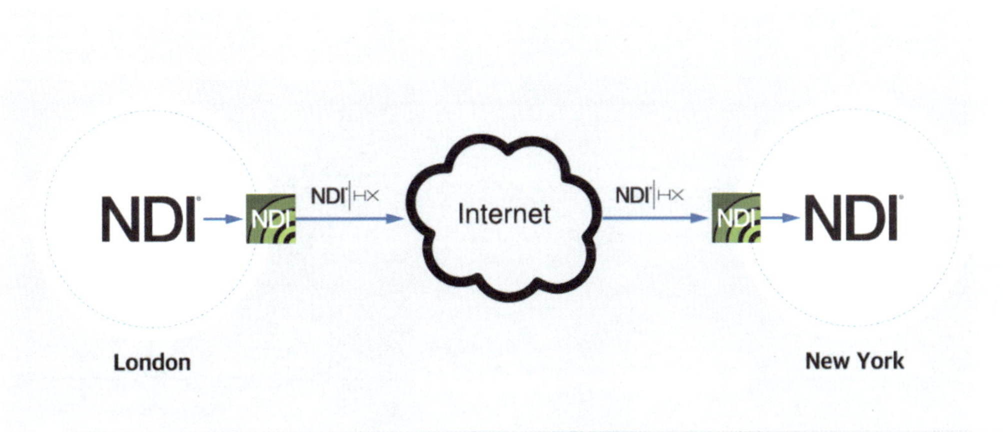

그림 5-3
NDI Bridge의 작동 개념도 (출처: 디브이네스트 뉴스레터, www.dvnest.com)

NDI Bridge는 인터넷 구간에서 대역폭을 효율적으로 관리(Transcoding)하며 전 세계의 스튜디오를 하나로 연결합니다. 그림 5-2에서 런던 스튜디오의 Full NDI 신호를 Bridge를 통해서 NDI|HX로 압축하여 공용 인터넷으로 전송하고 이를 다시 뉴욕 스튜디오의 NDI Bridge를 통해 Full NDI로 복원하여 사용하는 사례를 보여주고 있습니다.
이는 Full NDI는 라이브 프로덕션에서 사용하기 편리하고 NDI|HX는 고효율 전송에 유리하다는 점을 명확하게 보여주는 사례입니다.

NDI Audio Direct: 오디오 워크플로우의 통합

영상만큼이나 중요한 것이 오디오입니다. 기존에는 NDI 오디오를 전문 오디오 편집 프로그램(DAW)에서 다루려면 복잡한 가상 케이블 설정이 필요했습니다.

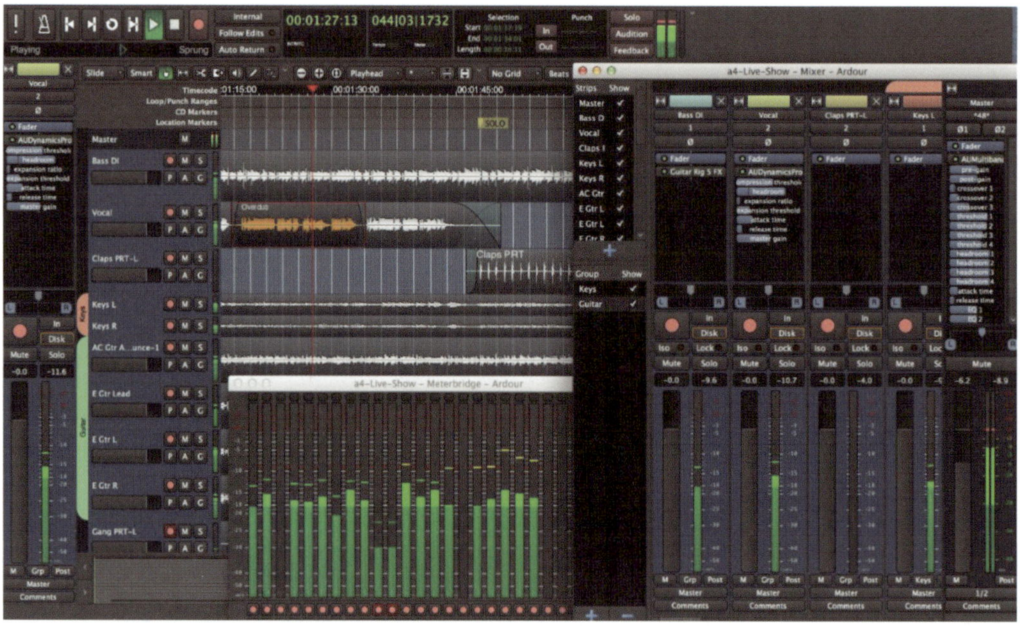

그림 5-4
NDI Audio Direct를 지원하는 Ardour

- **VST 플러그인 지원:** NDI Audio Direct는 큐베이스(Cubase), 프로툴즈(Pro Tools), 리퍼(Reaper) 같은 DAW 소프트웨어에서 NDI 오디오를 직접 입출력할 수 있는 VST 플러그인 세트입니다.

- **활용:**

    - NDI로 들어온 32채널 오디오를 DAW로 불러와서, 실시간으로 노이즈를 제거하고 이퀄라이저(EQ)와 컴프레서(Compressor)를 건 뒤, 다시 NDI로 송출할 수 있습니다.

    - **32-bit Float Audio:** NDI는 전문가급 오디오 포맷인 부동소수점(Floating Point) 오디오를 지원하여, 소리가 깨지거나 왜곡되는 현상 없이 극도로 정밀한 믹싱 환경을 제공합니다.

5.2. 더 완벽한 화질을 향하여: HDR과 고대역폭

"IP 전송은 화질이 떨어진다"는 편견은 옛말이 되었습니다. NDI는 방송용 표준 화질을 넘어 시네마급 화질 전송을 위한 기술적 진보를 이뤄냈습니다.

HDR (High Dynamic Range) 지원

최신 NDI 규격은 HDR(High Dynamic Range) 전송을 완벽하게 지원합니다. HDR은 화면의 가장 밝은 곳과 가장 어두운 곳의 명암 차이를 사람의 눈이 보는 것처럼 생생하게 표현하는 기술입니다.

그림 5-5
SDR vs HDR

과거의 NDI가 '효율적인 전송'에 집중했다면, 최신 규격인 NDI 6는 시네마급 화질을 지향하는 '고품질 전송'으로 그 영역을 확장하고 있습니다. 그 중심에는 밝기의 범위를 극대화하는 HDR 기술과 색상을 더욱 정밀하게 표현하는 10-bit 컬러 심도가 있습니다. TriCaster의 최신 버전인 Vizion에서는 HDR과 10bit를 세션 차원에서 설정할 수 있습니다.

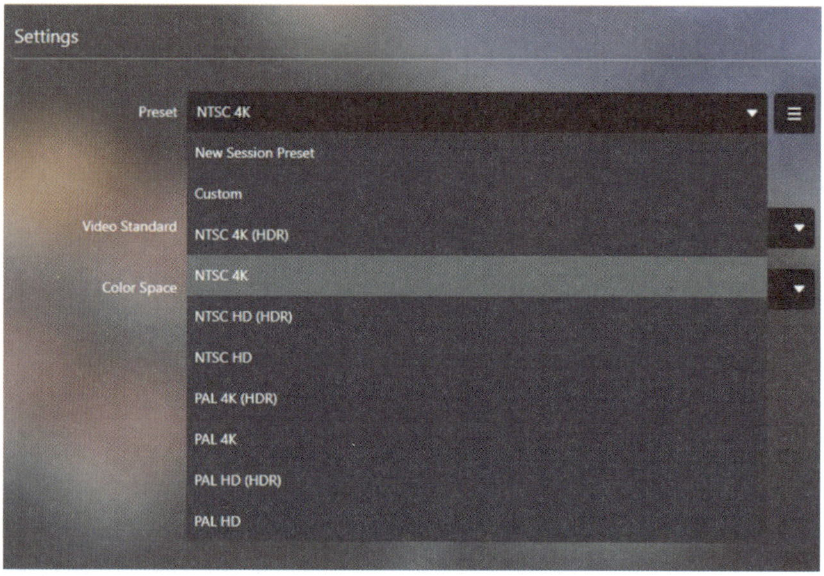

그림 5-6
TriCaster Vizion의 HDR 세션 프리셋

1) HDR 표준 지원: PQ와 HLG

HDR은 단순히 밝은 것을 넘어, 가장 어두운 곳부터 가장 밝은 곳까지의 대비(Contrast)를 실제 인간의 눈이 느끼는 것과 유사하게 구현하는 기술입니다. NDI 6는 업계 표준인 PQ와 HLG 방식을 모두 지원합니다.

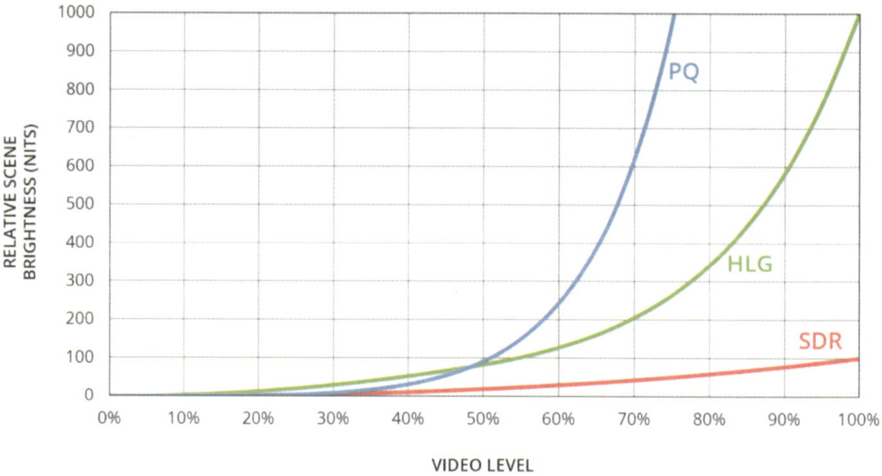

그림 5-7
PQ / HLG / SDR의 비디오 레벨 비교 (출처: Brompton Technology)

- **PQ (Perceptual Quantizer):** 영화나 OTT 콘텐츠 제작에 주로 사용되며, 최대 10,000nit 수준의 절대적인 밝기 값을 기준으로 데이터를 전송합니다. 매우 정밀하고 깊이 있는 명암 표현이 가능합니다.
- **HLG (Hybrid Log-Gamma):** 라이브 방송 환경에 최적화된 방식입니다. HDR 디스플레이뿐만 아니라 일반 SDR 디스플레이에서도 별도의 변환 없이 영상을 볼 수 있는 호환성을 제공하여 중계 현장에서 선호됩니다.

2) 지능형 메타데이터 관리

HDR 영상은 단순히 밝기만 밝은 것이 아니라, 각 장면이 어떤 밝기 기준을 가져야 하는지에 대한 '메타데이터'를 포함해야 합니다.

- **자동 감지 및 동기화:** NDI 6 엔진은 소스 기기(HDR 카메라 등)에서 생성된 HDR 메타데이터를 감지하여 전송 패킷에 포함시킵니다. 이를 수신하는 스위처나 모니터는 해당 메타데이터를 해석하여 별도의 수동 설정 없이도 최적의 HDR 화면을 출력합니다.
- **색 영역 확장 (WCG):** HDR과 함께 넓은 색 영역인 **Rec.2020**을 지원함으로써, 기존 Rec.709 표준에서는 표현할 수 없었던 강렬하고 선명한 원색(심홍색, 에메랄드 그린 등)을 완벽하게 재현합니다.

3) 제작 환경에 주는 임팩트

HDR 지원은 NDI 프로덕션의 위상을 '웹 스트리밍' 수준에서 '프리미엄 방송 및 시네마' 수준으로 격상시켰습니다.

- **시각적 몰입감 증대:** 스포츠 중계나 공연 실황에서 현장의 빛과 그림자를 생생하게 전달하여 시청자에게 압도적인 현장감을 제공합니다.
- **IP 기반 가상 제작(ICVFX):** LED 월(Wall)을 사용하는 가상 스튜디오 제작 시, 배경 영상의 HDR 정보가 실제 조명과 유기적으로 결합되어 더욱 사실적인 합성을 가능케 합니다.
- **전문 모니터링:** 별도의 SDI 덱링크 카드 없이도 일반 네트워크 망을 통해 마

스터링급 HDR 모니터링 환경을 구축할 수 있어 비용 효율성이 극대화됩니다.

10-bit 컬러 심도 (Color Depth)

과거의 NDI는 8-bit 컬러(약 1,600만 색상)를 주로 사용했습니다. 하지만 하늘의 그라데이션이나 어두운 조명 아래에서는 색이 층층이 끊겨 보이는 '밴딩(Banding) 현상'이 발생할 수 있었습니다.

- **10-bit의 혁명:** 최신 NDI는 10-bit 컬러(약 10억 개 색상) 처리를 기본 지원합니다. 이는 색과 색 사이를 훨씬 더 부드럽게 표현하며, 특히 크로마키(Chroma Key) 합성 시 배경과 인물의 경계선을 더욱 자연스럽게 따낼 수 있게 해줍니다.

사진 5-8
8-bit와 10-bit 컬러 그라데이션 비교

10-bit 컬러 지원은 NDI가 방송용 표준을 넘어 고품질 콘텐츠 제작 도구로 진화했음을 보여줍니다.

5.3. WAN과 클라우드, 그리고 미래의 제작 환경

NDI 기술의 종착점은 어디일까요? 전문가들은 하드웨어가 완전히 사라진 '클라우드 프로덕션(Cloud Production)'과 시공간을 초월한 '원격 제작(Remote Production, REMI)'을 지목합니다.

인터넷을 통한 원격 제작 (REMI)

REMI(Remote Integration Model)는 현장에는 최소한의 카메라와 촬영 스태프만 보내고, 제작 PD와 기술 감독은 본사 스튜디오에 남아서 방송을 제작하는 방식을 말합니다.

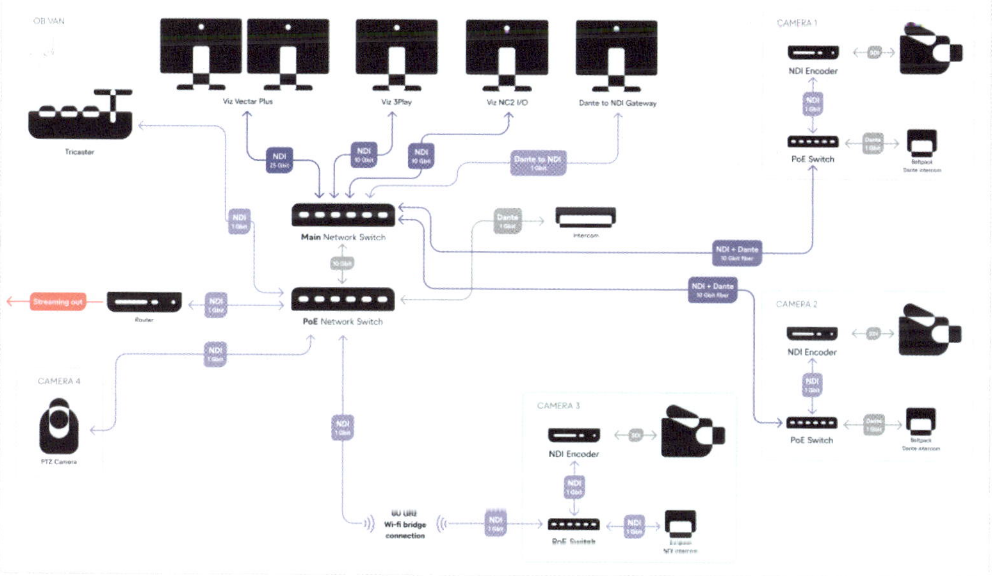

그림 5-9
NDI를 사용한 REMI(원격 프로덕션) 구성 (출처: ndi.video)

- **NDI의 역할:** 현장의 카메라 영상을 NDI Bridge나 인코더를 통해 인터넷으로 본사에 전송합니다. 본사의 TriCaster는 이 신호를 받아 자막을 입히고 스위칭합니다.

- **이점:** 중계차를 파견하는 비용, 수많은 스태프의 출장비와 숙박비를 획기적으

로 절감할 수 있습니다. NDI의 초저지연 RUDP 기술 덕분에 본사에서 현장의 카메라맨에게 "줌인하세요", "패닝하세요"라고 인터컴으로 지시해도 딜레이가 거의 없습니다.

클라우드 스튜디오의 부상

이제는 방송 장비(스위처)조차 물리적으로 존재할 필요가 없습니다. 아마존 AWS나 마이크로소프트 Azure 같은 클라우드 서버 위에 TriCaster VVE(Viz Vectar Plus) 같은 소프트웨어를 설치하여 방송국을 구축합니다.

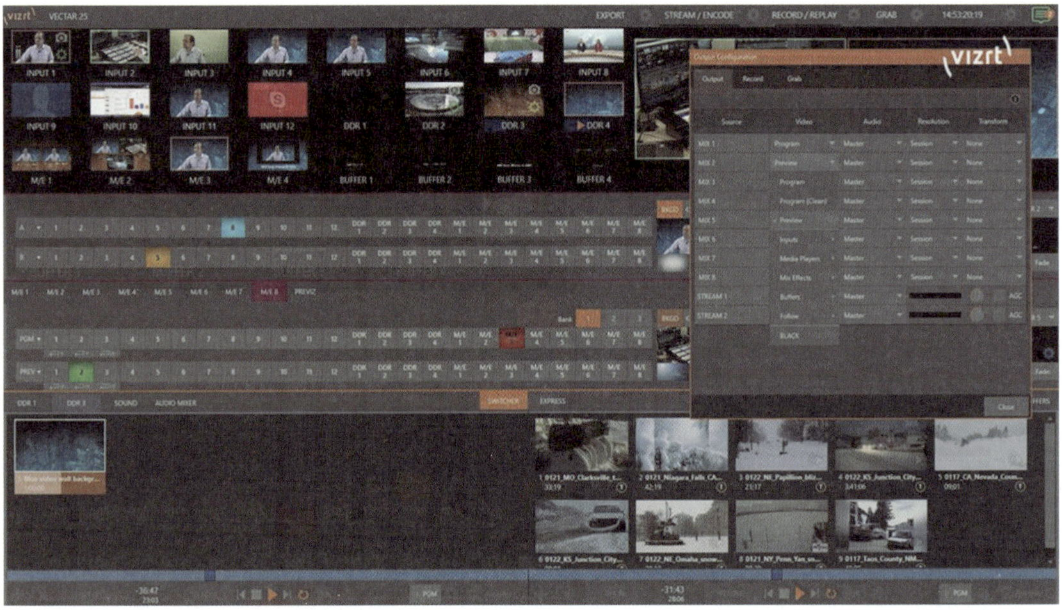

그림 5-10
Viz Vectar Plus의 구동 화면

- **가상 케이블로서의 NDI:** 클라우드 서버 내부에서 비디오 소스끼리 데이터를 주고받을 때, NDI는 가장 효율적인 '가상 내부 배선' 역할을 합니다.
- **미래 시나리오:** PD는 집에서 노트북 하나만 켜고 클라우드에 접속하여, 전 세계 각지에서 NDI로 올라오는 영상 소스를 스위칭하여 유튜브와 TV로 송출합니다. 방송국 건물이 없어도 방송국 운영이 가능한 시대가 온 것입니다.

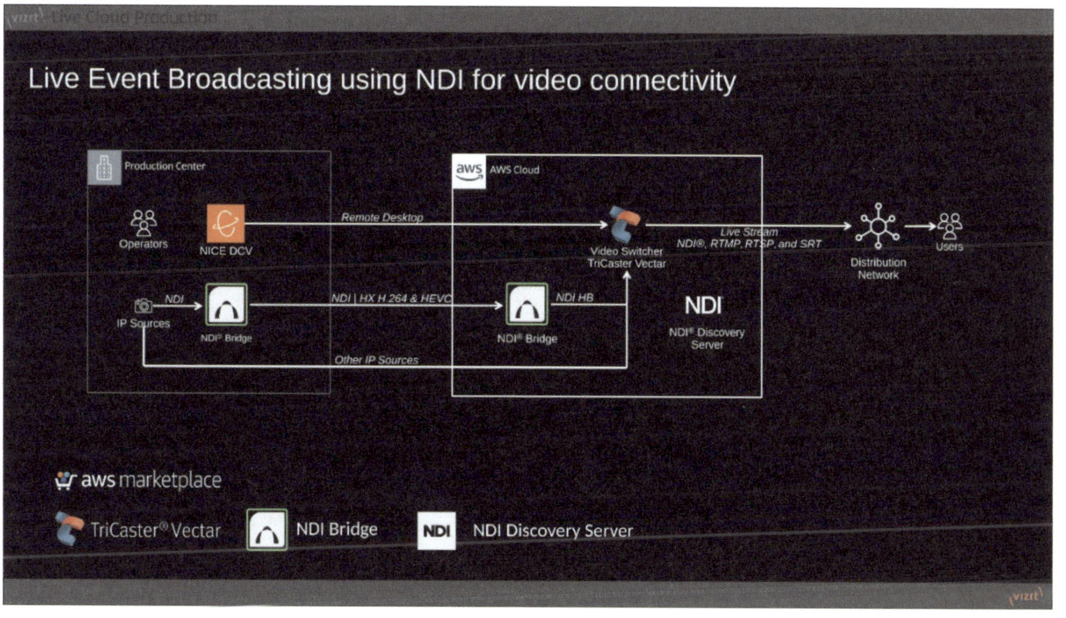

그림 5-11
클라우드 기반 NDI 프로덕션 워크플로우

IP 비디오를 도입하면 하드웨어가 필요 없는 클라우드 방송국이 가능하며 그 모든 연결의 중심에 NDI 프로토콜이 있습니다.

05 Quiz 복습 퀴즈

1. 로컬 네트워크(LAN)를 넘어 인터넷(WAN) 구간에서 서로 다른 지역의 NDI 네트워크를 연결해주는 기술의 이름은 무엇인가요?

2. NDI 6 버전에서 강조된 기술로, 영상의 명암 차이를 극대화하여 실제 눈으로 보는 것과 유사하게 표현하는 화질 기술은 무엇인가요?

3. 라이브 방송 환경에 최적화된 형태의 HDR 규격으로 HDR과 SDR를 별도의 디스플레이 변환없이 볼 수 있는 규격은 무엇인가요?

4. 게스트에게 URL 링크만 보내면 별도의 앱 설치 없이 웹 브라우저를 통해 영상을 받을 수 있는 도구의 이름은 무엇인가요?

5. 현장에는 최소한의 카메라와 촬영 스태프만 보내고, 제작 PD와 기술 감독은 본사 스튜디오에 남아서 방송을 제작하는 방식을 무엇이라고 하나요?

6. 아마존 AWS나 마이크로소프트 Azure 같은 클라우드 서버에서 동작하는 NDI 스위처로 가상 내부 배선을 이용하여 프로덕션을 구축할 수 있는 장비는 무엇인가요?

6장

NDI를 위한 네트워크 인프라

NDI는 대역폭 효율을 위해 유니캐스트와 멀티캐스트 방식을 선택적으로 사용하며, 특히 대규모 환경에서는 멀티캐스트를 통해 송신 장치의 부하를 최소화하고 안정적인 소스 분배를 실현합니다. 그리고 멀티캐스트 운용 시 발생하는 데이터 폭주를 제어하기 위한 IGMP Snooping과 영상 끊김을 방지하는 Querier 설정은 네트워크 안정성을 확보하기 위한 엔지니어링의 필수 요소입니다. 이 장에서는 VLAN을 활용한 방송망의 논리적 격리와 QoS 정책을 통한 영상 패킷의 우선순위 부여를 통해 일반 데이터와의 간섭 및 병목 현상을 차단하여 생방송 중 프레임 드랍을 방지하는 핵심 전략에 대해 알아봅니다.

06 Learning Objectives 학습 목표

본 단원을 학습한 후, 여러분은 다음과 같은 지식과 역량을 갖추게 될 것입니다.

1. 데이터 전송 메커니즘의 차이 분석:

유니캐스트(Unicast)와 멀티캐스트(Multicast)의 공학적 차이를 이해하고, 시스템 규모에 따른 최적의 전송 방식을 선택하여 네트워크 부하를 설계할 수 있습니다.

2. 멀티캐스트 제어 기술 습득:

IGMP Snooping과 Querier의 작동 원리를 파악하여, 대규모 NDI 환경에서 발생할 수 있는 '멀티캐스트 폭풍'을 방지하고 데이터 흐름을 제어하는 능력을 갖춥니다.

3. 가상 네트워크 설계 및 격리:

VLAN(Virtual LAN)을 활용하여 방송용 NDI 데이터와 일반 데이터를 논리적으로 분리함으로써, 상호 간섭을 차단하고 시스템의 보안성과 효율성을 극대화하는 망 설계 역량을 확보합니다.

4. 트래픽 우선순위 최적화:

QoS(Quality of Service) 정책을 수립하고 실무에 적용하여, 네트워크 과부하 시에도 NDI 비디오 패킷이 우선적으로 처리되도록 설정함으로써 프레임 드랍 없는 안정적인 제작 환경을 구축할 수 있습니다.

5. 물리적 인프라 고도화:

케이블 규격에 따른 전송 품질 차이를 이해하고, LACP(Link Aggregation) 기술을 통해 대역폭 병목 현상을 해결하는 물리적 계층의 성능 최적화 방법을 구현합니다.

6장

NDI를 위한 네트워크 인프라

NDI 프로덕션에서 네트워크는 단순한 연결 통로가 아니라, 영상 신호가 흐르는 '가상 라우터' 그 자체입니다. 네트워크 설계의 미세한 차이가 생방송 중 치명적인 프레임 드랍이나 오디오 끊김을 유발할 수 있습니다. IP 비디오를 위한 네트워크 구성은 일반적인 서류 전송이나 인터넷 브라우저 연결을 위한 네트워크 구성과 차이가 있기 때문에 실제 인프라 구축에 많은 주의를 기울일 필요가 있습니다.

6.1. 데이터 전송 메커니즘: 유니캐스트/멀티캐스트의 공학적 접근

유니캐스트 (Unicast): 1:1 전송 방식

유니캐스트는 송신자와 수신자가 **1:1로 세션을 맺는 방식**입니다.

- **작동 원리:** 만약 NDI 소스 하나를 스위처, 녹화기, 멀티뷰어 등 3곳에서 동시에 구독한다면, 송신 장치는 동일한 패킷을 3번 복제하여 각각 내보내야 합니다.
- **단점 (오버헤드):** 수신자가 늘어날수록 송신 장치의 CPU 부하가 가중되고, 송신 포트의 네트워크 대역폭 점유율도 정비례하여 늘어납니다 (예: 3명이 보면 대역폭 3배 소모).

- **적합한 환경**: 소스 장치가 3~4대 수준인 소규모 환경에서는 별다른 설정 없이 안정적으로 사용할 수 있습니다.
- **기본 설정**: NDI는 기본적으로 유니캐스트 방식을 사용합니다.

멀티캐스트 (Multicast): 1:N 전송 방식

멀티캐스트는 송신자가 패킷을 단 한 번만 네트워크 스위치로 보내면, 스위치가 이를 지능적으로 복제하여 필요한 수신자들에게 전달하는 방식입니다.

- **작동 원리**: 송신 측은 수신자가 몇 명이든 상관없이 패킷을 한 번만 전송합니다. 데이터의 복제와 분배는 네트워크 스위치가 담당합니다.
- **장점 (효율성)**: 수신자가 1명이든 100명이든 송신 장치의 부하와 송신 포트의 대역폭 사용량은 항상 일정하게 유지됩니다. 1개의 소스를 100명이 보더라도 송신 측 대역폭 부하는 늘어나지 않습니다.
- **적합한 환경**: 대규모 중계차, 방송국 주조정실, 수많은 사이니지로 영상을 송출해야 하는 대형 행사장 등에서 필수적입니다.
- **주의사항**: 네트워크 스위치에서 IGMP Snooping 및 IGMP Querier 설정이 반드시 필요합니다. 이 설정이 없으면 데이터가 모든 포트로 무차별 전송되는 '브로드캐스트'처럼 동작하여 네트워크를 마비(Flooding)시킬 수 있습니다.

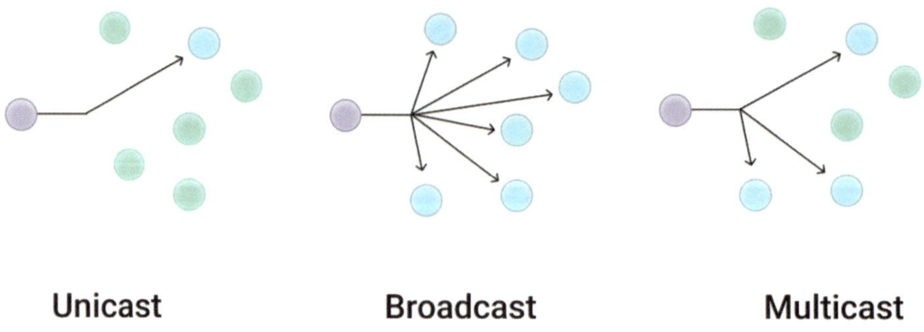

그림 6-1
유니캐스트 / 멀티캐스트 비교 (출처: teledynamics.com)

구분	유니캐스트 (Unicast)	멀티캐스트 (Multicast)
연결 방식	1:1 연결 (Point-to-Point)	1:N 연결 (Point-to-Multipoint)
송신 부하	수신자 수에 비례하여 증가	수신자 수와 관계없이 일정함
대역폭 효율	낮음 (중복 데이터 전송 발생)	높음 (스위치가 데이터 복제 수행)
필수 설정	별도 설정 불필요 (기본값)	스위치의 IGMP Snooping/Querier 필수
주요 데이터	PTZ 제어, 탈리 등 메타데이터	대용량 비디오 및 오디오 데이터

NDI는 효율적인 운용을 위해 하이브리드 통신 구조를 가집니다. 대용량의 비디오/오디오 데이터는 멀티캐스트로 전송하여 대역폭을 아끼고, PTZ 제어나 탈리(Tally) 같은 양방향 소통이 필요한 데이터는 유니캐스트 TCP로 처리합니다.

6.2. 대역폭 효율화를 위한 멀티캐스트 전송

NDI는 패킷 손실에 대비하여 FEC(Forward Error Correction, 순방향 오류 정정) 기술이 적용된 멀티캐스트 UDP 전송 방식을 지원합니다. 멀티캐스트를 활용하면 송신 측의 단일 NDI 패킷을 네트워크 스위치 단계에서 복제하여, 수신자의 수와 관계없이 효율적으로 데이터를 전달할 수 있습니다. 즉, 1개의 소스를 100명이 보더라도 송신 측의 대역폭 부하는 늘어나지 않습니다.

멀티캐스트 사용시 주의사항

하지만 네트워크가 올바르게 구성되지 않은 상태에서 멀티캐스트를 사용하면, 네트워크 성능이 급격히 저하되거나 전체가 마비되는 심각한 부작용(Flooding)이 발생할 수 있습니다. 이러한 위험성 때문에 NDI의 기본 설정에서 멀티캐스트 전송은 '비활성화(Disabled)'되어 있습니다.

1) 필수 네트워크 설정: IGMP

성공적인 멀티캐스트 운용을 위해서는 네트워크 스위치에서 IGMP(Internet Group Management Protocol) 기능을 반드시 활성화해야 합니다.

- **IGMP의 역할**: 수신 NDI 시스템이 송신 소스(멀티캐스트 그룹)에 대해 "나 이 영상 볼래"라고 액세스를 요청(Join)할 수 있게 해줍니다.
- **IGMP 스누핑(Snooping)의 중요성**: 만약 IGMP 쿼리어(Querier)와 스누핑 기능이 없다면, 스위치는 멀티캐스트 트래픽을 네트워크의 모든 포트로 무차별 전송하는 브로드캐스트(Broadcast)와 동일하게 처리합니다. 반면, IGMP 스누핑이 활성화되면 NDI 트래픽은 해당 스트림을 구독한 특정 수신자에게만 선별적으로 전달되어 대역폭 낭비를 막습니다.

NDI 수신 장치는 스트림이 필요할 때 멀티캐스트 그룹을 구독(Join)하고, 더 이상 필요 없을 때 구독을 취소(Leave)합니다. 이러한 그룹 가입 및 탈퇴 현황은 네트워크상의 IGMP 라우팅 쿼리어(Routing Querier)에 의해 관리됩니다.

2) 하이브리드 통신 구조

주목할 점은 데이터의 성격에 따라 전송 방식이 나뉜다는 것입니다. 대용량의 비디오 및 오디오 데이터는 효율적인 멀티캐스트로 전송되지만, PTZ 카메라 제어 신호나 탈리(Tally) 등 양방향 소통이 필요한 메타데이터는 송신기와 수신기 간의 유니캐스트 TCP 연결을 통해 별도로 처리됩니다.

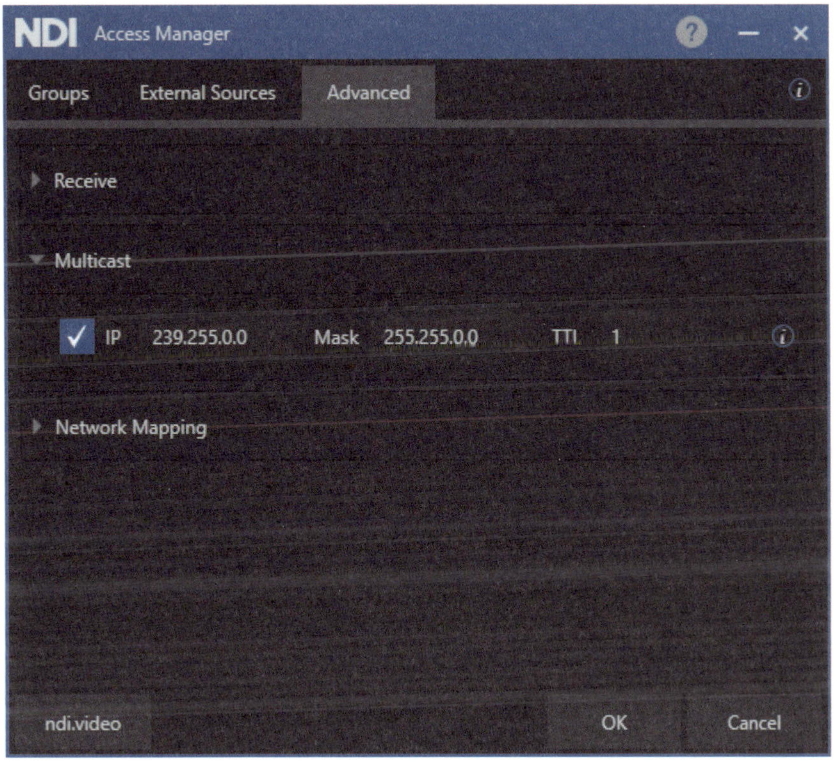

그림 6-
NDI Access Manager의 Advanced 항목에 있는 멀티캐스트 설정 메뉴

Windows 및 MacOS 시스템에서는 NDI Access Manager에서 멀티캐스트를 설정할 수 있습니다.

리눅스에서 멀티캐스트는 유효 사용자의 홈 디렉토리 "ndi-config.v1.json"에 위치한 NDI 구성 파일에서 구성할 수 있으며 구성 파일에서 멀티캐스트를 구성하는 방법은 다음과 같습니다.

```
},
"multicast": {
"send": {
"ttl": 1, "enable": true,
"netmask": "255.255.0.0",
"netprefix": "239.255.0.0"
}
```

IGMP Snooping의 고도화된 메커니즘

IGMP Snooping은 스위치가 2계층(Data Link Layer)에서 3계층(Network Layer)의 정보인 IGMP 메시지를 분석하는 과정입니다.

- **멀티캐스트 폭풍(Storm) 방지:** NDI 소스 하나가 100Mbps라고 가정할 때, 제어되지 않은 멀티캐스트는 24포트 스위치 전체에 2.4Gbps의 트래픽을 발생시켜 업링크 포트를 즉시 마비시킵니다. IGMP Snooping은 '조인(Join)' 메시지를 보낸 포트에만 데이터를 복제함으로써 이 폭풍을 원천 차단합니다.

- **IGMP v2와 v3의 차이:** NDI 환경에서는 가급적 IGMP v3 사용을 권장합니다. v2는 단순히 "어떤 영상을 보겠다"는 요청만 가능하지만, v3는 "특정 IP(송신자)가 보내는 영상을 보겠다"는 SSM(Source-Specific Multicast) 기능을 지원합니다. 이는 보안성을 높이고 동일 그룹 내에서의 혼선을 방지하는 데 결정적인 역할을 합니다.

IGMP Querier: 시스템의 영속성을 보장

멀티캐스트 환경에서 가장 빈번하게 발생하는 장애는 "영상 송출 후 5~10분이 지나면 화면이 멈추는 현상"입니다. 이는 대부분 Querier 설정 누락 때문입니다.

- **작동 원리:** 수신 장치가 "계속 영상을 보겠다"는 의사를 주기적으로 밝히지 않으면, 스위치는 대역폭 절약을 위해 해당 포트의 전송을 차단합니다.

Querier는 정기적으로 모든 포트에 '멤버십 쿼리'를 던져 수신 상태를 갱신시키는 역할을 수행합니다.

- **설정 전략:** 네트워크 내에 여러 대의 스위치가 있다면, 가장 상위 노드(Core Switch) 한 대에서만 Querier를 활성화하는 것이 정석입니다. 중복된 Querier는 오히려 네트워크 혼선을 초래할 수 있으므로 선출(Election) 프로세스를 이해하고 설계해야 합니다.

전송 효율을 위한 멀티캐스트 그룹 설계

수많은 NDI 카메라가 연결된 환경에서는 각각의 소스에 고유한 멀티캐스트 IP 주소 범위를 할당해야 합니다. 주소가 겹치면 원치 않는 소스가 다른 포트로 흘러 들어가는 '트래픽 누수'가 발생할 수 있으므로, 체계적인 IP 주소 체계(224.0.0.0/4 범위 내) 수립이 동반되어야 합니다.

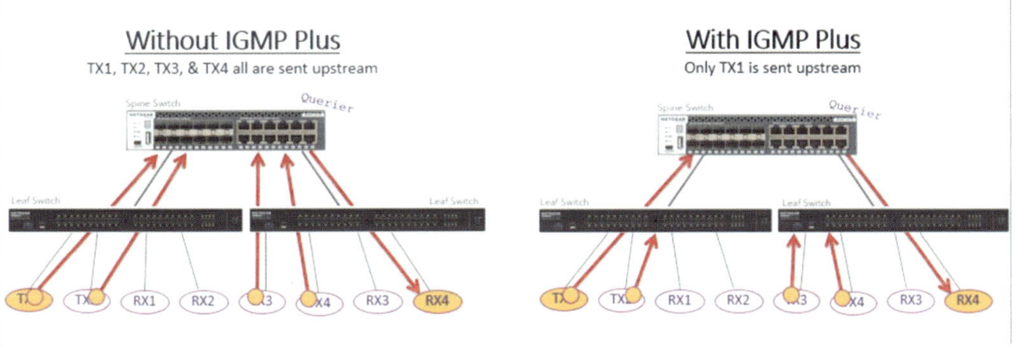

그림 6-2
Netgear IGMP Plus 동작원리 (출처: netgear.com)

6.3. 물리적 계층과 대역폭 설계 (Physical Layer & Aggregation)

네트워크의 논리적 설정이 완벽하더라도, 이를 뒷받침하는 물리적 선로와 하드웨어 아키텍처가 부실하면 NDI 프로덕션은 모래 위의 성과 같습니다.

케이블 규격과 물리적 무결성 (Physical Integrity)

- **Cat6 vs Cat6A:** 일반적인 Full HD 환경에서는 Cat6로도 충분하지만, 4K NDI(최대 400Mbps 이상 소모 가능) 소스가 다발적으로 발생하는 환경에서는 **Cat6A**를 강력히 권장합니다. Cat6A는 500MHz의 대역폭을 지원하여 크로스토크(인접 선로 간섭)에 훨씬 강하며, 10Gbps 전송을 안정적으로 보장합니다.

- **EMI와 환경 요인:** 중계 현장의 대형 LED 전광판이나 전력선 주변에서 발생하는 전자파 방해(EMI)는 패킷 손실의 주범입니다. 이를 방지하기 위해 실드 처리가 된 **STP(Shielded Twisted Pair)** 케이블을 사용하고, 접지 처리를 완벽히 하여 신호의 무결성을 확보해야 합니다.

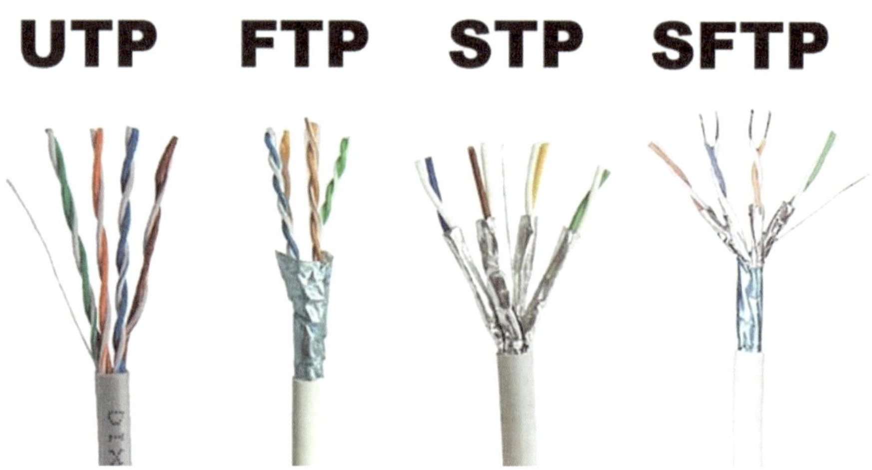

그림 6-3
UTP/FTP/STP/SFTP 구조

스위치 백플레인 (Switch Backplane): 내부 고속도로의 폭

스위치의 포트(Port)가 데이터를 받아들이는 '톨게이트'라면, 백플레인은 스위치 내부에서 데이터를 목적지 포트로 실어 나르는 '내부 고속도로'입니다.

- **정의:** 스위치 내부의 프로세서와 메모리, 그리고 각 포트 사이를 연결하는 데이터 전송 버스(Bus)의 총 처리 용량입니다. 단위는 **Gbps(Gigabits per second)**를 사용합니다.
- **용량 계산의 정석:** 24개의 1Gbps 포트를 가진 스위치가 있다고 가정해 봅시다. 데이터는 들어올 수도 있고(RX), 나갈 수도 있으므로(TX), 하나의 포트는 양방향(Full-duplex) 2Gbps의 능력이 필요합니다.
    - **필수 백플레인 용량** = 포트 수 × 포트 속도 × 2 (양방향)
    - **예시:** 24포트 × 1Gbps × 2 = 48Gbps

1) Non-blocking (논블로킹) 구조: 정체 없는 통행

만약 위에서 계산한 대로 24포트 스위치의 백플레인 용량이 48Gbps **이상**이라면, 우리는 이 스위치를 'Non-blocking 스위치'라고 부릅니다.

- **의미:** 24개의 모든 포트에서 동시에 최대 속도(1Gbps)로 데이터를 쏟아부어도, 스위치 내부에서 병목 현상(Traffic Jam) 없이 모든 데이터를 100% 처리할 수 있다는 뜻입니다. 이를 'Wire Speed(와이어 스피드)'를 지원한다고도 표현합니다.
- **NDI에서의 중요성:** NDI 비디오는 웹 서핑이나 이메일 전송과 달리, 끊임없이 고용량 데이터를 쏟아내는 연속적인 트래픽(Continuous Traffic)입니다. Non-blocking 구조가 아닌 스위치를 사용하면, 트래픽이 몰리는 순간 내부 처리 용량 부족으로 인해 비디오 패킷이 폐기(Drop)되고, 이는 곧장 방송 화면의 끊김이나 깨짐으로 이어집니다.

2) Blocking (블로킹) 구조의 함정

저가형 스위치나 구형 장비 중에는 '오버섭스크립션(Oversubscription)' 비율이 높은 Blocking 구조의 제품이 있습니다.

- **상황**: 24개의 포트(48Gbps 필요)가 있지만, 실제 백플레인 용량은 24Gbps밖에 안 되는 경우입니다.
- **결과**: 평소에는 문제가 없지만, 모든 포트를 다 사용하는 바쁜 상황이 오면 스위치는 처리 용량을 초과한 데이터를 무작위로 버리기 시작합니다. 이는 생방송 중 예기치 못한 사고의 주범이 됩니다.

LACP(Link Aggregation)를 통한 대역폭 병목 해결

카메라가 늘어나면 스위치와 스위치 사이(Trunk 라인)나 스위치와 서버 사이의 대역폭이 1Gbps를 초과하게 됩니다.

- **논리적 결합**: 1Gbps 포트 4개를 묶어 4Gbps의 단일 통로처럼 사용하는 LACP(IEEE 802.3ad) 기술을 적용합니다. 이는 단순히 대역폭을 넓히는 것뿐만 아니라, 선로 하나가 단선되어도 나머지 선로로 중단 없이 영상이 흐르게 하는 '리던던시(Redundancy)' 효과도 동시에 제공합니다.
- **10G SFP+ 업링크**: 최근에는 LACP보다 더 효율적인 10G SFP+ 광전송 방식이 선호됩니다. 메인 스위치와 제작용 워크스테이션 사이를 10Gbps로 연결하면, 수십 대의 Full NDI 소스를 단 한 선으로 지연 없이 수용할 수 있습니다.

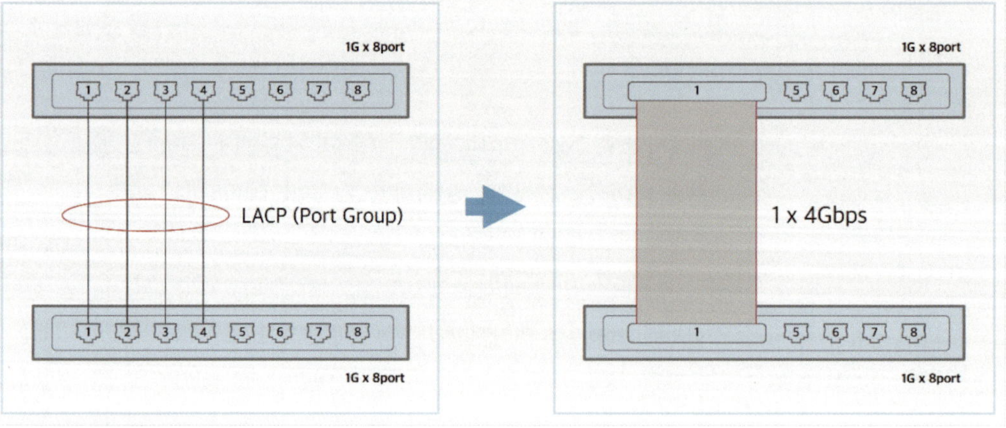

그림 6-4
LACP 동작원리

광섬유(Optical Fiber) 전송의 도입

전송 거리가 100m를 초과하는 대규모 경기장이나 건물 간 전송에서는 구리선(UTP) 대신 광케이블이 필수적입니다. 광전송은 전기적 간섭이 전혀 없고 지연 시간이 거의 제로에 수렴하므로, NDI 시스템의 장거리 확장성을 확보하기 위한 표준 솔루션으로 자리 잡고 있습니다.

그림 6-5
LC 광케이블

6.4. QoS를 통한 트래픽 우선순위 지정

네트워크상에는 NDI 영상 데이터 외에도 제어 신호, 인터넷 서핑, 파일 공유 등 다양한 트래픽이 공존합니다. 네트워크 대역폭이 일시적으로 한계치에 도달했을 때, 어떤 패킷을 먼저 처리하고 어떤 것을 지연시킬지 결정하는 규칙이 바로 QoS(Quality of Service)입니다.

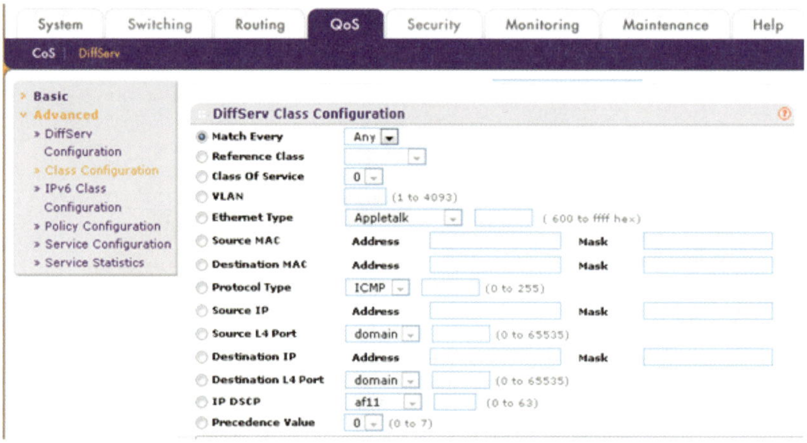

그림 6-5
Netgear QoS 세팅 화면

핵심 원리: DSCP 마킹 (Differentiated Services Code Point)

QoS의 핵심은 데이터 패킷에 '우선순위 꼬리표'를 붙이는 것입니다. NDI 소스 장치는 비디오 패킷을 보낼 때 IP 헤더에 DSCP라는 값을 기록하여 중요도를 표시합니다.

- **식별자(Marking):** 스위치는 패킷의 내용을 열어보지 않고, 겉면에 적힌 DSCP 값만 확인하여 이 패킷이 '비디오'인지 '일반 데이터'인지 식별합니다.
- **NDI 권장 값:**
    - **DSCP 34 (AF41):** Assured Forwarding. 일반적인 NDI 비디오 전송에 사용되는 표준 값입니다.
    - **DSCP 46 (EF):** Expedited Forwarding. 지연을 허용하지 않는 매우 중요한 트래픽(주로 오디오나 동기화 신호)에 사용되는 가장

높은 우선순위 값입니다.

처리 방식: 큐잉 알고리즘 (Queuing Algorithms)

스위치가 우선순위 꼬리표(DSCP)를 확인한 후, 실제로 데이터를 처리하는 방식(줄 세우기)입니다.

- Strict Priority (SP):
    - **작동 방식:** "높은 순위가 먼저, 낮은 순위는 대기." 높은 우선순위 큐(Queue)에 데이터가 남아 있다면, 낮은 순위의 데이터는 절대 전송되지 않고 기다려야 합니다.
    - **NDI 적합성:** NDI 프로덕션에서 가장 선호되는 방식입니다. 일반 파일 전송이 아무리 느려지더라도, 리이브 영상의 연속성을 보장하는 것이 최우선이기 때문입니다.
- Weighted Round Robin (WRR):
    - **작동 방식:** "중요한 곳에는 7번을 보내고, 안 중요한 곳에는 3을 보내기" 우선순위에 따라 가중치(Weight)를 두어 번갈아 가며 처리합니다.
    - **특징:** 낮은 순위의 데이터가 아예 전송되지 않는(Starvation) 현상을 막을 수 있지만, 설정이 복잡하고 NDI 영상에 미세한 지연을 줄 수 있습니다.

QoS를 올바르게 설정하면, 누군가 네트워크에서 대용량 파일을 다운로드하여 대역폭을 잠식하더라도 NDI 비디오 패킷은 '새치기'를 통해 지연 없이 스위치를 통과합니다. 이는 예기치 못한 네트워크 과부하 상황에서도 방송 사고(프레임 드랍, 끊김)를 방지하는 핵심 안전장치가 됩니다.

6.5. 고가용성 네트워크 아키텍처 및 리던던시 (Redundancy) 설계

단 한 번의 사고도 허용되지 않는 생방송 환경에서는 네트워크 장비나 선로의 결함에 대비한 '이중화(Redundancy)' 설계가 필수적입니다.

네트워크 토폴로지: Spine-Leaf 구조의 도입

전통적인 계층형 구조(Core-Aggregation-Access) 대신, 현대의 IP 비디오 데이터 센터는 Spine-Leaf 아키텍처를 채택합니다.

- **평면적 구조**: 어떤 Leaf(수신 장치용 스위치)에서 다른 Leaf로 가더라도 거치는 단계(Hop)가 동일합니다. 이는 NDI의 핵심인 '일관된 지연 시간(Low Latency)'을 유지하는 데 결정적인 역할을 합니다.

- **확장 용이성**: 새로운 카메라나 스위처가 추가될 때 Spine 스위치에 새로운 Leaf 스위치만 연결하면 되므로 시스템 확장이 매우 유연합니다.

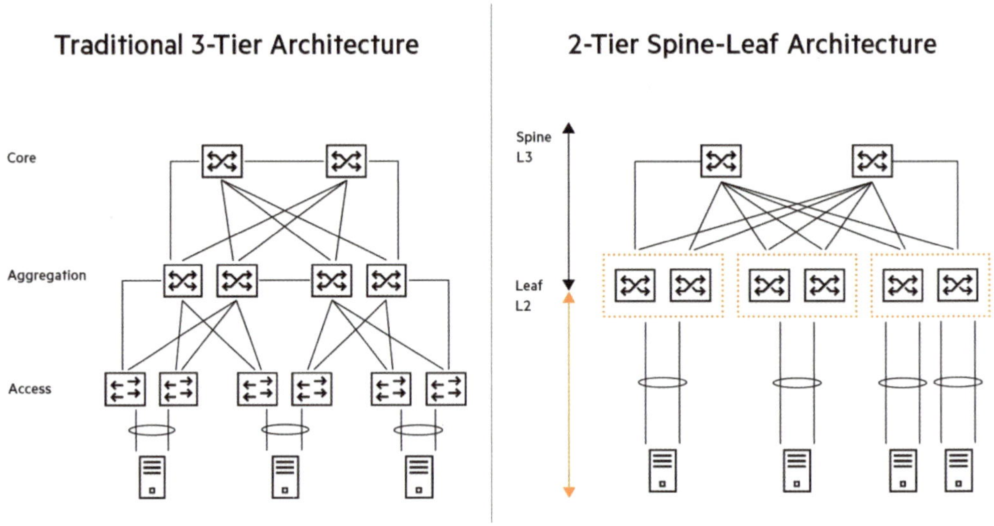

그림 6-6
전통적인 구조 vs Spine-Leaf 구조 (출처: hpe.com)

선로 이중화와 STP(Spanning Tree Protocol)의 주의점

물리적 선로를 두 개 연결하면 루프(Loop) 현상이 발생하여 네트워크가 마비될 수 있습니다. STP(Spanning Tree Protocol, IEEE 802.1D)는 이더넷 네트워크에서 발생할 수 있는 '루프(Loop)' 현상을 방지하기 위한 제2계층(Layer 2) 프로토콜입니다. 스위치 간의 연결이 그물망(Mesh)처럼 복잡하게 얽혀 있어도, STP는 특정 경로를 논리적으로 차단(Block)하여 데이터가 흐르는 경로를 나무(Tree) 형태의 단일 경로로 만듭니다.

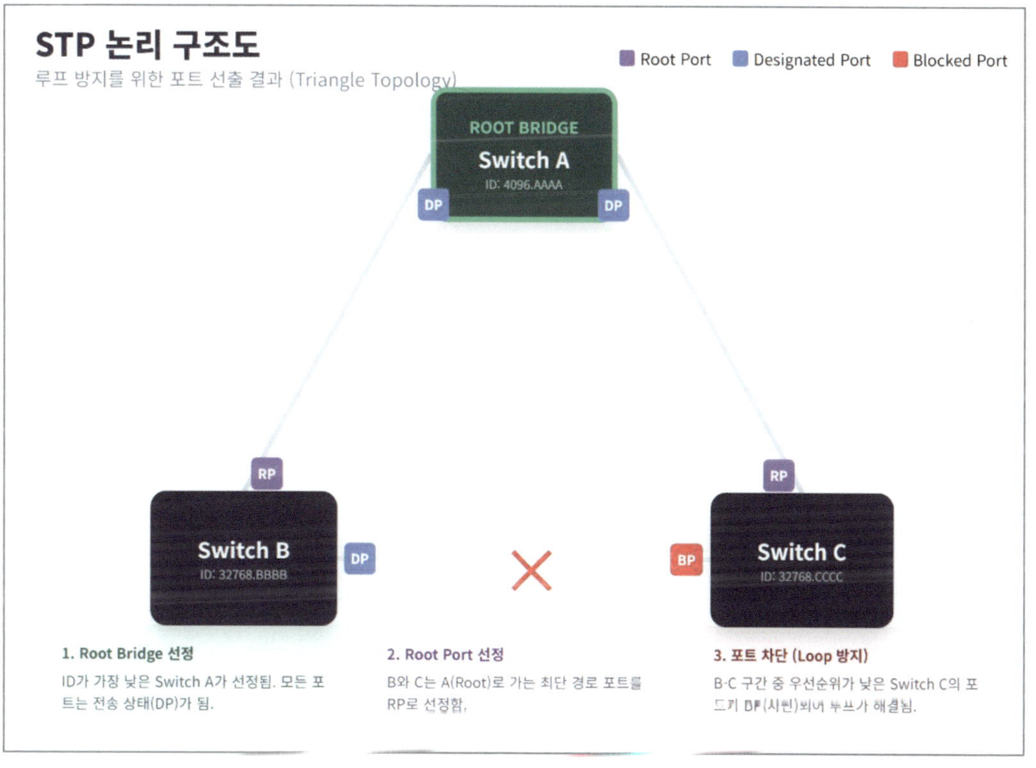

그림 6-7
STP 논리 구조도

1) 왜 STP가 필요한가? (The Loop Problem)

네트워크의 신뢰성을 높이기 위해 스위치와 스위치 사이를 두 가닥 이상의 케이블로 연결하는 '이중화(Redundancy)' 구성을 자주 합니다. 하지만 별도의 제어 없이 선을 두 개 연결하면 다음과 같은 치명적인 문제가 발생합니다.

- **브로드캐스트 폭풍 (Broadcast Storm)**: 브로드캐스트 패킷이 두 경로를 통해 무한히 뺑뺑이(Loop)를 돌며 증식합니다. 이는 수 초 내에 네트워크 대역폭을 100% 점유하여 전체 망을 마비시킵니다.
- **MAC 주소 테이블 불안정**: 동일한 출발지 MAC 주소가 이 포트, 저 포트에서 번갈아 가며 들어오게 되어 스위치가 혼란에 빠집니다.
- **데이터 중복 수신**: 수신 측 장비는 똑같은 데이터를 두 번, 세 번 중복해서 받게 됩니다.

2) STP의 작동 원리 (알고리즘)

STP는 BPDU(Bridge Protocol Data Unit)라는 특수한 메시지를 스위치끼리 주고받으며 네트워크의 대장(Root)을 뽑고 길을 정리합니다.

- **1단계**: 루트 브리지(Root Bridge) 선출
    - 네트워크의 중심점이 될 대장 스위치를 하나 뽑습니다.
    - **기준**: Bridge ID(우선순위 + MAC 주소)가 가장 낮은 스위치가 루트 브리지가 됩니다. (통상 코어 스위치를 루트로 설정합니다.)
- **2단계**: 루트 포트(Root Port, RP) 선정
    - 루트 브리지가 아닌 나머지 모든 스위치는 루트 브리지로 가는 가장 길(최단 경로)을 하나씩 선택합니다. 이 포트를 루트 포트(RP)라고 합니다.
    - **기준**: 경로 비용(Path Cost)이 가장 낮은 포트 (대역폭이 높을수록 비용이 낮음).
- **3단계**: 데지그네이티드 포트(Designated Port, DP) 선정
    - 스위치 간 연결된 각 세그먼트(링크)마다 데이터를 전송할 담당 포트를 하나 정합니다.
    - 루트 브리지의 모든 포트는 DP가 됩니다.

- **4단계**: 포트 차단 (Blocking)
    - RP나 DP로 선택받지 못한 나머지 잉여 포트들은 '차단(Blocking/Alternate)' 상태로 전환됩니다.
    - 이 포트는 평소에는 데이터를 보내지 않고 대기하다가, 메인 경로가 끊어지면 그때 활성화됩니다.

3) 포트의 상태 변화 (Port States)

STP가 동작하는 스위치의 포트는 루프를 방지하기 위해 케이블을 꽂자마자 통신을 시작하지 않고, 안전성을 검증하는 단계를 거칩니다. (초기 STP 기준 약 30~50초 소요)

1. **Blocking (차단)**: 데이터 전송 안 함. BPDU만 수신하여 네트워크 구조 파악.
2. **Listening (청취)**: 루프가 발생할지 간을 보는 단계 (15초).
3. **Learning (학습)**: MAC 주소를 학습하며 테이블을 만드는 단계 (15초).
4. **Forwarding (전송)**: 정상적으로 데이터를 주고받는 단계.
5. **Disabled (비활성)**: 포트가 꺼져 있거나 고장 난 상태.

4) NDI 환경에서의 고려사항: RSTP (Rapid STP)

초기 STP(802.1D)는 장애 발생 시 복구하는 데 30~50초가 걸립니다. 생방송 중 30초간 영상이 끊긴다면 이는 방송 사고입니다.

따라서 NDI 시스템에서는 반드시 RSTP(Rapid Spanning Tree Protocol, IEEE 802.1w)를 사용해야 합니다.

- **특징**: 장애 발생 시 1초 이내(수 밀리초 단위)에 차단되었던 포트를 즉시 개방하여 끊김 없는 방송 환경을 제공합니다.
- **실무 팁**: 네트워크 스위치 설정에서 STP 모드를 MSTP나 RSTP로 설정하고, PC나 카메라가 연결된 단말 포트에는 PortFast (또는 Admin Edge) 설정을 하여 연결 즉시 통신이 되도록 해야 합니다.

그림 6-8
NDI에 대한 다양한 지원이 가능한 Netgear AV Line 스위치

하드웨어 리던던시와 고가용성 (High Availability)

방송 및 라이브 프로덕션 환경에서 '단일 실패 지점(SPOF, Single Point of Failure)'을 제거하는 것은 필수적입니다. NDI 시스템 역시 네트워크 장애, 케이블 단선, 스위치 고장 등에 대비하여 하드웨어 리던던시(이중화)를 구성해야 합니다.

1) NIC 티밍 (NIC Teaming) 및 본딩 (Bonding)

가장 기초적인 하드웨어 리던던시는 워크스테이션이나 서버에 두 개 이상의 네트워크 인터페이스 카드(NIC)를 장착하고 이를 논리적으로 하나로 묶는 것입니다.

- **Active-Backup (Failover) 모드:** NDI 환경에서 가장 권장되는 방식입니다. 주(Primary) 회선에 문제가 생겼을 때만 예비(Backup) 회선으로 트래픽을 전환합니다. 설정이 간단하며, 패킷 순서 뒤바뀜(Out-of-order packets) 문제가 발생할 확률이 적어 NDI 스트림 안정성에 유리합니다.

- **LACP (802.3ad) 모드:** 대역폭 확장과 리던던시를 동시에 제공하지만, 반드시 네트워크 스위치에서도 LACP(Link Aggregation Control Protocol) 설정을 지원하고 활성화해야 합니다. 스위치 설정이 잘못될 경우 NDI 소스 검색(Discovery)이 불안정해질 수 있으므로 주의가 필요합니다.

2) 물리적 경로의 이중화 (Physical Path Redundancy)

NIC만 이중화하는 것으로는 부족합니다. 케이블이 연결되는 스위치까지 이중화되어야 진정한 하드웨어 리던던시가 완성됩니다.

- **이중 스위치 구성:** NIC 1번은 '스위치 A'에, NIC 2번은 '스위치 B'에 연결합니다. 하나의 스위치 전원이 꺼지거나 고장 나더라도 다른 스위치를 통해 방송을 지속할 수 있습니다.

- **케이블 경로 분리:** 가능하다면 케이블 배선 경로를 물리적으로 분리하여, 공사나 사고로 인한 케이블 절단 시 두 라인이 동시에 끊어지는 것을 방지해야 합니다.

3) NDI Discovery Server의 이중화

하드웨어 네트워크가 살아있더라도, NDI 소스를 찾아주는 디스커버리 서버(Discovery Server)가 죽으면 새로운 연결을 맺을 수 없습니다.

- NDI 5 이상에서는 Discovery Server를 리던던트(Redundant) 모드로 운영할 수 있습니다. 메인 서버와 백업 서버의 IP 주소를 NDI Access Manager에 동시에 등록하여, 서버 하드웨어 장애 시 즉시 백업 서버가 역할을 수행하도록 구성하십시오.

4) 전원 공급의 이중화 (Power Redundancy)

네트워크 장비(스위치)와 주요 워크스테이션은 반드시 UPS(무정전 전원 장치)에 연결되어야 하며, 가능한 경우 듀얼 파워 서플라이(Dual PSU)가 장착된 장비를 사용하여 서로 다른 전원 소스(예: 벽면 전원 A와 UPS 전원 B)에 연결하는 것이 좋습니다.

그림 6-9
TriCaster Vizion 후면 멀티 네트워크 카드(NIC) 구성

네트워크 인터페이스 설정: 점보 프레임(Jumbo Frames)에 대한 오해와 진실

고대역폭 네트워크를 구축할 때 엔지니어들은 종종 데이터 전송 효율을 높이기 위해 '점보 프레임(Jumbo Frames)' 활성화를 고려합니다. 점보 프레임은 표준 이더넷 프레임(1500 바이트)보다 큰 데이터 패킷(보통 9000 바이트)을 전송하여 CPU 부하를 줄이고 처리량을 늘리는 기술입니다.

하지만, NDI 네트워크 환경에서는 점보 프레임을 비활성화(Disable)하고 표준 MTU인 1500 바이트를 유지하는 것이 강력히 권장됩니다. 그 이유는 다음과 같습니다.

- **호환성 문제 (Consistency across the path):** 점보 프레임이 효과를 발휘하려면 소스 기기, 대상 기기, 그리고 그 사이를 연결하는 모든 스위치와 라우터가 완벽하게 동일한 점보 프레임 설정을 지원해야 합니다. 만약 경로 중 단 하나의 장비라도 표준 MTU만 지원한다면, 패킷은 강제로 분할(Fragmentation)되거나 폐기(Drop)됩니다. 이는 NDI 비디오 스트림에 치명적인 끊김 현상을 유발합니다.

- **NDI의 전송 방식 최적화:** NDI 프로토콜(특히 NDI 5 이후의 Reliable UDP 기반 전송)은 표준 이더넷 프레임 환경에서 최적의 성능을 내도록 설계되었습니다. NDI는 패킷을 매우 효율적으로 쪼개어 보내며, 표준 MTU 환경에서 가장

안정적인 지연 시간(Low Latency)을 보장합니다.

- **오버헤드 이득의 미미함:** 최신 고성능 CPU와 NIC(네트워크 카드)는 표준 1500 바이트 패킷을 처리하는 데 있어 부하가 크지 않습니다. 점보 프레임으로 얻을 수 있는 미세한 CPU 이득보다는, 설정 불일치로 인한 리스크가 훨씬 큽니다.

따라서 NDI 시스템의 안정성을 확보하기 위해 스위치와 네트워크 카드의 설정에서 Jumbo Packet 옵션은 'Disabled'로 설정하고, MTU 값은 '1500'으로 유지해야 합니다.

NDI 네트워크 엔지니어 최종 점검 리스트

1) 스위치 설정 (Switch Configuration)

- **EEE (Energy Efficient Ethernet) 비활성화:** 'Green Ethernet' 또는 '802.3az' 기능을 반드시 **OFF** 해야 합니다. (※ 가장 빈번한 사고 원인: 절전 모드로 인한 패킷 드롭 발생)

- **Flow Control 비활성화:** 비디오 트래픽의 원활한 흐름을 위해 송수신 제어 기능을 끄는 것이 일반적입니다. (상황에 따라 다를 수 있으나 NDI는 보통 OFF 권장)

- **IGMP Snooping 활성화 (멀티캐스트 사용 시):** 다수의 수신지로 동일한 영상을 보낼 경우 필수입니다. 쿼리어(Querier) 설정이 올바른지 확인하십시오.

- **Jumbo Frames 비활성화:** 앞서 논의한 대로 표준 MTU(1500)를 사용합니다.

2) 윈도우/OS 설정 (NIC Settings)

- **네트워크 프로필 '개인(Private)' 설정:** 윈도우 방화벽이 NDI 통신을 차단하지 않도록 공용(Public)이 아닌 개인 네트워크로 설정해야 합니다.

- **고정 IP (Static IP) 할당:** 주요 소스(카메라, 송출 PC)는 DHCP보다는 고정 IP를 사용하여 관리를 용이하게 합니다.

- **NIC 드라이버 최신화:** 네트워크 카드의 드라이버를 제조사 최신 버전으로 업데이트합니다.

3) 물리적 환경 (Physical Layer)

- **케이블 등급 확인:** 최소 **Cat.6** 이상(권장 Cat.6a)의 케이블을 사용했는지, 커넥터 체결 상태가 양호한지 확인합니다.
- **대역폭(Bandwidth) 확보:** 모든 링크가 1Gbps (Full NDI 1채널당 약 150Mbps 소요) 또는 10Gbps로 올바르게 링크업 되었는지 LED 상태를 확인합니다.

6.6. NDI 최적화 네트워크 스위치: Netgear AV Line

앞서 살펴본 IGMP Snooping, Querier, QoS, Jumbo Frame 등의 설정은 네트워크 엔지니어에게는 익숙하지만, 방송 제작자에게는 매우 높고 복잡한 진입 장벽입니다. 이러한 문제를 해결하기 위해 등장한 것이 바로 'AV 전용 네트워크 스위치'입니다.

'AV Line'이라고 불리는 이 제품군은 NDI를 포함한 IP 방송 프로토콜(Dante, AES67, Q-SYS 등)에 최적화된 사전 설정(Profile)을 내장하고 있어, 케이블을 연결하고 프로파일을 선택하는 것만으로 복잡한 네트워크 구성을 완료할 수 있는 업계 표준 솔루션으로 자리 잡았습니다.

그림 6-10
넷기어 AV Live의 NDI 프로필

M4250 스위치 시리즈: NDI 제작의 표준 (Access Layer)

M4250 시리즈는 NDI 카메라와 컨버터가 직접 연결되는 액세스(Access) 계층을 위해 설계된 가장 대중적인 모델입니다.

그림 6-11
넷기어 M4250 시리즈

M4250 모델명	스위치 용량	1G 포트(PoE)	10G 포트	관리포트
XSM4216F 	320 Gbps	-	16 x SFP+	-
GSM4212P 	24 Gbps	8 x PoE+ (125W - 포트당 15W) / 2 x SFP	-	2 x RJ45
GSM4212PX 	60 Gbps	8 x PoE+ (240W - 포트당 30W)	2 x SFP+	2 x RJ45
GSM4212UX 	60 Gbps	8 x PoE++ (720W - 포트당 90W)	2 x SFP+	2 x RJ45

GSM4230P 	60 Gbps	24 x PoE+ (300W - 포트당 12.5W) / 4 x SFP	-	2 x RJ45
GSM4230PX 	132 Gbps	24 x PoE+ (480W - 포트당 20W)	4 x SFP+	2 x RJ45
GSM4230UP 	60 Gbps	24 x PoE++ (1파워-720W - 포트당 30W / 2파워-1440W - 포트당 60W) / 4 x SFP	-	2 x RJ45
MSM4214X 	100 Gbps	12 x 2.5G	2 x SFP+	-

- **AV 전용 UI:** 복잡한 IT 용어 대신 'Audio', 'Video'와 같은 직관적인 메뉴로 구성된 웹 인터페이스를 제공합니다. 사용자는 포트를 선택하고 'NDI 5' 프로파일을 적용하기만 하면 됩니다.
- **유연한 폼팩터:** 랙 마운트뿐만 아니라 데스크 하단이나 트러스 뒤에 설치할 수 있도록 포트가 뒤로 배치된 모델을 제공하여 깔끔한 선정리가 가능합니다.
- **강력한 PoE+ 지원:** 대부분의 모델이 포트당 30W(PoE+)를 지원하여, 별도의 전원선 없이 PTZ 카메라를 구동할 수 있습니다. 특히 팬 소음을 최소화한 설계로 스튜디오 내부 설치에 적합합니다.

M4350 시리즈: 엔터프라이즈 방송을 위한 고성능 (Aggregation Layer)

M4350 시리즈는 M4250의 상위 라인업으로, 더 많은 포트와 더 높은 전력, 그리고

방송국 수준의 안정성이 필요한 환경을 타깃으로 합니다.

그림 6-12
넷기어 M4350 시리즈

M4350 모델명	스위치 용량	1G	2.5G	10G	25G	100G
GSM4328 	128 Gbps	24 x PoE+ (648W)	-	4 x SFP+	-	-
GSM4352 	176 Gbps	48 x PoE+ (236W)	-	4 x SFP+	-	-
MSM4352 	500 Gbps	-	44 x PoE+ (194W)	4 x SFP+	-	-
XSM4316 	320 Gbps	-	-	8 x RJ45 / 8 x SFP+	-	-

XSM4324 	320 Gbps	-	-	12xRJ45 / 12xSFP+	-	-
XSM4328CV 	680 Gbps	-	-	24 x PoE+ (576W)	4 x SFP28	-
XSM4328FV 	680 Gbps	-	-	24 x SFP+	4 x SFP28	-
XSM4340CV 	920 Gbps	-	-	36 x PoE+ (280W)	4 x SFP28	-
XSM4340FV 	1.04 Tbps	-	-	32 x SFP+	8 x SFP28	-
XSM4340V 	1.04 Tbps	-	-	24xPoE+ (290W) / 8xSFP+	8 x SFP28	-
VSM4320C 	1.6 Tbps	-	-	-	16 x SFP28	4 x QSFP28
XSM4344C 	1.6 Tbps	-	-	40 x PoE+ (196W)	-	4 x QSFP28

- **고밀도 및 PoE++:** 포트당 최대 90W(PoE++)를 지원하는 모델을 포함하여, 고전력을 요구하는 대형 PTZ 카메라나 조명 장치, 디지털 사이니지까지 구동

할 수 있습니다.

- **SMPTE ST 2110 지원**: NDI뿐만 아니라 비압축 IP 방송 표준인 SMPTE ST 2110을 위한 PTP(Precision Time Protocol) 그랜드마스터 클럭 기능을 지원하여 하이브리드 방송 환경에 대응합니다.
- **이중화 전원 (Redundant PSU)**: 방송 사고 방지를 위해 모듈형 파워 서플라이를 이중으로 장착할 수 있어, 전원 장치 하나가 고장 나더라도 중단 없이 방송을 지속할 수 있습니다. 주로 여러 대의 M4250을 묶어주는 **집선(Aggregation) 스위치**로 활용됩니다.

M4500 시리즈: 대역폭의 한계를 넘는 코어 (Core Layer)

M4500 시리즈는 4K/8K 비압축 영상이나 수백 개의 NDI 소스가 흐르는 대형 방송 센터의 코어(Core) 및 스파인(Spine) 역할을 수행하는 하이엔드 스위치입니다.

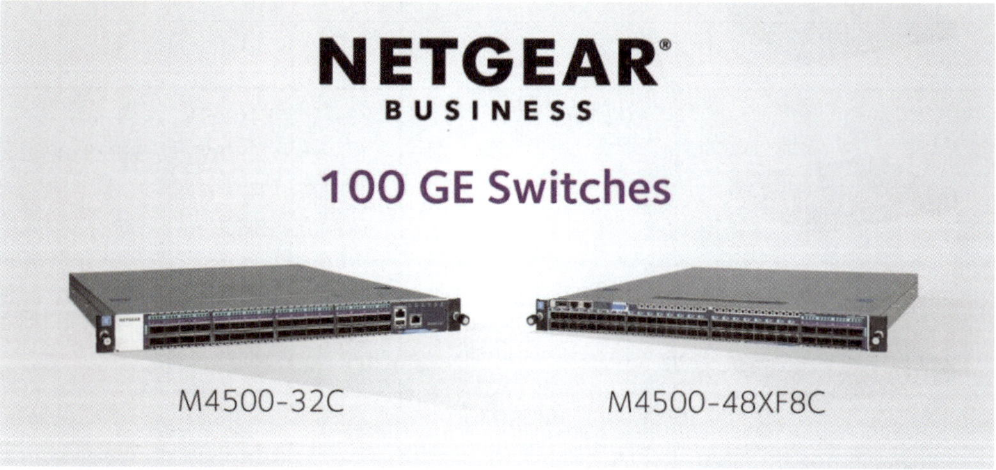

그림 6-13
넷기어 M4500 시리즈

M4500 모델명	스위치 용량	25G	100G

CSM4532 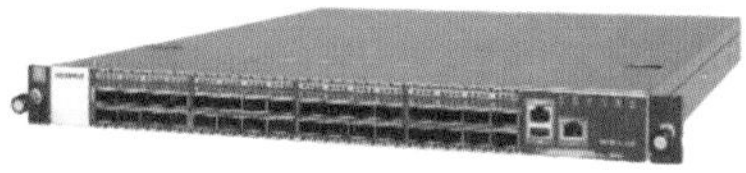	6.4 Tbps	-	32 x QSFP28
XSM4556 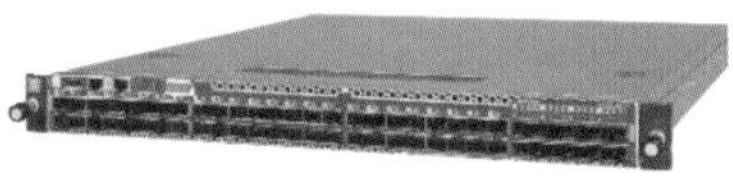	4 Tbps	48 x SFP28	8 x QSFP28

- **100G/25G 초고속 네트워크:** 100기가비트(100GbE) 업링크와 25기가비트 포트를 제공하여, 병목 현상(Bottleneck) 없는 압도적인 데이터 처리량을 보장합니다.
- **제로 터치 멀티캐스트:** 복잡한 L3 멀티캐스트 라우팅 설정을 자동화하여, 별도의 복잡한 PIM(Protocol Independent Multicast) 설정 없이도 대규모 Spine-Leaf 구조를 손쉽게 구축할 수 있습니다.
- **활용:** 주로 주조정실(Main Control Room)이나 데이터 센터의 핵심 백본으로 설치되어, 하위의 M4350/M4250 스위치들을 통합 관리합니다.

06

Quiz

복습 퀴즈

1. 네트워크 스위치에서 멀티캐스트 트래픽이 불필요한 포트로 전송되는 것을 막기 위해, 그룹 가입 요청을 감시하여 필요한 포트에만 데이터를 전달하는 기능은?

2 네트워크 혼잡 시 NDI 비디오 패킷을 우선적으로 처리하기 위해 QoS 설정에서 사용하는 패킷 헤더의 식별 값은?

3., 스위치 간 연결 루프를 방지하면서, 장애 발생 시 1초 이내로 빠르게 경로를 복구하여 방송 사고를 예방하는 프로토콜은?

4. 4K NDI와 같은 고대역폭 환경에서 간섭(Crosstalk)을 최소화하고 10Gbps 전송을 안정적으로 보장하기 위해 권장되는 케이블 규격은?

5. Netgear AV Line 스위치 중, NDI 카메라 등이 직접 연결되는 '액세스(Access) 계층'용으로 설계된 대표적인 시리즈 모델명은?

6. 4K/8K 비압축 영상이나 수백 개의 NDI 소스가 흐르는 대형 방송 센터의 코어(Core) 및 스파인(Spine) 역할을 수행하는 Netgear의 AV용 하이엔드 스위치는 무엇인가요?

7장

NDI 오디오

NDI는 48kHz/24-bit 비압축 PCM 오디오를 지원하여 방송급 음질을 제공하며, 타임스탬프 기반의 정밀한 동기화 메커니즘을 통해 영상과 음성의 완벽한 립싱크(Lip-Sync)를 보장합니다. 또한 Dante 및 AES67과 같은 전문 IP 오디오 표준과의 하이브리드 연동을 지원하여, 하드웨어 믹서와 소프트웨어 워크스테이션 간의 유연한 가상 오디오 라우팅 환경을 구축할 수 있습니다.

07

Learning Objectives

학습 목표

본 단원을 학습한 후, 여러분은 다음과 같은 지식과 역량을 갖추게 될 것입니다.

1. NDI 오디오 규격 및 동기화 원리 파악:

48kHz/24-bit 비압축 PCM 오디오의 기술적 특성을 이해하고, 타임스탬프를 활용한 비디오-오디오 동기화(Lip-sync) 메커니즘과 지터(Jitter) 관리 방법을 설명할 수 있습니다.

2. IP 오디오 프로토콜 간 상호 운용성 확보:

Dante, AES67 등 전문 오디오 전송 표준과 NDI 시스템 간의 소프트웨어 및 하드웨어적 연동 방식을 습득하여, 독립적인 오디오 믹싱이 가능한 하이브리드 워크플로우를 설계할 수 있습니다.

3. 오디오 트러블슈팅 역량 강화:

네트워크 환경에 따른 오디오 노이즈 및 지연 발생 원인을 분석하고, 가상 오디오 드라이버와 적절한 버퍼 설정을 통해 안정적인 오디오 수신 환경을 최적화할 수 있습니다.

4. NDI Connect Audio 운용 능력 확보

하드웨어를 통해 레거시 오디오 인터페이스와 NDI 오디오를 변환하는 과정을 익히고 적절한 세팅을 통해 최적의 오디오 환경을 구성하는 방법을 알 수 있습니다.

7장

NDI 오디오

방송 제작에서 "영상은 관객의 눈을 사로잡고, 오디오는 관객의 가슴을 울린다"는 말이 있습니다. NDI 기술은 영상뿐만 아니라 오디오 전송에서도 고품질, 저지연, 그리고 강력한 동기화 성능을 제공합니다. 본 장에서는 NDI 오디오의 기술적 명세와 타 오디오 프로토콜과의 연동, 그리고 메타데이터를 활용한 소통 시스템을 심층적으로 학습합니다.

7.1. NDI 오디오의 기술적 사양과 품질

NDI는 타협 없는 고음질 전송을 위해 비압축 오디오 전송 방식을 기본으로 채택하고 있습니다.

비압축 PCM 데이터 구조

NDI 오디오는 압축으로 인한 손실이 없는 PCM(Pulse Code Modulation) 방식을 사용합니다.

- **샘플링 레이트 및 비트 심도:** 표준 방송 규격인 48kHz / 24-bit를 지원하며, 이는 전문 레코딩 스튜디오급의 해상도를 의미합니다.
- **다채널 지원:** NDI는 이론적으로 수백 채널의 오디오를 실을 수 있지만, 실무적으로는 16채널 이상의 개별 오디오 트랙을 하나의 스트림에 포함할 수 있습니다. 이를 통해 5.1 채널 서라운드 음향이나 다국어 동시 통역 방송을 랜선

하나로 간단히 해결합니다.

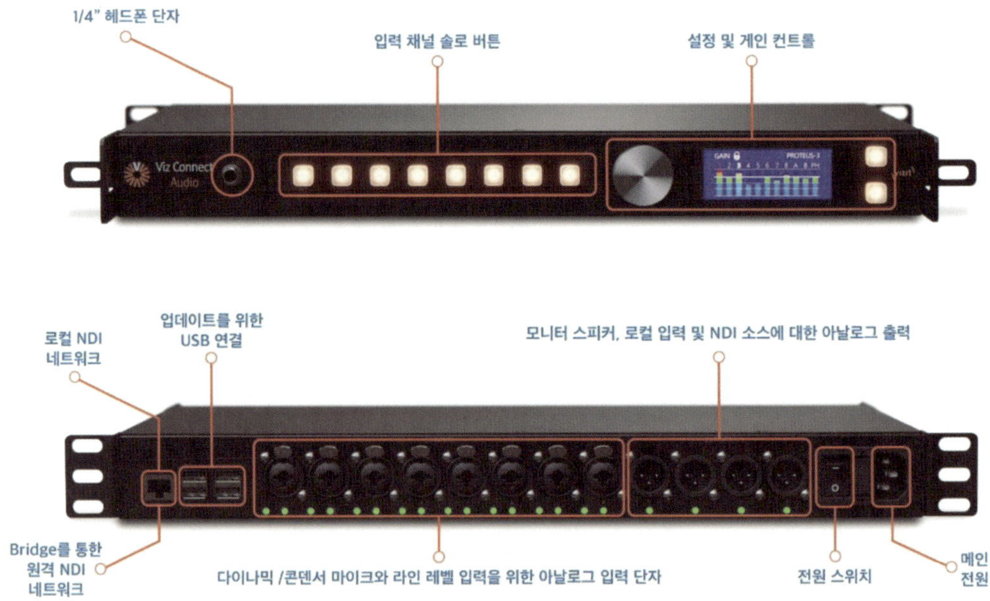

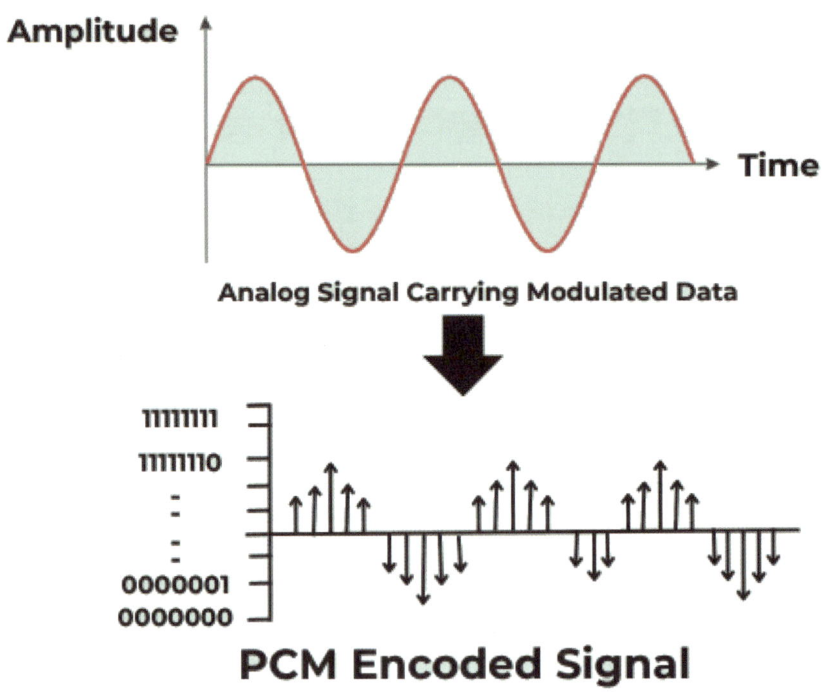

그림 7-1
PCM 데이터 구조 (출처: allelcoelec.com)

네트워크 지터(Jitter)와 오디오 무결성 심층 분석

네트워크를 통해 미디어 데이터를 전송할 때, 가장 이상적인 상황은 송신 측에서 보낸 패킷들이 일정한 간격으로 수신 측에 도착하는 것입니다. 하지만 실제 네트워크 환경에서는 트래픽 혼잡이나 경로 변경 등으로 인해 패킷의 도착 시간이 불규칙해지는 현상이 발생하는데, 이를 지터(Jitter)라고 합니다.

이 항목은 NDI가 이러한 지터 환경에서도 어떻게 깨끗한 오디오 품질(무결성)을 유지하는지를 기술적으로 설명하고 있습니다.

1) 오디오 데이터의 민감성 (The Sensitivity of Audio)

- **비디오와의 차이:** 영상(Video) 데이터의 경우, 패킷이 늦게 도착하거나 유실되어 프레임 하나가 누락되더라도 시청자는 "화면이 살짝 튀었다" 정도로 느끼고 넘어갈 수 있습니다.

- **오디오의 문제:** 반면, 오디오는 연속적인 파형 데이터입니다. 패킷 도착이 지연되어 데이터 사이에 미세한 공백이 생기면, 스피커에서는 즉각적으로 **'틱(Tick)'**이나 '팝(Pop)' 하는 불쾌한 노이즈가 발생합니다. 이는 방송 사고로 직결되는 치명적인 문제입니다.

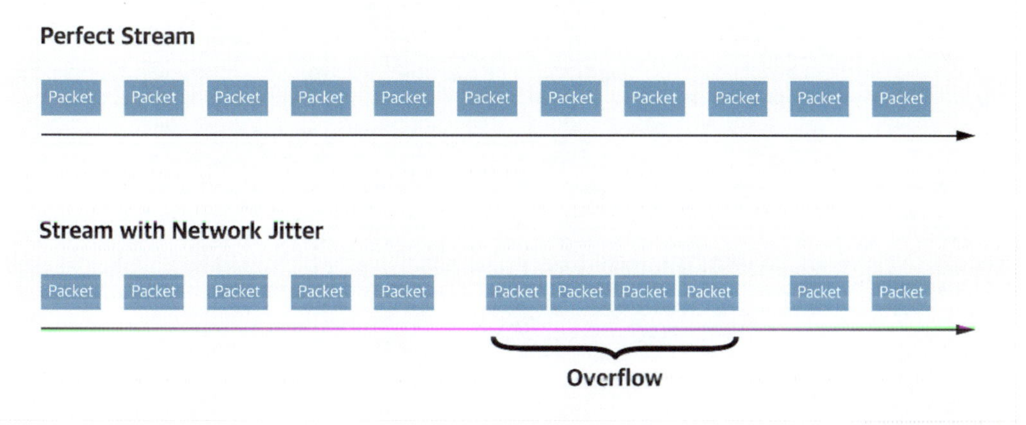

그림 7-2
네트워크 지터

2) NDI의 해결책: 지능형 지터 버퍼 (Intelligent Jitter Buffer)

NDI는 이러한 문제를 해결하기 위해 수신 측에 '지터 버퍼(Jitter Buffer)'라는 임시 저장 공간을 둡니다.

- **기본 원리:** 도착한 패킷을 바로 재생하지 않고 버퍼에 잠시 모아두었다가, 순서를 정렬하고 간격을 일정하게 맞춘 뒤 오디오 장치로 내보냅니다. 이렇게 하면 네트워크상에서 발생한 시간 오차를 흡수할 수 있습니다.

- **NDI의 차별점 (유동적 조절):** 일반적인 스트리밍 방식은 버퍼를 넉넉하게 잡아 안정성을 확보하지만, 그만큼 지연 시간(Latency)이 늘어나는 단점이 있습니다. 하지만 NDI는 **'지능형 알고리즘'**을 사용하여 네트워크 상태를 실시간으로 분석합니다.

    - **네트워크가 안정적일 때:** 버퍼 크기를 최소화하여 지연 시간을 줄입니다 (Low Latency).

    - **네트워크가 불안정할 때:** 버퍼 크기를 일시적으로 늘려 오디오 끊김을 방지합니다 (Stability).

결과적으로 NDI 시스템은 이 기술을 통해 1~2프레임 내외의 초저지연을 유지하면서도, 물리적인 케이블 연결과 다름없는 연속적이고 깨끗한(Seamless) 오디오 품질을 보장합니다. 이것이 바로 NDI가 말하는 '오디오 무결성'의 핵심입니다.

7.2. 정밀한 동기화: 립싱크(Lip-Sync)의 과학

IP 기반 프로덕션에서 가장 흔한 사고는 영상과 음성의 싱크가 어긋나는 것입니다. NDI는 이를 하드웨어가 아닌 '데이터 타임스탬프'로 해결합니다.

타임스탬프 기반 동기화

NDI의 각 비디오 프레임과 오디오 패킷에는 생성된 시점의 고유한 타임스탬프(Timestamp) 가 기록됩니다.

- **재정렬 과정:** 네트워크의 특성상 오디오 패킷이 비디오 패킷보다 먼저 도착하거나 늦게 도착할 수 있습니다. 수신측(스위처나 디스플레이)은 실제 도착 시간과 상관없이, 이 타임스탬프를 기준으로 데이터를 재조합하여 출력합니다.

- **결과:** 수 시간의 생방송 중에도 영상과 음성의 오차는 1ms 미만으로 유지되며, 시청자는 완벽하게 일치하는 립싱크를 경험하게 됩니다.

그림 7-3
NDI 타임 스탬프

7.3. 하이브리드 오디오: Dante & AES67 연동

현업에서는 음향 전용 IP 규격인 Dante나 AES67이 널리 쓰입니다. NDI 시스템을 이들과 유기적으로 결합하는 것은 전문가의 필수 역량입니다.

NDI Audio Direct와 VST 활용

NDI Audio Direct는 오디오 소프트웨어(DAW)나 디지털 믹서에서 NDI 오디오를 가상 하드웨어처럼 인식하게 해주는 도구입니다.

- **VST3/AAX 플러그인 지원**: 프로툴즈(Pro Tools)나 에이블톤 라이브(Ableton Live) 같은 전문 툴에서 NDI 오디오 트랙을 직접 불러와 이펙트를 입히거나 믹싱할 수 있습니다.
- **가상 오디오 라우팅**: 물리적인 케이블 없이 PC 내부에서 줌(Zoom) 회의 소리를 추출해 NDI로 보내고, 이를 다시 Dante 망으로 넘겨주는 복잡한 라우팅을 클릭 몇 번으로 완성합니다.

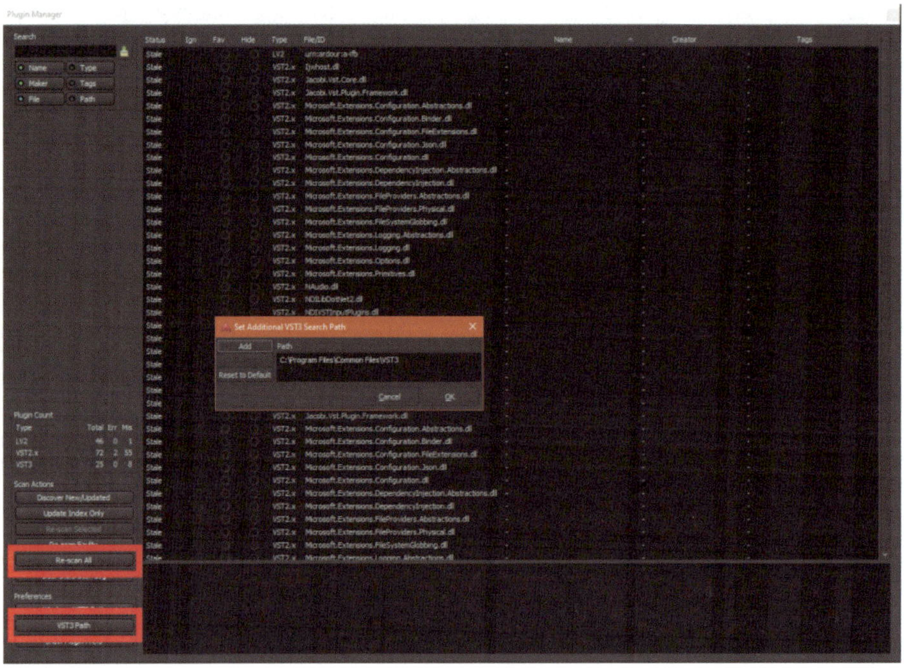

그림 7-5
DAW에서의 NDI Audio Direct 지원

7.5. 아날로그와 IP의 가교: Viz Connect Audio 활용

NDI 기반의 스튜디오를 구축하더라도, 고품질 마이크나 레거시 오디오 믹서와 같은 아날로그 장비는 여전히 현장의 핵심 요소입니다. Viz Connect Audio는 이러한 전통적인 아날로그 오디오 신호를 NDI 생태계, 특히 클라우드 기반 제작 환경으로 매끄럽게 통합하기 위해 설계된 전용 하드웨어 솔루션입니다.

Viz Connect Audio는 아날로그 오디오 장비의 신뢰성과 NDI 네트워크의 확장성을 결합한 하이브리드 솔루션으로, 라이브 이벤트나 방송 현장의 오디오 워크플로우를 획기적으로 단순화합니다.

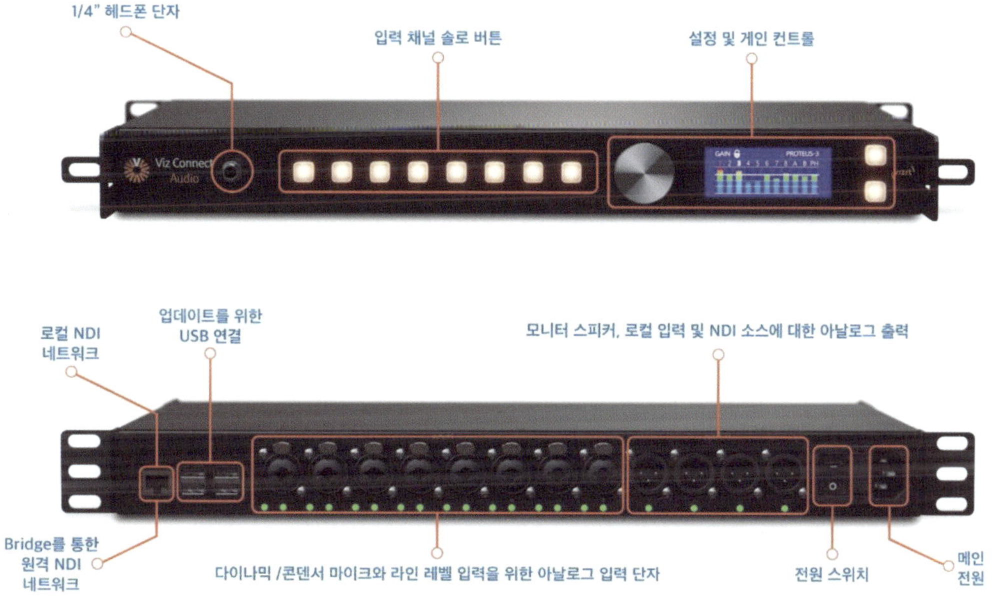

그림 7-6
NDI Connect Audio의 진면과 후면

하드웨어 인터페이스 및 입출력

Viz Connect Audio는 1RU 랙 마운트 폼팩터로 설계되어 표준 랙이나 데스크 환경에 유연하게 설치할 수 있습니다. 전면 패널에는 직관적인 모니터링을 위한 OLED 디스플레이와 게인(Gain) 조절 노브, 그리고 각 채널을 즉시 확인할 수 있는 솔로(Solo) 버튼과 헤드폰 잭이 배치되어 있어 현장 엔지니어가 신속하게 오디오 상태를 점검할 수 있습니다. 후면 패널은 전문 오디오 워크플로우를 위한 입출력 단자를 제공합니다.

- **입력 (Inputs):** 총 8개의 콤보(Combo) 잭을 통해 XLR 및 1/4인치(TRS) 커넥터를 모두 지원하며, 마이크 레벨과 라인 레벨을 선택적으로 입력받을 수 있습니다. 특히 각 채널별로 팬텀 파워(Phantom Power, 48V)를 독립적으로 공급할 수 있어 콘덴서 마이크를 직접 연결하여 운용하는 것이 가능합니다.

- **출력 (Outputs):** 4개의 밸런스 XLR 출력 단자를 제공하여, NDI로 수신된 오디오를 다시 아날로그 신호로 변환해 현장의 스피커나 믹서로 내보낼 수 있습니다.

NDI 워크플로우 및 네트워크 설정

NDI Connect Audio의 핵심은 단순한 변환을 넘어선 강력한 네트워크 기능에 있습니다. 사용자는 제품 전면의 노브와 전용 웹 인터페이스(Webpage)에 접속하여 NDI 대역폭과 라우팅을 정밀하게 제어할 수 있습니다.

그림 7-7
전면 노브로 장비 설정

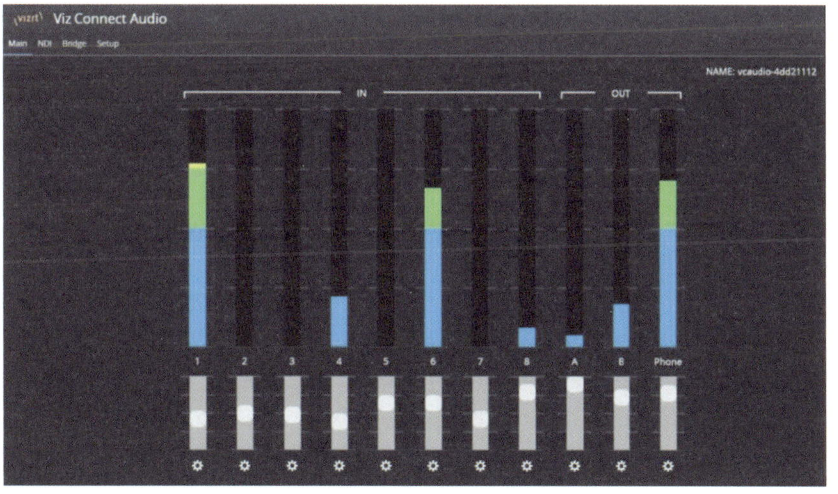

그림 7-8
웹UI를 통한 장비 설정

- **NDI 그룹 관리 (NDI Groups):** 송신(Send)과 수신(Receive) 그룹을 분리하여 설정할 수 있습니다. 예를 들어, 스튜디오 내부용 오디오는 'Private' 그룹으로 묶어 보안을 유지하고, 송출용 오디오는 'Public' 그룹으로 내보내는 식의 유연한 라우팅이 가능합니다.
- **디스커버리 서버 지원 (Discovery Servers):** 복잡한 네트워크 환경이나 멀티캐스트가 제한된 클라우드 환경에서도 장비가 원활하게 검색되도록 디스커버리 서버 등록을 지원합니다. NDI 5 이상의 환경에서는 이중화(Redundant) 서버 설정도 가능하여 방송 사고를 방지합니다.

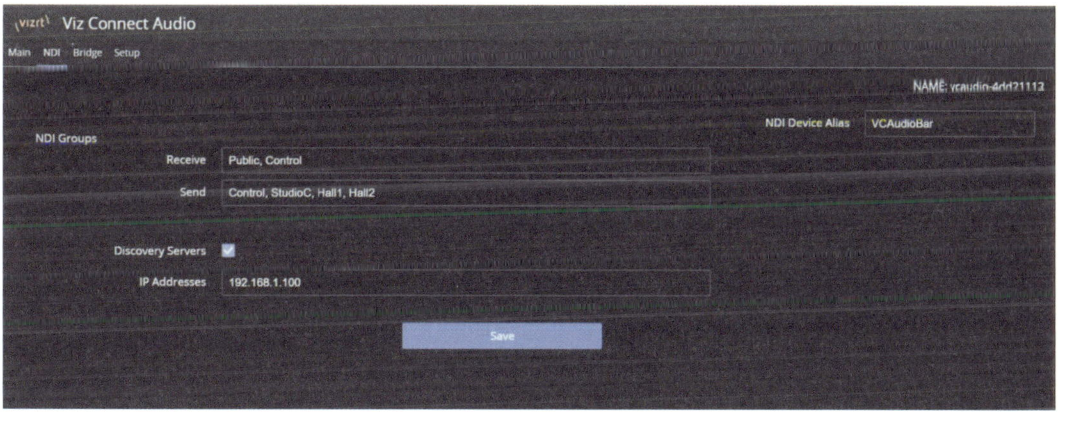

그림 7-9
NDI 그룹 관리

- **NDI Bridge 통합:** 웹 인터페이스 내에 **NDI Bridge** 설정 탭이 내장되어 있습니다. 이를 통해 별도의 PC 없이도 이 장비 자체를 Host 또는 Join 모드로 설정하여 원격지(Remote)의 오디오를 로컬 NDI 네트워크로 즉시 가져오거나, 반대로 송출할 수 있습니다.

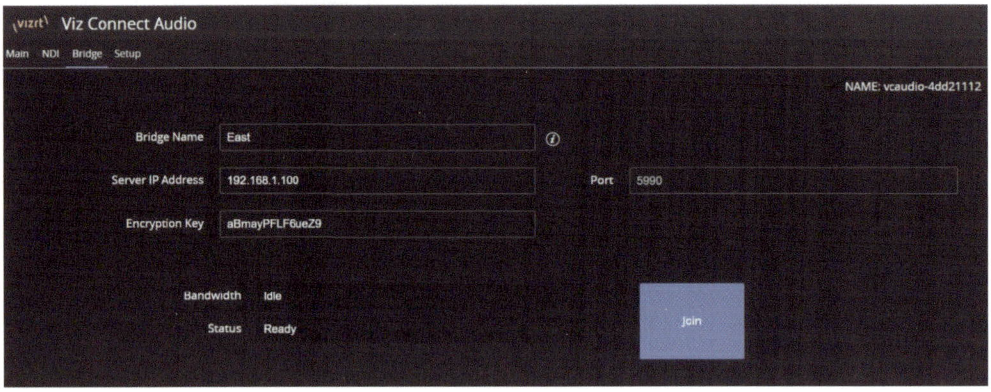

그림 7-10
NDI Bridge 관리

- **오디오 표준 및 운영 관리:** 방송 규격 준수를 위해 사용자는 관리자(Admin) 메뉴에서 오디오 레벨 미터의 정렬 기준을 **SMPTE** 또는 **EBU** 표준 중에서 선택할 수 있습니다. 또한 펌웨어 업데이트는 USB 드라이브나 웹 인터페이스를 통해 간편하게 수행할 수 있어, 항상 최신 NDI 라이브러리와 기능을 유지할 수 있습니다.

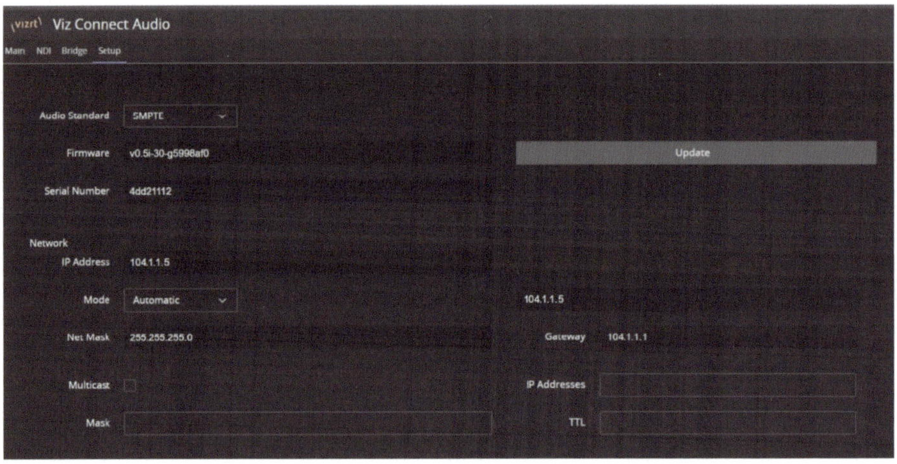

그림 7-11
오디오 표준과 펌웨어, 네트워크 세팅

7.6. 실무 트러블슈팅 및 최적화 전략

오디오 문제는 발생 시 즉각적으로 방송의 신뢰도를 떨어뜨립니다. 다음은 현장에서 반드시 체크해야 할 사항들입니다.

- **샘플 레이트 불일치(Mismatch):** 소스는 44.1kHz인데 수신측이 48kHz라면 소리가 빠르게 들리거나 툭툭 튀는 현상이 발생합니다. 반드시 모든 시스템을 48kHz로 통일하십시오.
- **CPU 과부하와 오디오 드랍:** PC 기반 스위처에서 CPU 점유율이 90%를 넘어가면 영상보다 오디오가 먼저 깨집니다. 이럴 때는 오디오 버퍼 사이즈를 약간 늘려 안정성을 확보해야 합니다.
- **그라운드 루프(Ground Loop) 제거:** NDI는 네트워크 기반이므로 전기적 노이즈(험 노이스)로부터 자유롭지만, 아날로그 오디오를 NDI로 변환하는 단계에서 전기적 간섭이 생길 수 있습니다. 이때는 DI 박스 등을 사용하여 절연하는 것이 좋습니다.

48kHz/24-bit PCM: 고품질 방송 오디오의 표준 규격을 제공함.

타임스탬프 동기화: 영상과 음성의 완벽한 일치를 보장하는 기술적 핵심.

NDI Audio Direct: 전문 음향 소프트웨어와의 하이브리드 연동을 실현함.

메타데이터 활용: 별도 장비 없이 탈리와 인터컴 시스템을 랜선 하나로 통합함.

07 Quiz 복습 퀴즈

1. NDI는 방송급 고음질을 구현하기 위해 어떤 사양의 비압축 PCM 오디오 포맷을 표준으로 사용합니까? (샘플링 레이트 / 비트 심도)

2. 네트워크 전송 시 영상 패킷과 오디오 패킷의 도착 시간이 다르더라도, 수신 측에서 완벽한 립싱크(Lip-Sync)를 맞출 수 있도록 각 패킷에 기록되는 시간 정보는 무엇입니까?

3. 큐베이스(Cubase)나 프로툴즈(Pro Tools) 같은 전문 DAW 소프트웨어에서 NDI 오디오를 가상 입력으로 받아 처리하거나, Dante/AES67 환경과 연동할 수 있게 해주는 VST 플러그인 도구의 이름은 무엇입니까?

4. NDI의 양방향 메타데이터 통신 기능을 활용하여, 스위처가 현재 방송 중인 카메라에 붉은색 표시등을 켜주는 신호 시스템을 무엇이라고 합니까?

5. 아날로그 XLR 마이크나 믹서의 신호를 NDI 네트워크로 변환해 주며, 팬텀 파워(48V) 공급 및 NDI Bridge 기능까지 내장한 전용 하드웨어 장비의 이름은 무엇입니까?

8장

산업별 NDI 시스템 설계 사례

이 장에서는 교육(하이브리드 강의), 종교(다카메라 중계), 스포츠(원격 제작), 기업(사내 방송) 등 주요 산업군별 특유의 요구사항을 분석하고 이에 최적화된 NDI 하드웨어 및 소프트웨어 구성 방식을 다룹니다. PTZ 자동 추적, 알파 채널을 활용한 실시간 자막 합성, NDI Bridge를 통한 국가 간 원격 제작(REMI) 등 실무에서 즉시 적용 가능한 고도화된 워크플로우를 실제 설계 도면과 함께 상세히 분석합니다. 기존의 물리적 포트 중심 설계에서 벗어나 네트워크 대역폭과 보안(Access Manager) 중심의 설계를 통해 인프라 구축 비용을 절감하고 제작의 유연성을 극대화하는 실무적 해법을 제시합니다.

08 Learning Objectives
학습 목표

본 단원을 학습한 후, 여러분은 다음과 같은 지식과 역량을 갖추게 될 것입니다.

1. 산업별 맞춤형 시스템 설계 역량:

교육, 종교, 스포츠, 기업 등 각 산업 현장의 제작 특성을 이해하고, 이를 충족하기 위한 NDI 기반 프로덕션 시스템을 독자적으로 설계할 수 있습니다.

2. 최적의 장비 명세서(BoM) 수립:

프로젝트 예산과 규모에 맞춰 PTZ 카메라, 인코더/디코더, 스위처 등 필수 하드웨어 리스트를 작성하고 각 장비의 기술적 역할을 시스템 관점에서 설명할 수 있습니다.

3. 고도화된 실무 워크플로우 도식화:

NDI Bridge를 이용한 원격지 연결 및 알파 채널을 활용한 복잡한 자막 레이어링 등 고급 기술이 적용된 신호 흐름도(Signal Flow)를 작성할 수 있습니다.

4. 네트워크 기반 자원 관리 및 보안 계획:

NDI Access Manager를 활용한 소스 그룹화 및 보안 설정, 그리고 예상 점유 대역폭 계산을 통해 안정적이고 안전한 네트워크 프로덕션 환경을 계획할 수 있습니다.

8장

산업별 NDI 시스템 설계 사례

이 장에서는 앞서 배운 NDI의 이론적 배경과 네트워크 인프라 지식을 바탕으로, 실제 산업 현장에서 사용되는 표준 설계 도면과 워크플로우를 상세히 분석합니다.

8.1. 교육 환경: 4K NDI 강의 중계 솔루션

IP 강의실의 핵심은 '강의의 질'을 유지하면서도 '운영의 자동화'를 달성하는 것입니다. NDI 기술을 사용하면 UHD 콘텐츠를 제작하기 위해 별도의 인프라를 구축하지 않아도 되기 때문에 합리적인 솔루션 구축이 가능합니다.

예제의 설계에는 1개의 강의실을 연결하는 것으로 하고 있지만, 당연하게도 여러 개의 강의실로 연결을 확장할 수 있습니다. NDI의 특성상 입력 소스가 늘어난다고 해서 이를 처리하는 최종 단의 연결이 늘어나지 않기 때무에 더욱 편리하게 입력과 축력을 확장하는 것이 가능합니다.

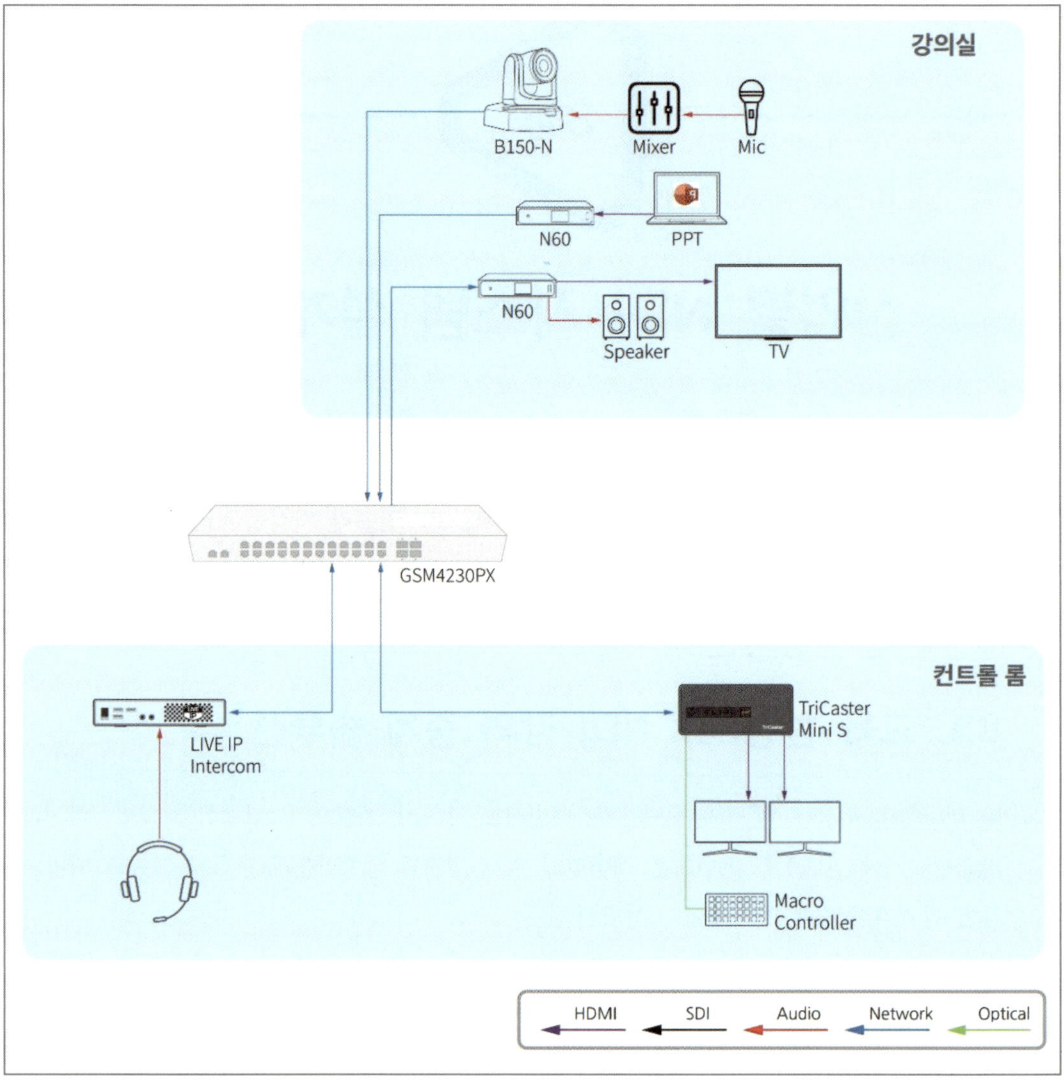

그림 8-1
NDI 강의 중계 솔루션 구성도

상세 워크플로우

1) 영상 입력

강의실에 설치된 NDI PTZ 카메라는 강사의 얼굴을 추적하고(Auto-Tracking), 칠판이나 학생석을 비출 수 있습니다. 강사의 노트북은 N60 NDI 컨버터와 'NDI Screen Capture'를 통해 강의 자료를 4K 화질로 송출합니다.

2) 오디오 처리

천장형 어레이 마이크(Shure/Sennheiser NDI 지원 모델)가 강사의 음성을 수집하여 Dante 또는 NDI 오디오 스트림으로 전송합니다.

3) 통합 믹싱

교수학습 지원센터의 TriCaster에서 NDI 신호를 수신하여 카메라와 자료 화면을 합성하고 강의 콘텐츠를 제작합니다.

4) 배포

합성된 최종 영상은 'NDI Webcam Input' 기술을 통해 교내 Zoom 서버로 전달되어 원격 학생들에게 송출됨과 동시에, 교내 LMS 서버로 자동 녹화 및 업로드됩니다. 동시에 강의실 TV로 PGM 또는 강사 프리뷰 화면을 내보낼 수 있으며 컨트롤 룸의 인터컴을 사용해서 각 교실에 음성을 직접 전달하는 것이 가능합니다.

하드웨어 리스트

- NDI PTZ 카메라 1대
- 강사 노트북용 NDI 컨버터 (PC 신호를 NDI로 인코딩)
- 모니터링용 NDI 컨버터 (NDI 신호를 TV에서 재생)
- TriCaster Mini S
- L3 스위칭 허브(PoE 지원).

8.2. 종교 시설: 멀티 카메라 중계 및 고품질 스트리밍

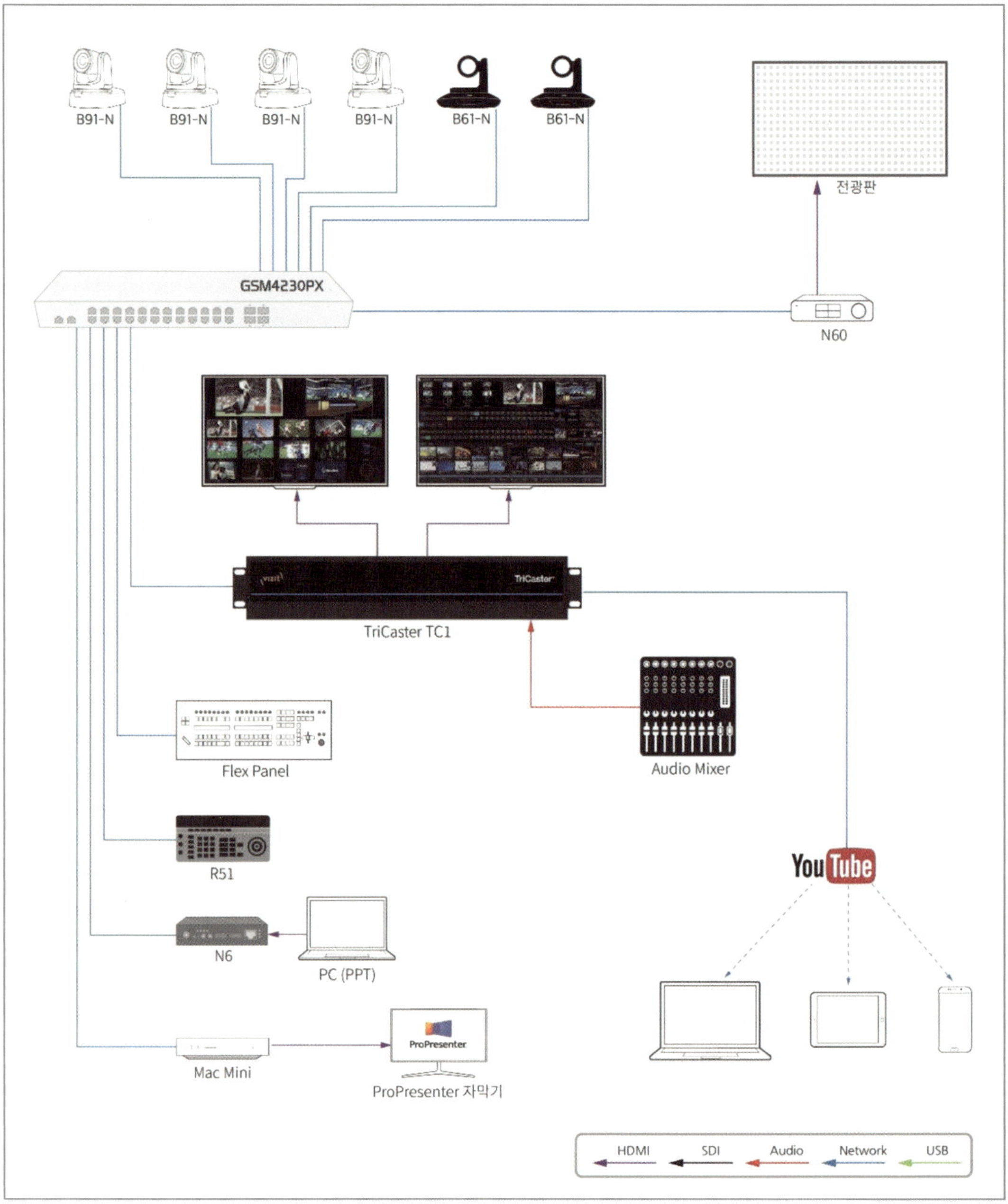

그림 8-2
NDI 교회 중계 솔루션 구성도

종교 시설은 시각적 아름다움(색감)과 자막의 가독성이 매우 중요하며, 전문 인력이 아닌 봉사자들에 의해 운영되는 경우가 많으므로 자동화 운영 등의 기능을 사용해서 쉽게 운영할 수 있는 구성을 가져야 합니다.

상세 워크플로우

1) 시각적 연출

다양한 각도(정면, 측면, 근접)에 배치된 6대의 PTZ 카메라를 전용 컨트롤러를 통해 원격 조작합니다. NDI의 낮은 지연 시간 덕분에 현장 모니터와 실제 인물의 움직임 차이가 거의 발생하지 않습니다.

2) 알파 채널 자막

별도의 자막용 PC(PPT 또는 전용 자막 소프트웨어)에서 송출되는 찬양 가사와 성경 구절은 NDI의 알파 채널 기능을 통해 '투명 배경' 상태로 메인 스위처에 얹힙니다. 이는 물리적인 키/필(Key/Fill) 연결을 생략하여 배선 난이도를 70% 이상 낮춥니다. 교회에서 가장 많이 사용하는 자막기인 ProPresenter는 NDI로의 직접 출력을 지원하기 때문에 별도의 배선 없이 고화질 투명 자막을 운영할 수 있습니다.

3) 현장 중계

메인 영상은 로비와 부속실에 설치된 NDI 디코더(N60)로 전송되어 대형 TV에 실시간으로 출력됩니다.

하드웨어 리스트

- UHD NDI PTZ 카메라 6대(일반 화각 4대 / 광각2대)
- TriCaster TC1 / 전용 컨트롤러 Flex Panel
- PTZ 조이스틱 컨트롤러
- 자막 송출용 Mac (ProPresenter)
- NDI 디코더 (전광판, 모니터링, 부속실)

8.3. E-스포츠 중계: 제작 및 리플레이 시스템

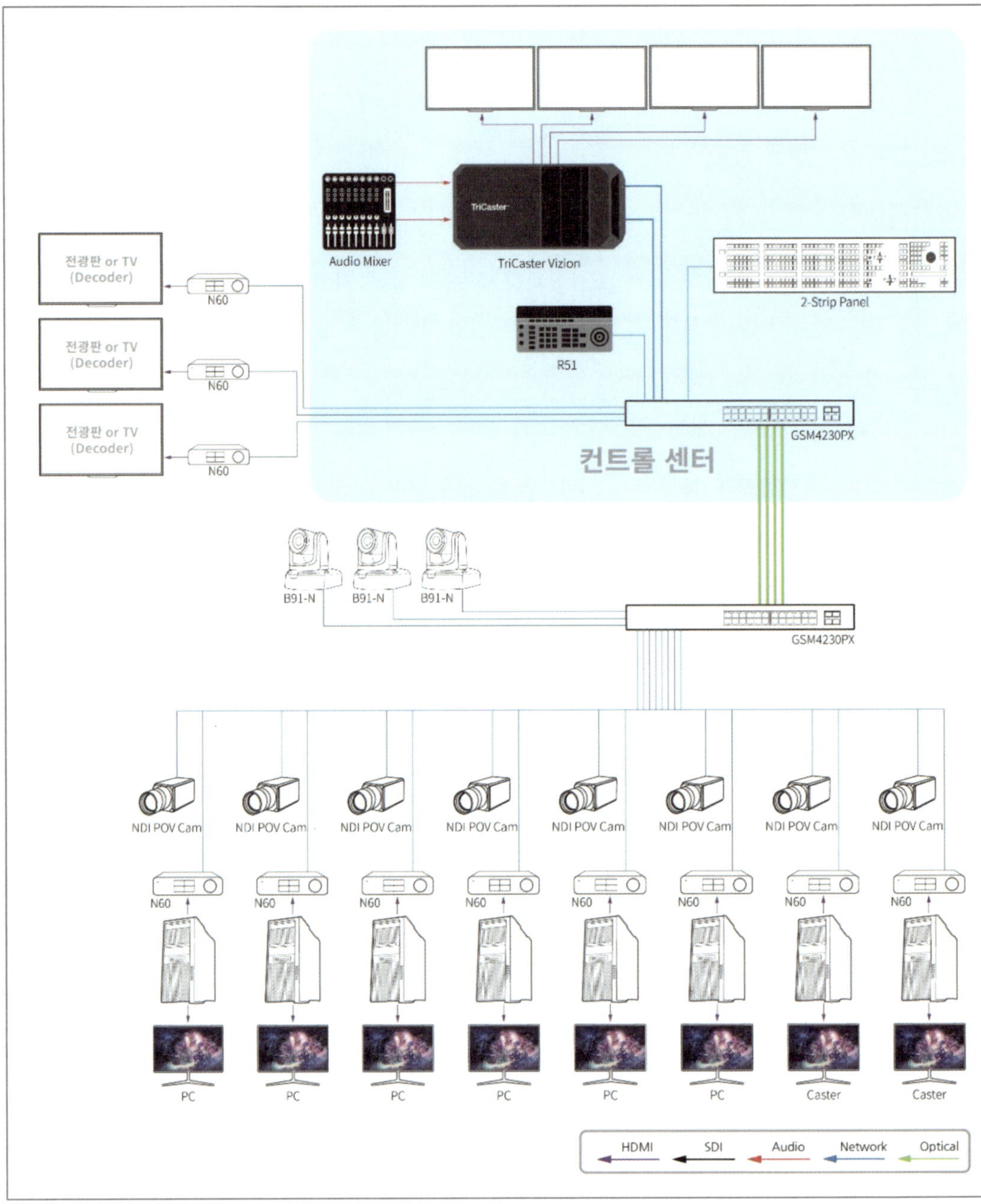

그림 8-3
E-스포츠 중계 솔루션 구성도

E-스포츠 중계는 가장 높은 대역폭과 정교한 중계 워크플로우를 요구하는 고난도 영역

입니다. 게임이 진행되는 PC 화면을 고해상도 UHD로 입력받아 4K NDI 소스를 만들고 제작된 다양한 화면을 전광판과 최종 출력으로 보내는 것이 중요합니다.

상세 워크플로우

1) 현장 수집

경기장에 배치된 8대의 PC에 NDI 컨버터를 사용하여 고화질 NDI 입력 소스를 전달하고, 동시에 선수들의 모습을 개별로 비추기 위한 NDI POV 카메라를 설치하여 NDI 출력을 전달합니다.

선수 대기실이나 관중석을 촬영하기 위해 3대의 NDI PTZ 카메라를 해당 장소에 설치하여 라이브 소스 입력을 받습니다.

2) 원거리 전송

현재 구성에서 경기장과 컨트롤 센터가 원거리로 떨어져 있기 때문에 이를 연결하는 4개의 광케이블을 사용하여 대역폭 한계를 극복하고 원활한 연결을 확보합니다.

3) 8M/E 스위칭 솔루션

TriCaster Vizion은 44개의 NDI 입력이 가능한 제품으로 8M/E를 사용하여 장면을 구성할 수 있습니다. 이를 통해 게임 화면과 선수 화면, 대기실 및 캐스터 화면을 다양하게 구성하여 박진감 있는 경기 모습을 라이브로 중계할 수 있으며, 8개의 DSK를 사용하여 스코어, 선수 소개, AR 데이터 분석 등의 화면을 구성하는 것도 가능합니다.

4) 데이터 동기화

전광판의 스코어 데이터는 NDI 메타데이터로 변환되어 자막기에 실시간 반영됩니다. DataLink로 대표되는 TriCaster의 자동 자막 데이터 연동 기능을 활용해서 별도의 스포츠 전용 CG가 없더라도 자막 데이터, 스코어, SNS 반응 등을 동기화해서 출력할 수 있습니다.

※ TriCaster DataLink

DataLink는 외부의 다양한 데이터를 실시간으로 가져와 TriCaster 내부의 자막(Titles)이나 그래픽(Graphics)에 자동으로 연동시키는 '실시간 데이터 연동 자동화 도구'입니다. 사용자가 자막기에 일일이 타이핑하지 않아도, 웹페이지, 스코어보드, RSS피드, XML, CSV, 텍스트 파일 등 연결된 외부 데이터가 변하면 방송 화면의 그래픽도 즉시 자동으로 업데이트됩니다.

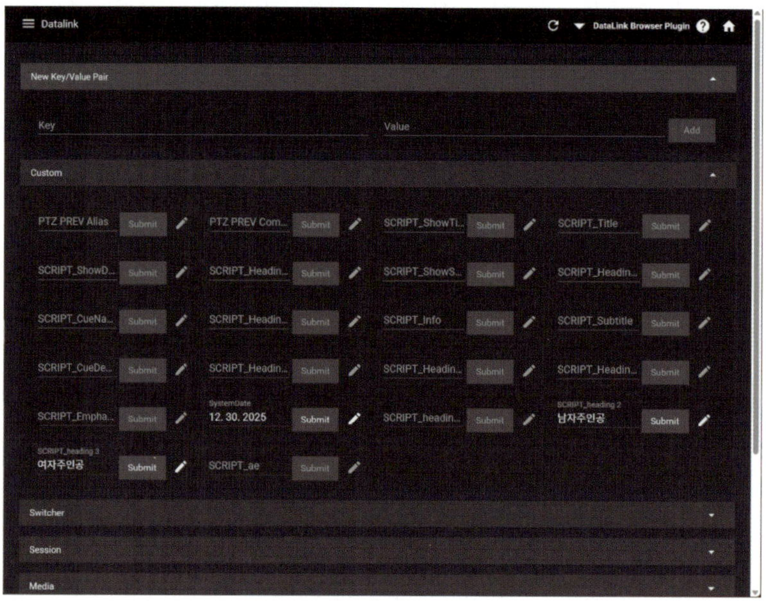

그림 8-4
TriCaster DataLink

하드웨어 리스트

- UHD NDI PTZ 카메라 3대, UHD POV 카메라 8대
- TriCaster Vizion / 전용 컨트롤러 Flex Panel
- 게임 PC의 저지연 변환을 위한 NDI 컨버터 8대
- PTZ 조이스틱 컨트롤러
- NDI 디코더 (전광판, 모니터링, 부속실)

9장

트러블슈팅 및 네트워크 분석

이 장에서는 NDI Analysis와 Wireshark 등의 전문 도구를 활용하여 비트레이트 스파이크, 패킷 유실, 지터와 같은 구체적인 수치를 근거로 장애 원인을 파악하고 현장에서 가장 빈번한 '소스 사라짐' 현상은 IGMP Querier 설정으로, '화면 끊김'은 점보 프레임 비활성화 및 대역폭 확보로, '립싱크 오류'는 PTP 동기화 및 버퍼 조절로 해결하는 표준 절차를 정립합니다.

09 Learning Objectives 학습 목표

본 단원을 학습한 후, 여러분은 다음과 같은 지식과 역량을 갖추게 될 것입니다.

1. 데이터 기반 진단 도구의 숙달:

NDI Analysis, Studio Monitor, Wireshark 등 전문 분석 도구를 활용하여 패킷 손실, 지터(Jitter), 비트레이트 스파이크 등 눈에 보이지 않는 네트워크 현상을 데이터로 시각화하고 해석할 수 있습니다.

2. 체계적 문제 해결 프로세스 확립:

장애 발생 시 막연한 추측에 의존하지 않고, 물리 계층(L1)부터 응용 계층(mDNS)까지 7단계 체크리스트에 따라 순차적으로 원인을 규명하는 논리적 트러블슈팅 역량을 갖춥니다.

3. 핵심 장애 유형별 솔루션 적용:

현장에서 가장 빈번하게 발생하는 '소스 소실(IGMP 설정 오류)', '화면 끊김(대역폭/리소스 부족)', '립싱크 불일치(클럭 드리프트)' 등의 증상별 기술적 원인을 파악하고 정확한 해결책을 적용할 수 있습니다.

4. 시스템 최적화 및 사고 예방:

하드웨어 가속(GPU) 활성화, 에너지 효율 이더넷(EEE) 차단, 점보 프레임 비활성화 설정 등 시스템의 성능을 최적화하고 잠재적인 방송 사고 위험을 사전에 차단하는 예방적 관리 능력을 배양합니다.

9장

트러블 슈팅 및 네트워크 분석

NDI 프로덕션은 하드웨어와 소프트웨어, 그리고 네트워크라는 세 가지 축이 유기적으로 맞물려야 합니다. 문제가 발생했을 때 막연한 추측 대신, 데이터에 기반한 체계적인 접근이 필요합니다. NDI 시스템 운용 중 발생하는 문제는 대부분 네트워크 설정이나 리소스 부족에서 기인합니다. 9장에서는 이를 진단하고 해결하는 전문적인 방법을 다룹니다.

9.1. 빈번한 장애 유형과 해결책

1) 증상: 화면이 툭툭 끊기거나 블록 노이즈 발생

- **원인:** 네트워크 대역폭 부족 또는 CPU/GPU 과부하.
- **해결:** NDI Analysis 도구로 대역폭 확인. PC 리소스 점유율이 높을 경우 NDI|HX 모드로 전환하여 비트레이트 감소 유도.

2) 증상: 약 5~10분 후 영상이 완전히 멈춤

- **원인:** IGMP Querier 설정 누락. 스위치가 수신 장치를 인식하지 못해 멀티캐스트 전송 중단.
- **해결:** 메인 L3 스위치에서 IGMP Querier 활성화 확인.

3) 증상: 영상과 음성의 싱크가 점점 어긋남

- **원인:** 장비 간 클럭(Clock) 불일치 또는 네트워크 지터(Jitter).
- **해결:** 수신측 버퍼 사이즈(Frame Delay)를 1~2프레임 늘리거나, 마스터 클럭(PTP) 장비 도입 검토.

4) 증상: 소스 목록은 보이지만 연결 시 검은 화면(Black Screen)만 출력됨

- **원인:** 방화벽(Firewall) 차단 또는 네트워크 프로필 설정 오류. 윈도우 OS가 현재 네트워크를 '공용(Public)'으로 인식하여 NDI 전송에 필요한 동적 포트 연결을 차단하는 경우입니다. mDNS(검색)는 통과되어 목록에는 뜨지만, 실제 영상 데이터(Handshake & Data)는 막히는 전형적인 현상입니다.
- **해결:** 윈도우 네트워크 설정에서 현재 연결을 '개인(Private)' 네트워크로 변경합니다. 그래도 해결되지 않을 경우, NDI Tools 설치 시 포함된 'Access Manager'를 관리자 권한으로 실행하여 방화벽 예외 규칙을 재적용합니다.

5) 증상: Full NDI 소스 하나만 켜도 전체 네트워크가 느려지고 끊김

- **원인:** 링크 속도 협상(Auto-negotiation) 실패. 1Gbps(1000Mbps)로 연결되어야 할 PC나 카메라가 불량 케이블이나 노후된 스위치 포트 문제로 인해 100Mbps로 연결된 상태입니다. Full NDI(약 140Mbps)는 100Mbps 대역폭을 초과하므로 즉시 병목 현상이 발생합니다.
- **해결:** 스위치 포트의 LED 색상을 확인(일반적으로 녹색은 1G, 주황색은 100M)하거나 PC의 네트워크 속성에서 링크 속도를 점검합니다. Cat5e 이상의 정품 케이블로 교체하여 물리적 링크 속도를 1Gbps로 복구합니다.

9.2. 필수 분석 도구 활용법

1) NDI Analysis Tool (NDI Tools 포함)

특정 NDI 소스의 비트레이트, 프레임 레이트, 패킷 유실 여부를 실시간으로 보여주는 가장 강력한 진단 도구입니다.

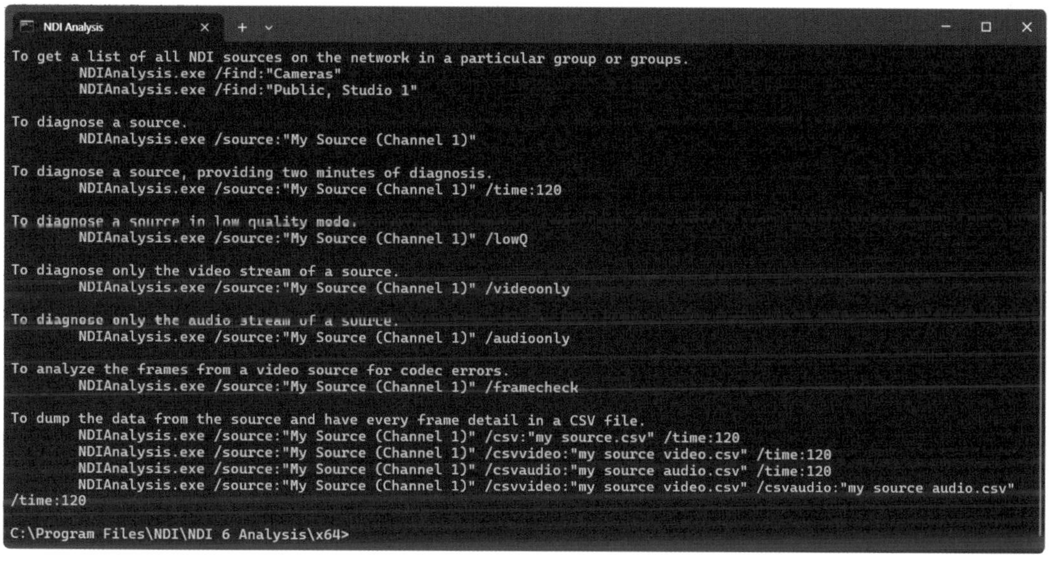

그림 9-1
NDI Analysis Tool

2) NDI Studio Monitor

단순히 영상을 보는 것을 넘어, 오디오 채널 상태와 메타데이터(Tally 등) 수신 여부를 즉각 확인할 수 있습니다.

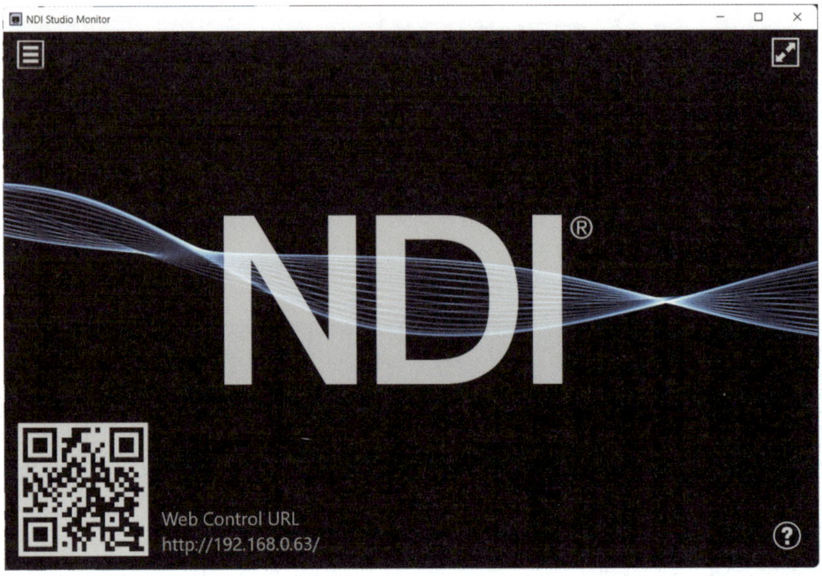

그림 9-2
NDI Studio Monitor

3) Wireshark

네트워크 패킷을 직접 캡처하여 mDNS 공고가 제대로 이루어지는지, UDP 패킷에 오류가 없는지 하이 레벨에서 분석할 때 사용합니다.

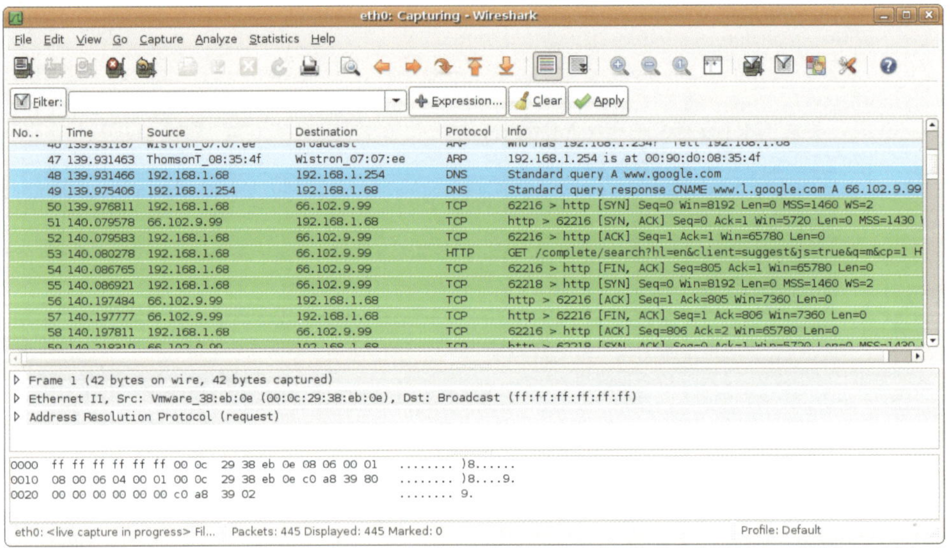

그림 9-3
Wireshark (https://www.wireshark.org)

9.3. 현장 실무 트러블슈팅 케이스 스터디

사례 1: 4K 고해상도 송출 중 발생하는 간헐적 화면 찢어짐(Tearing)

- **상황**: 4K NDI 카메라 4대를 사용하여 생방송을 시작한 지 20분 만에 화면 하단에 가로줄이 생기거나 미세하게 화면이 멈추는 현상이 발생함.
- **진단 프로세스**:
    - **NDI Analysis 도구 실행**: 데이터 수신 간격(Inter-packet arrival time) 그래프를 확인한 결과, 규칙적이어야 할 그래프에 날카로운 스파이크(Spike)가 관찰됨.
    - **리소스 확인**: 송신측 PC의 CPU 점유율은 40%로 안정적이나, 네트워크 스위치의 대역폭 사용량이 900Mbps를 상회하며 1Gbps 한계치에 도달함 확인.
- **해결 방법**:
    - **점보 프레임(Jumbo Frames) 비활성화**: 모든 스위치와 PC의 MTU 값을 1500으로 변경하여 패킷 오버헤드를 줄이고 처리 효율을 높임.
    - **업링크 확장**: 스위치 간 연결을 LACP로 묶어 2Gbps 통로를 확보하거나 10G SFP+ 광선로로 교체하여 병목 현상을 해결함.

사례 2: 정기적으로 소스가 목록에서 사라지는 현상 (5분의 저주)

- **상황**: 모든 장비가 정상 연결되었으나, 방송 시작 후 약 5~10분이 지나면 특정 소스가 NDI 리스트에서 사라지거나 수신이 중단됨. 재연결하면 다시 나오지만 동일 현상이 반복됨.
- **원인 분석**: 멀티캐스트 환경에서 IGMP Querier 설정 누락. 네트워크 스위치는 특정 시간 동안 “이 영상을 계속 보겠다”는 신호가 없으면 대역폭 절약을 위해 자동으로 전송을 차단함.

- **해결 방법**:
  - 코어 스위치(L3) 설정 페이지에 접속하여 IGMP Snooping 항목 내 'IGMP Querier'를 활성화함.
  - 쿼리 전송 간격을 125초 표준값으로 설정하여 수신 장치들이 주기적으로 "시청 중"임을 보고하게 함.

사례 3: 오디오 립싱크(Lip-Sync)가 시간이 갈수록 어긋나는 현상

- **상황**: 행사 초반에는 문제가 없었으나, 2시간 정도 진행되자 강연자의 입모양과 목소리가 약 0.5초 정도 차이가 나기 시작함.
- **원인 분석**: 송신 장비와 수신 장비 간의 시스템 클럭(Clock) 미세 편차. 소위 '클럭 드리프트(Clock Drift)' 현상으로, 네트워크 지연이 누적되면서 발생함.
- **해결 방법**:
  - **NDI Studio Monitor 설정**: 수신측에서 'Frame Buffer' 설정을 1~2프레임 정도 고정으로 부여하여 일시적인 지터(Jitter)를 흡수함.
  - **PTP(Precision Time Protocol) 도입**: 대규모 시스템의 경우 모든 장비를 IEEE 1588 PTP 마스터 클럭에 동기화하여 시간 기준을 일치시킴.

사례 4: 서로 다른 서브넷(VLAN) 간 소스 검색 불가

- **상황**: 보안을 위해 카메라망(VLAN 10)과 제작망(VLAN 20)을 나누었더니, 제작용 스위처 PC에서 카메라 소스가 자동으로 검색되지 않음.
- **원인 분석**: NDI의 자동 검색 기술인 mDNS(Multicast DNS)는 기본적으로 **L3 라우터를 통과하지 못하는(Layer 2 전용)** 특성을 가짐.
- **해결 방법**:
  - **NDI Access Manager 활용**: 'External Sources' 탭에 카메라의 고

정 IP 주소를 직접 등록함. 이는 mDNS 검색 없이 유니캐스트로 직접 통신을 시도하게 함.

  - **mDNS Gateway 구축**: 네트워크 스위치에서 mDNS 전파를 허용하는 설정을 활성화하거나 별도의 리플렉터(Reflector) 소프트웨어를 운용함. (NDI Discovery)

사례 5: PC 기반 스위처의 성능 저하 및 프리징(Freezing)

- **상황**: 8채널 스위칭 중 자막 효과를 넣을 때마다 전체 시스템이 느려지거나 멈춤 현상이 발생함.
- **원인 분석**: 하드웨어 가속(GPU Acceleration) 미활용. NDI 디코딩은 CPU에 큰 부담을 주는데, 이를 그래픽카드가 분담하지 못함.
- **해결 방법**:
  - 제작 소프트웨어(vMix/OBS 등) 설정에서 'Hardware Acceleration'을 반드시 활성화하고, NVIDIA 코덱(NVENC)을 사용하여 CPU 부하를 GPU로 분산함.
  - 윈도우 전원 관리 옵션을 '고성능'으로 설정하고 에너지 효율 이더넷(EEE) 기능을 비활성화하여 하드웨어의 최대 성능을 유지함.
  - TriCaster 등의 하드웨어 NDI 스위치로 교체

9.4. 트러블슈팅 7단계 체크리스트

장애 발생 시 당황하지 않고 다음 순서에 따라 점검하도록 가이드합니다.

1) Layer 1 (물리 계층):

케이블 결착 상태, PoE 전원 공급 여부, 링크 LED 점등 확인.

2) Layer 2 (데이터 링크):

스위치 포트 설정, VLAN 할당 오류, IGMP Snooping 활성화 여부 확인.

3) Layer 3 (네트워크):

IP 주소 충돌 여부, 서브넷 마스크 일치 여부, 게이트웨이 설정 확인.

4) mDNS 확인:

NDI Tools의 'Access Manager'에서 소스가 보이는지, 수동 IP 등록 시에는 나오는지 확인.

5) 리소스 점검:

송/수신 PC의 CPU/GPU 점유율 및 온도가 임계치에 도달했는지 확인.

6) 버전 호환성:

모든 장비의 NDI SDK 버전(NDI 4 vs 5 vs 6)과 펌웨어가 최신인지 확인.

7) 대역폭 테스트:

NDI Analysis 도구로 실제 데이터가 네트워크 내에 존재 하는지 검증.

- 트러블슈팅의 핵심은 현상 관찰 → 원인 가설 → 데이터 검증 → 해결책 적용의 반복임.
- IGMP Querier와 Access Manager는 네트워크 장애 해결의 80% 이상을 차지하는 핵심 요소임.
- 하드웨어 리소스와 네트워크 대역폭은 항상 20% 이상의 여유(Headroom)를 두는 것이 사고 예방의 기본임.

[실습 과제] NDI 진단 및 로그 분석 퀴즈

실습 1: NDI Analysis 도구 데이터 해석

다음은 장애가 발생한 현장에서 NDI Analysis 도구로 추출한 리포트의 일부입니다. 이를 보고 질문에 답하세요.

> Video Source: Camera-01 (NDI High)
> Resolution: 3840x2160 (60p)
> Packet Loss: 4.2% (주기적 발생)
> Jitter: 15ms (권장치 5ms 미만)
> Network Utilization: 920Mbps (1Gbps Link)

Q1. 현재 영상이 끊기는 근본적인 원인은 무엇입니까?

Q2. 이 문제를 해결하기 위해 가장 먼저 조치해야 할 네트워크 물리 계층의 업그레이드 방안은?

실습 2: 장애 시나리오 대응

"교회 금요 철야 예배 중계 중, 9시 정각에 시작한 방송이 9시 10분에 갑자기 모든 카메라 소스가 끊겼습니다. NDI 리스트에서는 소스가 보이지만 클릭해도 검은 화면만 나옵니다. 스위치를 껐다 켜면 다시 나오지만 또 10분 뒤에 끊깁니다."

Q3. 이 현상을 유발하는 네트워크 스위치의 특정 기능 누락은 무엇입니까?

Q4. 해당 기능을 활성화할 때, 여러 대의 스위치 중 어느 스위치에서 설정하는 것이 정석입니까?

10장

실습 워크샵

이 장에서는 NDI 카메라와 NDI Tools, TriCaster 스위처를 활용하여 다양한 규모의 프로덕션을 실제로 설계하고 구축하기 위한 실습을 진행할 것입니다. 다양한 요건을 고려하여 고화질 NDI 라이브 스튜디오를 기획하고 PoE 스위치를 통한 전원 공급 및 케이블링, 그리고 IGMP Snooping과 점보 프레임 설정 등 안정적인 영상 전송을 위한 물리적/논리적 네트워크 환경을 직접 구축합니다.

10 Learning Objectives 학습 목표

본 단원을 학습한 후, 여러분은 다음과 같은 지식과 역량을 갖추게 될 것입니다.

1. **소규모 스튜디오 구축 실무:**

   카메라 3대와 소프트웨어 스위처(TriCaster Mini S)를 활용하여 1인 미디어 및 소규모 그룹을 위한 고화질 NDI 라이브 스튜디오를 기획하고, PoE 스위치와 케이블링을 포함한 물리적 인프라를 직접 구축할 수 있습니다.

2. **중대형 시스템 통합(SI) 역량:**

   교회나 강당과 같은 다중 소스 환경에서 PTZ 카메라 제어, 알파 채널 자막 합성, 오디오 디임베딩(De-embedding) 및 현장 디코딩 송출을 유기적으로 결합하는 복합 시스템을 설계하고 운용할 수 있습니다.

3. **원격 제작(REMI) 기술 구현:**

   NDI Bridge를 활용하여 지리적으로 떨어진 두 스튜디오를 인터넷으로 연결하고, 믹스-마이너스(Mix-Minus) 오디오 기술을 적용하여 하울링 없는 양방향 이원 생중계 시스템을 구축할 수 있습니다.

4. **네트워크 최적화 및 검증:**

   IGMP Snooping, Jumbo Frame 설정 등 대규모 전송에 필요한 네트워크 환경을 최적화하고, 부하 테스트와 시나리오 리허설을 통해 시스템의 안정성을 검증하는 엔지니어링 능력을 갖춥니다.

10장

실습 워크샵

실습 1: NDI 1인 미디어 스튜디오 구축

이번에는 학생들이 직접 3대의 카메라를 기반으로 하는 NDI 스튜디오를 구축하는 단계를 실습할 것입니다. 각 단계에 따른 세부 목표를 따르고 그에 필요한 절차를 진행하면 됩니다.

1단계: 시스템 기획 및 도면 작성 (Planning)

- **목표**: 카메라 3대(PTZ 2대, 스마트폰 1대)와 노트북 1대를 연결하여 유튜브 생중계 시스템 구축.
- **네트워크 주소 설계**: 고정 IP 체계 수립 (예: 192.168.100.x 범위).

2단계: 하드웨어 배치 및 연결 (Physical Setup)

- **PoE 스위치 설치**: 메인 데스크에 스위치를 배치하고 전원을 연결합니다.
- **카메라 설치**: PTZ 카메라는 전용 브래킷에, 스마트폰은 삼각대에 거치합니다.
- **케이블링**: 모든 장치를 Cat6 이상의 케이블로 스위치에 연결합니다. (PoE를 통해 전원 공급 확인)

3단계: 네트워크 최적화 설정 (Configuring)

- 관리자 PC를 스위치에 연결하여 브라우저 접속.
- 부록 B의 가이드에 따라 IGMP Snooping과 Querier를 활성화합니다.
- 노트북의 네트워크 카드 설정에서 점보 프레임을 비활성화 합니다.

4단계: 소프트웨어 통합 및 믹싱 (Software Setup)

- **NDI Tools 설치**: 메인 PC에 NDI 6 Tools를 설치합니다.
- **소스 확인**: NDI Studio Monitor를 열어 3대의 카메라 소스가 정상적으로 보이는지 확인합니다.
- **TriCaster 설정**: 입력 추가에서 NDI 소스 3개를 불러옵니다.
- 스마트폰 영상에서 출력되는 NDI 오디오의 싱크가 맞는지 테스트합니다.
- 알파 채널이 포함된 자막 레이어를 생성하여 영상 위에 얹습니다.

5단계: 최종 리허설 및 스트리밍 테스트

- **부하 테스트**: 30분 동안 방송을 켜두고 제9장에서 배운 진단 도구로 프레임 드랍 여부를 모니터링합니다.
- **인터컴 테스트**: 감독(PC)과 카메라맨(스마트폰 NDI 앱) 간의 토크백이 원활한지 확인합니다.

실습 2: 중소형 교회 및 강당을 위한 멀티 카메라 중계 시스템 구축

이 실습은 3~4대의 PTZ 카메라와 별도의 자막 시스템, 그리고 로비 송출을 포함한 일반적인 중계 환경을 구축하는 것을 목표로 합니다.

1단계: 시스템 설계 (Planning)

- **목표:** 4대의 카메라 신호를 스위칭하고 찬양 가사 자막을 입혀 유튜브 송출 및 로비 모니터로 전송.
- **구성:**
    - 입력: NDI PTZ 카메라 3대 (강단 정면, 측면, 회중석), PC 화면 (PPT) 1대.
    - 자막: 별도 노트북에서 NDI 알파 채널 자막 송출.
    - 오디오: 강단 믹서의 메인 출력을 NDI 오디오 인터페이스로 변환.

- 출력: 유튜브 스트리밍, 본당 프로젝터(NDI 디코더 1), 로비 TV(NDI 디코더 2).

2단계: 네트워크 및 하드웨어 설치 (Installation)

- **L2/L3 스위치 설정:** IGMP Snooping을 활성화하고, Querier를 설정하여 멀티캐스트 안정성을 확보합니다.
- **PTZ 카메라 배치:** 각 위치에 카메라를 설치하고 PoE+ 스위치를 통해 전원과 데이터를 연결합니다.
- **오디오 연동:** 아날로그 오디오 믹서의 L/R 출력을 3.5mm-to-NDI 컨버터에 연결하여 네트워크에 태웁니다.

3단계: 자막 시스템 통합 (Graphics Integration)

- **자막기 설정:** 자막용 노트북에 NDI를 지원하는 자막 소프트웨어(ProPresenter, EasyWorship 등)를 설치합니다.
- **알파 채널 활성화:** 출력 설정을 'NDI with Alpha'로 변경하여 배경이 투명한 자막 스트림을 생성합니다.
- **스위처 연동:** 메인 스위처(vMix/TriCaster)에서 자막 NDI 소스를 'Overlay(DSK)' 채널로 할당하여 영상 위에 합성합니다.

4단계: 현장 송출 및 모니터링 (Distribution)

- **디코더 설정:** 로비와 본당에 설치된 NDI 디코더의 웹 설정 페이지에 접속하여, 스위처의 PGM 출력을 수신하도록 소스를 선택합니다.
- **레이턴시 점검:** 실제 강단의 소리와 로비 TV의 영상/음성 간 지연 시간을 체크하고, 필요 시 디코더의 버퍼 설정을 조절하여 최적화합니다.

실습 3: NDI Bridge를 활용한 이원 생중계 토크쇼

이 실습은 서로 다른 장소에 있는 스튜디오를 인터넷으로 연결하여, 마치 한 공간에 있는 것처럼 방송을 제작하는 원격 제작(REMI) 기술을 익힙니다.

1단계: 시나리오 및 네트워크 기획 (REMI Planning)

- **시나리오**: 서울 스튜디오의 진행자와 부산 스튜디오의 게스트가 실시간으로 대화하며 토크쇼를 진행합니다.
- **네트워크**: 양쪽 스튜디오 모두 공인 IP가 부여된 고성 인터넷 회선이 필요하며, 방화벽에서 NDI Bridge 전용 포트(UDP 5990 등)를 개방해야 합니다.

2단계: NDI Bridge 구축 (Bridge Setup)

- **Host 설정 (서울)**: 서울 스튜디오의 메인 PC에서 NDI Bridge를 'Host' 모드로 실행하고, 암호화 키(Encryption Key)를 생성합니다.
- **Join 설정 (부산)**: 부산 스튜디오 PC에서 NDI Bridge를 'Join' 모드로 실행하고, 서울 측의 공인 IP와 암호화 키를 입력하여 연결합니다.

- **연결 확인**: 양쪽 Bridge 화면에 'Connected' 표시가 뜨고, 상대방 네트워크의 NDI 소스 리스트가 보이는지 확인합니다.

3단계: 양방향 신호 교환 및 믹스-마이너스 (Signal Routing)

- **영상 수신**: 서울 스위처에서 부산 게스트의 카메라 소스(Local -> Bridge)를 입력받아 화면에 배치합니다.
- **오디오 믹스-마이너스(Mix-Minus)**: 부산 게스트에게 서울의 소리를 보낼 때, 게스트 자신의 목소리가 다시 되돌아가서 들리지 않도록(Echo 방지) 게스트 음성만 뺀 'Mix-Minus' 오디오를 생성하여 전송합니다. NDI 오디오 라우팅 기능을 활용합니다.

4단계: 통합 리허설 (Rehearsal)

- **지연 시간 측정**: 서울에서 질문을 던지고 부산 게스트가 대답하기까지 걸리는 시간을 측정합니다. (일반적으로 0.5초~1초 내외)
- **대화 타이밍 조절**: 약간의 지연을 감안하여 진행자가 큐 사인을 주는 방식을 연습합니다.
- **비상 대책**: 인터넷 연결이 끊어질 경우를 대비해 예비 영상(Backup Video)이나 전화 연결 시나리오를 준비합니다.

부록 A. NDI 대역폭 (Bandwidth)

다음 표는 비디오 해상도와 프레임 속도를 기반으로 대역폭 요구 사항을 계산하기 위한 것입니다. 그러나 NDI는 대역폭이 고정되어있지 않다는 점에 유의해야 합니다. NDI에 필요한 대역폭은 필요한 평균 활용도를 결정하는 것을 기준으로 해야 합니다.

※대역폭은 참조로 제공되며 변경될 수 있습니다

A.1. SpeedHQ2 기반 NDI 고대역폭(8비트 4:2:2)

Resolution Framerate	Maximum Bandwidth Mbps	Proxy Resolution Framerate	Maximum Bandwidth Mbps
720 50p	96.94	640x360 60p	65.83
720 60p	105.83	640x360 60p	65.83
1080 50i	102.50	640x360 30p	18.75
1080 60i	112.50	640x360 30p	18.75
1080 50p	125.59	640x360 60p	65.83
1080 60p	132.14	640x360 60p	65.83
3840x2160 50i	158.33	640x360 30p	18.75
3840x2160 60i	171.42	640x360 30p	18.75
3840x2160 50p	223.80	640x360 60p	65.83
3840x2160 60p	249.99	640x360 60p	65.83

A.2. NDI High Bandwidth based on SpeedHQ7 (8bit 4:2:2:4)

❖ 알파채널 포함

Includes Alpha Channel Resolution Framerate	Maximum Bandwidth Mbps	Proxy Resolution Framerate	Maximum Bandwidth Mbps
720 50p	121.18	640x360 60p	82.29
720 60p	132.29	640x360 60p	82.29
1080 50i	128.12	640x360 30p	23.43
1080 60i	140.62	640x360 30p	23.43
1080 50p	156.99	640x360 60p	82.29
1080 60p	165.17	640x360 60p	82.29
3840x2160 50i	197.91	640x360 30p	23.43
3840x2160 60i	214.28	640x360 30p	23.43
3840x2160 50p	279.76	640x360 60p	82.29
3840x2160 60p	312.49	640x360 60p	82.29

- NDI 고대역폭(High Bandwidth)은 'I Frame only'입니다.
  NDI 인코더는 해상도가 낮고 압축률이 높은 프록시 스트림을 제공하며, 애플리케이션은 프록시 스트림을 미리 보기에 사용할 수 있어 네트워크 사용량과 처리 요구 사항을 줄일 수 있습니다.

A.3. NDI HX h.264 (8bit 4:2:0)

NDI HX h.264 (8bit 4:2:0) Resolution Framerate	Maximum Bandwidth Mbps	Proxy Resolution Framerate	Maximum Bandwidth Mbps
720 50p	9.11	640x360 60p	3.99

720 60p	9.99	640x360 60p	6.00
1080 50i	9.66	640x360 30p	3.99
1080 60i	10.59	640x360 30p	3.99
1080 50p	14.20	640x360 60p	6.00
1080 60p	15.99	640x360 60p	6.00
3840x2160 50i	19.11	640x360 30p	3.99
3840x2160 60i	20.66	640x360 30p	3.99
3840x2160 50p	26.88	640x360 60p	6.00
3840x2160 60p	30.00	640x360 60p	6.00

A.4. NDI HX h.265 (8bit 4:2:0)

Resolution Framerate	Maximum Bandwidth Mbps	Proxy Resolution Framerate	Maximum Bandwidth Mbps
720 50p	6.33	640x360 60p	3.00
720 60p	6.99	640x360 60p	3.99
1080 50i	6.75	640x360 30p	3.00
1080 60i	7.39	640x360 30p	3.00
1080 50p	9.80	640x360 60p	3.99
1080 60p	10.99	640x360 60p	3.99
3840x2160 50i	13.22	640x360 30p	3.00
3840x2160 60i	14.33	640x360 30p	3.00
3840x2160 50p	18.77	640x360 60p	3.99
3840x2160 60p	21.00	640x360 60p	3.99

- NDI HX GOP 크기 권장 사항은 1초에서 2초 사이입니다.

A.5. NDI HX3 h.264 (8bit 4:2:0)

Resolution Framerate	Maximum Bandwidth Mbps	Proxy Resolution Framerate	Maximum Bandwidth Mbps
1080 50i	26.00	640x360 25/30p	3.00
1080 60i	31.00	640x360 25/30p	3.00
1080 50p	52.00	640x360 25/30p	3.00
1080 60p	62.00	640x360 25/30p	3.00
3840x2160 50p	92.00	640x360 25/30p	3.00
3840x2160 60p	110.00	640x360 25/30p	3.00

A.6. NDI HX3 h.265 (8bit 4:2:0)

Resolution Framerate	Maximum Bandwidth Mbps	Proxy Resolution Framerate	Maximum Bandwidth Mbps
1080 50i	20.00	640x360 25/30p	3.00
1080 60i	25.00	640x360 25/30p	3.00
1080 50p	41.00	640x360 25/30p	3.00
1080 60p	50.00	640x360 25/30p	3.00
3840x2160 50p	70.00	640x360 25/30p	3.00
3840x2160 60p	84.00	640x360 25/30p	3.00

- NDI HX3 스트림 사양:

  GOP 크기는 20프레임, 글래스 투 글래스 지연 시간 100ms 미만, I 프레임 요청 응답 80ms 미만

A.7. NDI 프록시 및 대역폭 최적화

기본적으로 NDI 송신기는 두 가지 유형의 스트림을 생성할 수 있습니다: 풀 퀄리티 스트림과 프록시 스트림. 수신기는 프록시 스트림을 쉽게 활성화할 수 있습니다. 프록시 스트림을 시각화하는 간단한 방법은 NDI Studio Monitor를 사용하고 비디오 설정 메뉴에서 저대역폭 모드를 활성화하는 것입니다.

프록시 스트림은 애플리케이션이 네트워크 전반에 걸쳐 NDI 배포의 효율성을 높이기 위한 수단으로 사용됩니다. 예를 들어, NDI 기반 비디오 믹서는 실제 출력이 아닌 미리보기 모니터에서 사용할 소스에 프록시 스트림을 활용할 수 있습니다. 그런 다음 소스가 출력으로 전환되면 애플리케이션은 프록시 스트림에서 전체 대역폭 스트림으로 원활하게 전환할 수 있습니다.

이 접근 방식은 수신자가 네트워크 대역폭을 줄이면서 더 많은 NDI 소스를 효과적으로 관리할 수 있도록 지원합니다.

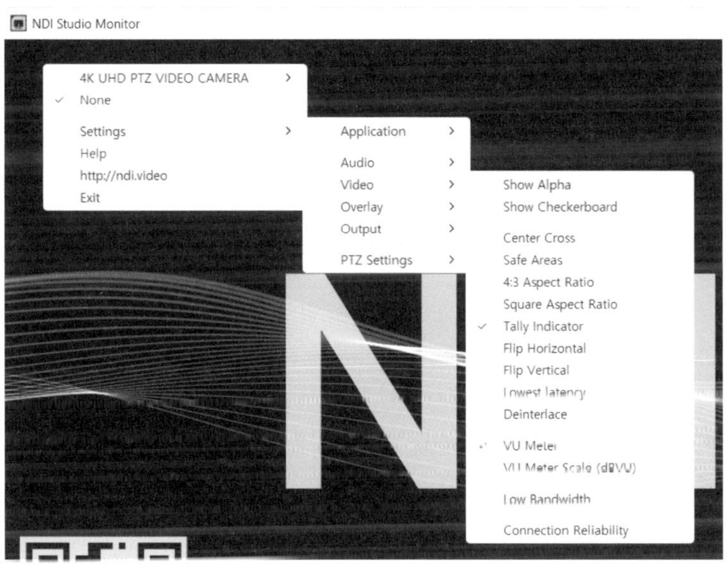

그림 A-1
NDI Studio Monitor에서 프록시 모니터링

부록 B. 네트워크 스위치 설정

B.1. Netgear AV Line (M4250/M4300 시리즈)

넷기어 AV 라인업은 NDI 전용 프로필을 제공하여 설정이 매우 간편합니다.

1) AV UI 접속:

기본 관리 페이지가 아닌 AV 전용 UI(포트 8080)에 접속합니다.

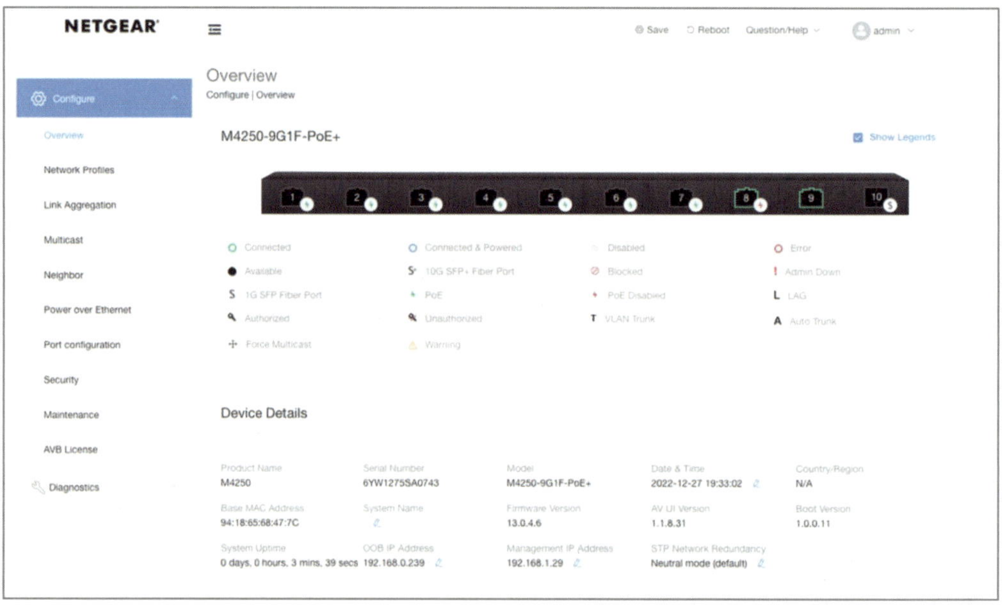

그림 B-4
Netgear M4250 UI

2) NDI 4/5 프로필 적용:

특정 VLAN을 선택하고 Video NDI 프로필을 적용합니다.

- 자동 설정 항목: IGMP Snooping 활성화, Querier 활성화, Jumbo Frames 비활성화 (기본값[Default] 또는 1500 유지)

3) EEE 비활성화:

'Energy Efficient Ethernet' 옵션을 찾아 반드시 Disable 합니다.

B.2. Cisco Catalyst 시리즈 (CLI 기준)

시스코 스위치는 명령어를 통해 정밀하게 제어해야 합니다.

1) IGMP Snooping 활성화:

```
Bash
ip igmp snooping
vlan 10 ip igmp snooping querier
```

2) QoS 설정 (DSCP 기반):

```
Bash
class-map match-all NDI_VIDEO
  match dscp af41
policy-map NDI POLICY
  class NDI_VIDEO
    priority level 1
```

부록 C. NDI/SRT/Dante 기술비교

현대의 미디어 인프라는 물리적 케이블 중심에서 IP 네트워크 중심으로 급격히 전환되었습니다. 이 과정에서 가장 널리 사용되는 세 가지 기술의 특성을 비교하여, 상황에 맞는 최적의 솔루션을 선택할 수 있는 기준을 제시합니다.

C.1. 기술별 핵심 특성 비교표

비교 항목	NDI (Network Device Interface)	SRT (Secure Reliable Transport)	Dante (Digital Audio Network Throughput)
주요 용도	로컬 네트워크 기반 영상 제작	인터넷(WAN) 기반 원격 전송	전문 라이브 음향 및 스튜디오 오디오
전송 대상	비디오, 오디오, 메타데이터 통합	비디오, 오디오 (MPEG-TS 기반)	고품질 비압축 오디오 전용
지연 시간	초저지연 (1~2 프레임 내외)	저지연 (네트워크 상태에 따라 가변)	극초저지연 (1ms 미만)
네트워크	LAN (Local Area Network) 중심	WAN / 인터넷 / 공용망 중심	LAN (Managed Switch 필수)
압축 방식	고효율 압축 (NDI	HX) 또는 High-Bitrate	H.264 / H.265 (HEVC)
대역폭	높음 (Full NDI 기준 100~400Mbps)	낮음 (2~50Mbps 유동적 설정)	매우 낮음 (채널당 약 1~2Mbps)
신뢰성 기술	mDNS 기반 자동 검색, RUDP	ARQ (자동 재전송 요청), 암호화	PTP (정밀 시간 프로토콜) 동기화

C.2. 프로토콜별 상세 분석 및 장단점

NDI: 로컬 제작의 표준

- **장점:** 'Plug & Play' 방식의 자동 소스 검색 기능이 매우 강력합니다. 알파 채널(투명도)을 지원하여 자막 합성에 최적화되어 있으며, 별도의 설정 없이도 동일 망 내 장비들이 즉시 연결됩니다.
- **단점:** 고품질 전송 시 대역폭 소모가 크며, 인터넷(WAN) 환경에서는 NDI Bridge와 같은 별도의 게이트웨이 설정 없이는 사용이 어렵습니다.
- **최적 시나리오:** 방송국 스튜디오 내부 중계, 교회 예배 중계, 사내 방송 등 로컬 망 기반 제작.

SRT: 원격 전송의 혁신

- **장점:** 패킷 유실이 잦은 불안정한 공용 인터넷 환경에서도 안정적인 전송을 보장합니다. AES-128/256 암호화를 통해 보안성이 뛰어나며, 거리의 제약 없이 고화질 영상을 보낼 수 있습니다.
- **단점:** NDI처럼 장비를 자동으로 찾아주는 기능이 부족하여 IP 주소를 직접 입력해야 하며, 전송 안정성을 위해 NDI보다는 다소 높은 지연 시간이 발생할 수 있습니다.
- **최적 시나리오:** 해외 원격 인터뷰, 다른 건물의 스튜디오 연결, 인터넷을 통한 송출용 피드 전송.

Dante: 오디오 인프라의 절대 강자

- **장점:** 수백 채널의 오디오를 마이크로초(μs) 단위의 오차 없이 완벽하게 동기화합니다. 하드웨어 기반의 안정성이 매우 뛰어나며, 전 세계 전문 음향 장비의 표준으로 자리 잡고 있습니다.
- **단점:** 오디오 전용 프로토콜로 비디오 전송은 불가능(Dante AV 제외)하며, 안

정적인 운용을 위해 정교한 네트워크 스위치 설정(PTP 설정 등)이 필수적입니다.

- **최적 시나리오:** 콘서트 홀 라이브 음향, 대규모 회의장 마이크 시스템, 레코딩 스튜디오.

C.3. 하이브리드 워크플로우에서의 협업 모델

실제 현장에서는 이 세 가지 기술을 섞어 사용할 때 시너지가 극대화됩니다.

1) 원격 게스트 수신 (SRT):

뉴욕에 있는 연사의 영상을 SRT를 통해 서울 스튜디오로 안정적으로 수집합니다.

2) 스튜디오 제작 (NDI):

수집된 SRT 신호를 NDI로 변환하여 메인 스위처(vMix/TriCaster)에 입력하고, 현장 NDI 카메라들과 함께 믹싱합니다.

3) 전문 음향 믹싱 (Dante):

NDI 스트림에서 오디오만 추출하여 Dante 망을 통해 디지털 오디오 믹서로 보냅니다. 전문 엔지니어가 음향을 정밀 믹싱한 뒤, 최종 오디오를 다시 제작 시스템으로 리턴시킵니다.

4) 최종 배포:

제작된 최종 결과물은 다시 NDI를 통해 현장 LED로 보냄과 동시에, SRT를 통해 해외 지사로 송출합니다.

C.4. 기술 선택 가이드라인

- "우리 건물 랜선 안에서 모든 장비를 연결하고 싶다"
  → NDI를 최우선으로 검토하십시오.
- "다른 도시나 해외에 있는 영상을 끊김 없이 가져오고 싶다"
  → SRT가 정답입니다.
- "수십 개의 마이크와 스피커를 동기화하여 고음질로 관리하고 싶다"
  → Dante를 도입하십시오.

- NDI, SRT, Dante는 경쟁 관계가 아닌 **상호 보완적 관계**임.
- **NDI**는 제작 효율성, **SRT**는 원격 전송 신뢰성, **Dante**는 오디오 정밀도에 특화됨.
- 현대의 미디어 엔지니어는 이 세 프로토콜을 하나의 통합 네트워크 인프라 위에서 효율적으로 공존시키는 능력이 필요함.

부록 D. NDI SDK 개발 입문

NDI는 단순한 프로토콜을 넘어 개발자들을 위한 강력한 소프트웨어 개발 키트(SDK)를 제공합니다. 이를 통해 기업용 맞춤형 모니터링 툴, 자동화 스위처, 혹은 특정 하드웨어에 최적화된 인코더를 직접 제작할 수 있습니다.

D.1. NDI SDK 개요 및 환경 구축

NDI SDK는 기본적으로 고성능 처리를 위해 C++로 작성되었으나, C#, Java, Python, Go 등 다양한 언어를 위한 래퍼(Wrapper)를 제공하여 접근성을 높였습니다.

- **SDK 다운로드:** NDI 공식 홈페이지(NDI.tv)의 개발자 섹션에서 Windows, macOS, Linux, iOS, Android용 SDK를 무료로 다운로드할 수 있습니다.
- **핵심 라이브러리:** * Processing.NDI.Lib.x64.dll (Windows 기준): 핵심 로직이 담긴 동적 라이브러리입니다.
- **NDIlib.h:** C/C++ 개발을 위한 헤더 파일입니다.
- **개발 환경:** Windows 환경에서는 Visual Studio 2022 이상을 권장하며, 멀티플랫폼 개발 시에는 CMake를 활용한 빌드 환경 구축이 유리합니다.

D.2. NDI SDK의 핵심 구성 요소 (Core API)

SDK는 크게 세 가지 주요 기능군으로 나뉩니다.

1) NDIlib_find:

네트워크상에 존재하는 모든 NDI 소스를 실시간으로 검색하고 목록을 관리합니다. mDNS 쿼리를 자동으로 처리합니다.

2) NDIlib_recv:

선택한 NDI 소스로부터 비디오, 오디오, 메타데이터 패킷을 수신합니다. 수신된 데이터의 압축을 풀고 메모리 버퍼에 할당합니다.

3) NDIlib_send:

애플리케이션에서 생성한 영상이나 음성 데이터를 NDI 스트림으로 변환하여 네트워크에 공고(Announce)합니다. 가상 카메라나 자막기 제작 시 사용됩니다.

D.3. 간단한 NDI 리시버(Receiver) 구현 로직

개발자가 가장 먼저 시도하게 되는 'NDI 소스 수신 앱'의 논리적 흐름은 다음과 같습니다.

1) SDK 초기화:

NDIlib_initialize()를 호출하여 NDI 라이브러리를 메모리에 로드합니다.

2) 소스 탐색 인스턴스 생성:

NDIlib_find_create_v2()를 통해 네트워크의 소스를 찾기 시작합니다.

3) 소스 선택:

NDIlib_find_get_current_sources()로 발견된 장치 리스트 중 원하는 이름(예: "CAM-01")을 선택합니다.

4) 리시버 생성:

선택한 소스에 연결할 NDIlib_recv_create_v3() 인스턴스를 생성합니다.

5) 프레임 캡처 루프 (Main Loop):

- NDIlib_recv_capture_v3()를 호출하여 다음 프레임이 올 때까지 기다립니다.
- 비디오 프레임이 도착하면 포맷(UYVY, BGRA 등)에 맞춰 화면에 렌더링합니다.
- NDIlib_recv_free_video_v3()를 호출하여 사용이 끝난 메모리를 해제합니다. (메모리 누수 방지 필수)

D.4. 코드 예시 (C++ 기반 기초 구조)

```
#include <iostream>
#include <Processing.NDI.Lib.h>

int main() {
    // 1. SDK 초기화
    if (!NDIlib_initialize()) return 0;

    // 2. 소스 탐색기 생성
    NDIlib_find_instance_t pNDI_find = NDIlib_find_create_v2();

    // 3. 5초간 소스 검색 대기 후 첫 번째 소스 선택
    uint32_t no_sources = 0;
    const NDIlib_source_t* p_sources = NULL;
    while (no_sources == 0) {
        p_sources = NDIlib_find_get_current_sources(pNDI_find, &no_sources);
    }

    // 4. 리시버 생성 및 연결
    NDIlib_recv_instance_t pNDI_recv = NDIlib_recv_create_v3();
    NDIlib_recv_connect(pNDI_recv, p_sources);

    // 5. 비디오 수신 루프
    NDIlib_video_frame_v2_t video_frame;
    while (true) {
        if (NDIlib_recv_capture_v3(pNDI_recv, &video_frame, NULL, NULL, 5000) ==
NDIlib_frame_type_video) {
            std::cout << "프레임 수신: " << video_frame.xres << "x" << video_frame.yres <<
std::endl;
            NDIlib_recv_free_video_v3(pNDI_recv, &video_frame);
        }
    }

    // 자원 해제
    NDIlib_recv_destroy(pNDI_recv);
    NDIlib_find_destroy(pNDI_find);
    NDIlib_destroy();
    return 0;
}
```

D.5. 메타데이터와 탈리(Tally) 제어 개발

SDK를 이용하면 하드웨어 탈리 램프를 직접 제어하는 소프트웨어를 만들 수 있습니다.

- **탈리 상태 송신**: NDIlib_recv_set_tally() 함수를 통해 송신 장치에 "현재 이 소스를 PGM으로 사용 중"이라는 신호를 보낼 수 있습니다.
- **XML 메타데이터 활용**: NDI는 XML 형식의 메타데이터를 주고받습니다. 이를 통해 카메라의 PTZ 위치 정보를 쿼리하거나, 특수한 장치 설정값을 전송하는 등의 확장 기능을 개발할 수 있습니다.

D.6. 개발 시 주의사항: 성능 최적화

- **Zero-Copy 전략**: 대용량 비디오 데이터를 처리할 때 메모리 복사(memcpy)를 최소화해야 합니다. SDK에서 제공하는 포인터를 직접 렌더링 엔진(DirectX, OpenGL, Vulkan)에 전달하는 기법이 필요합니다.
- **멀티스레딩**: 영상 수신과 오디오 처리, 화면 UI 렌더링은 반드시 별도의 스레드에서 동작해야 오디오 끊김이나 화면 버벅임이 발생하지 않습니다.

> - NDI SDK는 Find(탐색), Receive(수신), Send(송신)의 세 가지 핵심 모듈로 구성됨.
> - 고성능 비디오 처리를 위해 메모리 해제(Free Frame)와 Zero-copy 전략이 중요함.
> - SDK를 활용하면 표준 NDI 도구가 제공하지 않는 맞춤형 자동화 및 모니터링 시스템 구축 가능.

부록 E. 주요 용어 정리 (Glossary)

본 용어집은 NDI 기술 및 IP 비디오 프로덕션 전반에서 사용되는 핵심` 용어들을 분야별로 정리한 것입니다. 학습 중 생소한 용어가 나올 때 참조하시기 바랍니다.

E.1. NDI 핵심 기술 관련 (NDI Core Technologies)

Full NDI (High Bandwidth NDI)

NDI의 표준 규격으로, SpeedHQ 코덱(I-Frame Only)을 사용합니다. 시각적 무손실 화질과 1프레임 미만의 초저지연이 특징이며, 대역폭은 HD 기준 약 100~140Mbps를 소모합니다.

NDI|HX (High Efficiency)

대역폭 효율을 극대화한 규격으로, H.264 또는 H.265(HEVC) 코덱을 사용합니다. WiFi나 대역폭이 제한된 환경에 적합하며, HD 기준 약 10~20Mbps를 소모합니다. 최신 버전인 HX3는 화질과 지연 시간을 Full NDI 수준으로 개선했습니다.

mDNS (Multicast DNS)

별도의 중앙 DNS 서버 없이 로컬 네트워크 내에서 장치들이 서로를 검색할 수 있게 해주는 프로토콜입니다. NDI의 '자동 검색' 기능을 가능케 하는 핵심 기술입니다. (애플의 'Bonjour'가 대표적입니다.)

NDI Discovery Server

mDNS의 한계를 극복하기 위한 중앙 집중형 검색 관리 소프트웨어입니다. 대규모 네트워크나 다른 서브넷(Subnet)에 있는 장치들을 검색해야 할 때, 모든 장치가 이 서버에 자신의 정보를 등록하고 공유합니다.

NDI Access Manager

NDI 신호의 수신/송신 그룹을 설정하거나, 검색되지 않는 외부 IP 장치를 수동으로 등록(Remote Sources)하여 관리하는 도구입니다.

NDI Bridge

로컬 네트워크(LAN)를 넘어 인터넷(WAN)을 통해 전 세계의 NDI 시스템을 연결해주는 기술입니다. 인터넷 구간에서 데이터를 효율적으로 전송하기 위해 자동으로 영상을 변환(Transcoding)합니다.

NDI Remote

앱 설치 없이 웹 브라우저(Web Browser)를 통해 멀리 떨어진 게스트의 영상과 음성을 NDI 소스로 가져오는 기능입니다.

SpeedHQ

NewTek에서 개발한 NDI의 기본 압축 코덱입니다. 4:2:2 10비트 샘플링을 지원하며, CPU 점유율이 낮아 실시간 인코딩/디코딩에 최적화되어 있습니다.

Main Stream vs Sub Stream

NDI 소스가 동시에 생성하는 두 가지 품질의 데이터 흐름입니다. 메인은 고화질 송출용, 서브는 멀티뷰 모니터링용으로 사용되어 네트워크 대역폭을 지능적으로 절감합니다.

E.2. 네트워크 및 전송 관련 (Networking & Transport)

Ethernet (이더넷)

IEEE 802.3으로 표준화된 이더넷은 컴퓨터와 기타 장치를 가정이나 비즈니스 네트워크에 연결하는 데 사용되는 일련의 LAN(로컬 영역 네트워크) 기술을 의미합니다. 이더넷은 일반적으로 트위스트 페어 케이블뿐만 아니라 광섬유 및 동축 케이블을 통해 10Mbps부터 시작하는 데이터 전송 속도를 지원하는 물리적 및 데이터 링크 계층 네트워킹 프로토콜입니다.

IGMP(Internet Group Management Protocol)

IP 멀티캐스팅에서 사용되는 프로토콜로, 호스트가 자신의 멀티캐스팅 그룹 멤버십을 네트워크 라우터에 보고하여 지정된 멀티캐스팅 그룹에 주소를 지정한 데이터, 메시지 또는 콘텐츠를 수신할 수 있도록 합니다.

IP(Internet Protocol)

인터넷, 많은 광역 네트워크(WAN) 및 대부분의 광역 네트워크(LAN)를 위한 통신 프로토콜로, 소스 컴퓨터 또는 장치와 목적지 컴퓨터 또는 장치 간에 데이터그램이나 패킷을 교환하기 위한 규칙, 형식 및 주소 체계를 정의합니다.

IPv4

IPv4(인터넷 프로토콜 버전 4)는 인터넷 프로토콜의 네 번째이자 가장 많이 사용되는 버전입니다. IPv4는 네트워크 식별 및 통신을 위해 32비트 IP 주소 체계를 사용하며, 각 고유 IP 주소는 소수점으로 구분된 네 개의 숫자(0에서 255 사이)로 표현됩니다.

IPv6

IPv6(인터넷 프로토콜 버전 6)은 궁극적으로 IPv4(인터넷 프로토콜 버전 4)를 대체하기 위해 개발된 최신 버전의 인터넷 프로토콜입니다. IPv6는 네트워크 식별 및 통신을 위해 128비트 IP 주소 체계를 사용하며, 각 고유 IP 주소는 네 개의 16진수 숫자(0-9 또는 A-F의 문자)로 구성된 8개의 그룹으로 표현됩니다. IPv6는 사용 가능한 IP 주소의 수를 기하급수적으로 증가시키는 것 외에도 보안, 호환성 및 효율성을 높이면서 네트워크 통신을 단순화하고 간소화합니다.

LAN(Local Area Network)

방, 건물 또는 건물 그룹의 컴퓨터와 장치를 연결하는 네트워크입니다. LAN은 일반적으로 가정, 사무실, 학교에 배포되며 사용자는 동일한 서버, 리소스 및 데이터 저장소에 대한 액세스 권한을 공유합니다. LAN 시스템을 연결하여 WAN(광역 네트워크)을 형성할 수도 있습니다.

Layer 2

OSI 네트워킹 모델의 두 번째 레이어 또는 데이터 링크 레이어를 의미합니다. 레이어 2 스위치는 하드웨어 기반 스위칭을 사용하여 MAC(미디어 액세스 제어) 레이어 주소를 기반으로 연결된 장치 간에 데이터를 전송합니다.

Layer 3

OSI 네트워킹 모델의 세 번째 레이어 또는 네트워크 레이어를 의미합니다. 레이어 3 스위치는 하드웨어 기반 스위칭을 사용하여 IP(인터넷 프로토콜) 주소를 기반으로 연결된 장치 간에 데이터를 전송합니다. 레이어 3 스위치는 패킷 검사 및 라우팅 프로토콜을 지원하여 트래픽의 우선순위를 정하고 전달할 수 있습니다.

MAC(Media Access Control)

네트워크 노드를 식별하는 고유한 물리적 주소를 의미합니다.

Mbps(Megabits per second)

데이터 전송 속도를 측정하는 단위로, 1메가비트는 백만 비트에 해당합니다.

IP (Internet Protocol)

컴퓨터 네트워크에서 데이터를 주고받기 위한 통신 규약입니다. 각 장치는 고유한 'IP 주소'를 가집니다.

TCP (Transmission Control Protocol)

데이터 전송의 신뢰성을 보장하는 연결형 프로토콜입니다. 패킷 손실 시 재전송을 수행하지만, 비디오 전송 시 지연(Latency)이 발생할 수 있습니다.

UDP (User Datagram Protocol)

확인 절차 없이 데이터를 빠르게 보내는 비연결형 프로토콜입니다. 실시간성은 좋으나 패킷 손실 시 화면이 깨질 수 있습니다.

Reliable UDP (RUDP)

UDP의 빠른 속도와 TCP의 신뢰성을 결합한 방식입니다. NDI 5 이후의 기본 전송 방식으로, 패킷 손실을 지능적으로 복구하면서도 낮은 지연 시간을 유지합니다.

Bandwidth (대역폭)

네트워크가 단위 시간당 전송할 수 있는 데이터의 양입니다. 보통 Mbps(Mega bits per second) 단위로 측정합니다.

PoE (Power over Ethernet)

별도의 전원 어댑터 없이, 이더넷 케이블(랜선)을 통해 데이터와 전력을 동시에 공급하는 기술입니다. IEEE 802.3af/at/bt 등의 표준에 따라 공급 전력량이 다릅니다.

VLAN (Virtual LAN)

물리적으로는 하나의 네트워크 스위치에 연결되어 있으나, 소프트웨어적으로 네트워크 대역을 논리적으로 분리하는 기술입니다. 방송 데이터와 일반 업무 데이터를 분리하여 보안과 안정성을 높일 때 사용합니다.

QoS (Quality of Service)

네트워크 트래픽 중에서 비디오 데이터처럼 중요한 데이터에 우선순위를 부여하여, 다른 데이터 통신에 방해받지 않고 안정적으로 전송되도록 관리하는 기술입니다.

Multicast vs Unicast

유니캐스트는 1:1 전송 방식이며, 멀티캐스트는 하나의 신호를 네트워크 내의 여러 수신자에게 동시에 뿌려주는 1:N 전송 방식입니다.

OSI(Open System Interconnection)

OSI 참조 모델은 전 세계 네트워크 통신을 정의하는 표준으로, ISO(국제 표준화 기구)에서 개발했습니다. OSI 참조 모델은 네트워크 통신을 7개의 계층으로 나눕니다: 1) 물리적, 2) 데이터 링크, 3) 네트워크, 4) 전송, 5) 세션, 6) 프레젠테이션, 7) 애플리케이션.

Packet (패킷 - 프레임)

패킷은 프레임 또는 데이터그램이라고도 하며, LAN, WAN 또는 인터넷과 같은 패킷 교환 네트워크를 통해 전송되는 데이터 단위입니다.

Port

포트는 네트워크의 컴퓨터와 데이터를 주고받기 위한 통신 채널입니다. 각 포트는 0에서 65535 사이의 16비트 번호로 식별되며, 각 프로세스, 애플리케이션 또는 서비스는 데이터 전송을 위해 특정 포트 또는 여러 포트를 사용합니다. 포트는 또한 장치나 장치 케이블을 컴퓨터나 네트워크에 물리적으로 연결하는 데 사용되는 하드웨어 소켓을 의미할 수도 있습니다.

Subnet

서브넷(서브네트워크의 줄임말)은 일반적으로 성능 또는 보안 목적으로 생성되는 IP 네트워크의 별도의 세분화를 의미합니다. 서브넷은 일반적으로 컴퓨터, 시스템 및 장치를 한 위치, 사무실 또는 건물에 포함하며, 모든 노드가 동일한 IP 주소 접두사를 공유합니다

WAN(Wide Area Network)

WAN은 주, 지역 또는 국가와 같은 비교적 넓은 지리적 영역에 걸쳐 있는 네트워크입니다.

WAN은 일반적으로 LAN(로컬 영역 네트워크) 및 MAN(메트로폴리탄 영역 네트워크)과 같은 여러 소규모 네트워크를 연결합니다. 인터넷은 WAN의 한 예입니다.

E.3. 비디오 및 방송 공학 관련 (Video Engineering)

Latency (지연 시간/지연율)

영상이 촬영된 시점부터 화면에 표시되기까지 걸리는 시간차입니다. 방송 사고를 방지하기 위해 실시간 제작에서는 1~2프레임 이내의 초저지연(Low Latency)이 요구됩니다.

FPS (Frames Per Second)

초당 전송되는 정지 화면의 개수입니다. 방송 표준은 주로 29.97fps 또는 59.94fps를 사용합니다.

Bit Depth (비트 심도)

하나의 픽셀이 표현할 수 있는 색상의 정밀도입니다. 8-bit는 약 1,600만 색상, 10-bit는 약 10억 색상을 표현할 수 있습니다.

Chroma Subsampling (크로마 서브샘플링)

인간의 눈이 밝기(Luma)보다 색상(Chroma) 변화에 둔감하다는 점을 이용해 데이터 용량을 줄이는 압축 기술입니다. NDI는 주로 고품질인 4:2:2 방식을 사용합니다.

HDR (High Dynamic Range)

밝은 부분은 더 밝게, 어두운 부분은 더 어둡게 표현하여 실제 눈으로 보는 것과 유사한 명암비를 구현하는 기술입니다. (HLG, PQ 등의 표준이 있습니다.)

Alpha Channel (알파 채널)

비디오 데이터에서 '투명도' 정보를 담고 있는 채널입니다. 자막이나 그래픽을 배경 영상 위에 겹칠 때 필수적입니다.

Genlock (젠록)

여러 대의 카메라나 장비가 동일한 타이밍에 프레임을 시작하도록 동기화하는 기술입니다. NDI

는 네트워크 기반의 정밀한 타이밍 제어를 통해 가상 젠록 기능을 수행합니다.

Tally (탈리)

현재 어떤 카메라가 방송(PGM)으로 나가고 있는지 카메라 상단이나 뷰파인더에 빨간 불로 알려주는 신호 체계입니다.

Intercom (인터컴)

기술 감독과 촬영 스태프 간의 의사소통을 위한 양방향 음성 통신 시스템입니다.

E.4. 하드웨어 및 운영 관련 (Hardware & Operations)

PTZ (Pan-Tilt-Zoom)

상하좌우 회전 및 줌 제어가 가능한 원격 조정 카메라입니다.

Encoder (인코더)

SDI/HDMI 같은 베이스밴드 신호를 NDI와 같은 디지털 데이터로 압축 변환하는 장치입니다.

Decoder (디코더)

NDI 데이터를 다시 SDI/HDMI 신호로 복원하여 모니터나 전광판에 출력하는 장치입니다.

Switcher (스위처)

여러 비디오 소스 중 하나를 선택하거나 전환 효과(Dissolve, Wipe 등)를 주어 최종 방송 화면(PGM)을 만드는 장치입니다.

M/E (Mix/Effects)

스위처 내에서 독립적으로 화면을 구성할 수 있는 보조 믹싱 버스입니다. 복잡한 화면 합성을 할 때 사용됩니다.

KVM (Keyboard, Video, Mouse)

하나의 키보드와 마우스로 멀리 떨어진 컴퓨터를 제어하는 기술입니다. NDI Studio Monitor는 네트워크를 통한 가상 KVM 기능을 지원합니다.

ISO Recording (Isolated Recording)

스위처에서 선택된 최종 화면뿐만 아니라, 연결된 각각의 카메라 원본 소스를 개별적으로 모두 녹화하는 방식입니다.